21世纪会计系列规划教材

通用型

国家级特色专业建设成果配套教材

山西省优势特色专业建设项目

省级精品课程教材

Study Guide to Financial Management

财务管理学
学习指南

郭泽光 / 主审

田 岗 袁春生 / 主编

东北财经大学出版社 大连
Dongbei University of Finance & Economics Press

图书在版编目（CIP）数据

财务管理学学习指南 / 田岗，袁春生主编. —大连：东北财经大学出版社，2018.8（2019.12重印）
（21世纪会计系列规划教材·通用型）
ISBN 978-7-5654-3130-2

Ⅰ. 财… Ⅱ. ①田… ②袁… Ⅲ. 财务管理-教学参考资料 Ⅳ. F275

中国版本图书馆CIP数据核字（2018）第073460号

东北财经大学出版社出版
（大连市黑石礁尖山街217号 邮政编码 116025）
网 址：http：//www.dufep.cn
读者信箱：dufep@dufe.edu.cn

大连永盛印业有限公司印刷 东北财经大学出版社发行

幅面尺寸：170mm×240mm 字数：314千字 印张：15.25
2018年8月第1版 2019年12月第5次印刷

责任编辑：李 栋 责任校对：高 铭 吴 茜 冯志慧
封面设计：冀贵收 版式设计：钟福建

定价：32.00元

教学支持 售后服务 联系电话：（0411）84710309

如有印装质量问题，请联系营销部：（0411）84710711

前　言

《〈财务管理学〉学习指南》是国家级特色专业、省级优势专业和省级精品课程的建设成果——《财务管理学》（21世纪会计系列规划教材，郭泽光主编，东北财经大学出版社2018年版）一书的配套学习辅导书。

为了适应教学的需要，我们根据教材内容编写了《〈财务管理学〉学习指南》。本学习指南的基本结构与主教材《财务管理学》相统一，二者的配套关系将帮助教师更有效地实施教学，提升教学质量；同时，也有助于学生提高学习效果。

本学习指南共分为十一章，每章各包括三部分。

第一部分为学习准备。涉及学习目标、内容导航、内容框架、重点与难点、知识点、Excel工具在本章的运用和例题选解。

第二部分为本章练习题。题型有单项选择题、多项选择题、判断题、名词解释、简答题和计算分析题。

第三部分为参考答案。

本学习指南有如下特点：

1.根据教材内容，对各章的教学内容和学习要求进行高度概括，有助于学生了解具体学习目标，明晰各章内容框架，掌握学习重点和难点，从而加深对教学内容的理解和知识的灵活运用。

2.根据教材内容，增加了Excel工具在财务管理中运用的相关内容。Excel在财务中的应用融“教、学、做”为一体，以提高学生的实践能力为目标，有助于引导学生学习使用Excel的各种实用功能来处理和解决企业具体财务问题。

3.在编写过程中，我们紧扣教材内容，坚持理论联系实际，习题设计尽量做到题型标准规范、内容完整准确，难度由浅入深、循序渐进，既便于学生操作使用，又能满足各个教学环节的需要。

本学习指南由田岗、袁春生主编，郭泽光主审。各章编写分工为：第一章～第六章由田岗执笔，第七章～第十一章由袁春生执笔。本书中“Excel工具在财务管理中的运用”栏目的相关内容，由韩玲进行编写和视频录制。在本书的编写、出版过程中，东北财经大学出版社的编辑李栋提供了大量的帮助，在此表示诚挚的谢意！

由于我们水平有限，加之时间仓促，书中错漏之处，恳请读者批评指正。

编　者

2018年5月

目　录

第一章 财务管理总论

第一节 学习准备

学习目标

通过对本章内容的学习，要求学生掌握企业财务活动、财务关系以及财务管理的内涵、对象、内容、原则和环节；掌握现代企业目标和财务管理目标，理解各种财务管理目标理论及其评价；掌握财务管理环境对财务管理的影响，熟悉金融性资产的特点和利率的决定因素；深入理解财务管理在企业管理中的地位和作用，总体上对财务管理形成一个基本认识。

内容导航

第一节 财务管理的概念
第二节 财务管理的目标
第三节 财务管理的原则
第四节 财务管理的环节
第五节 财务管理环境

内容框架

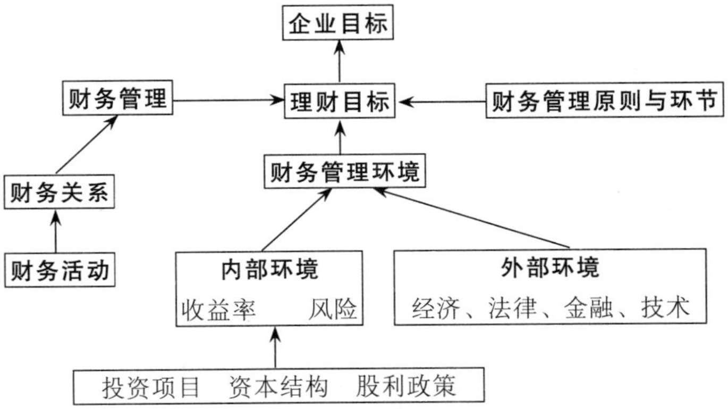

图1-1 内容框架图

重点与难点

1.重点：财务管理的概念、内容、目标和环境。

2.难点：各种财务管理目标的优缺点。

知识点

一、企业财务管理

（一）财务活动

财务活动是指因企业筹资、投资、营运、分配等所产生的一系列与资金收支有关的活动（或称为资金运动）。

（二）财务关系

财务关系是指企业在组织财务活动过程中与各有关方面所发生的经济利益关系。

（三）财务管理

企业财务管理是组织企业财务活动、处理企业财务关系，以达到企业价值最大化目标的一项经济管理工作。

1.财务管理的对象：现金及其流转。

企业管理是以财务管理为中心的，而财务管理的中心是资金管理，资金管理的中心则是现金流量管理。

2.财务管理的特征：价值管理、综合管理和行为规范管理。

3.财务管理的内容：筹资管理、投资管理、营运管理和收益分配管理。

4.财务管理的环节：计划与预算、决策与控制、分析与考核。

财务管理的核心环节是财务决策。

5.财务管理的原则：系统原则、平衡原则、弹性原则、比例原则和优化原则。

二、财务管理目标

（一）企业目标：企业的目标就是创造价值。

企业目标（生存、发展与获利）对财务管理目标有着深远的影响。

（二）财务管理目标：为企业创造价值服务。

1.利润最大化。

2.每股收益最大化。

3.股东财富最大化（股票市价最大化）。

4.相关者利益最大化。

5.企业价值最大化。

（三）利益的冲突与协调

在所有的利益冲突协调中，所有者与经营者、所有者与债权人之间的关系至关重要。

三、财务管理环境

财务管理环境是指影响财务管理目标实现的内外因素的总和。

（一）内部因素

1.投资收益率与风险。

2.投资项目、资本结构与股利政策。

（二）外部因素（理财环境）：对企业财务活动产生影响作用的外部因素和条件。

1.经济环境

在影响财务管理的各种外部环境中，经济环境是最为重要的，它包括经济体制、经济周期、经济发展水平、宏观经济政策及社会通货膨胀水平等。

2.金融环境

金融性资产是指现金或有价证券可以进入金融市场交易的资产。它具有流动性、收益性和风险性等特点。流动性与收益性成反比，风险性与收益性成正比。

金融市场上利率的决定因素从利率的计算公式中可以看出：

利率=纯粹利率+通胀附加率+变现力附加率+违约风险附加率+到期风险附加率

3.法律环境

不同种类的法律，分别从不同方面约束企业的经济行为，对企业财务管理产生影响。

4.技术环境

财务管理的技术环境，是指财务管理得以实现的技术手段和技术条件，它决定着财务管理的效率和效果。目前，我国正全面推进会计信息化工作。

例题选解

一、单项选择题

1.A公司是一家上市公司，2017年年初公司董事会召开公司战略发展讨论会，拟将股东财富最大化作为财务管理目标，下列理由中难以成立的是（　　）。

A.股东财富最大化目标考虑了风险因素

B.股东财富最大化目标在一定程度上能避免企业短期行为

C.股价能完全准确地反映企业财务管理状况

D.股东财富最大化目标比较容易量化，便于考核和奖惩

〖正确答案〗C

〖答案解析〗以股东财富最大化作为财务管理目标存在某些缺点，其中之一便是：股价受众多因素的影响，特别是企业外部的因素，有些还可能是非正常因素。股价不能完全正确反映企业财务管理状况，如有的上市公司处于破产的边缘，但由于可能存在某些机会，其股票市价可能还在走高。所以选项C不正确。

〖该题针对“财务管理的目标”知识点进行考核〗

2.下列关于利益冲突协调的说法正确的是（　　）。

A.所有者与经营者利益冲突的解决方式是收回借款、解聘和接收

B.协调相关者的利益冲突，需要把握的原则是：尽可能使企业相关者的利益分配在数量上和时间上达到动态的协调平衡

C.企业被其他企业强行吞并，是一种解决所有者和债权人的利益冲突的方式

D.所有者和债权人的利益冲突的解决方式是激励和规定借债信用条件

〖正确答案〗B

〖答案解析〗所有者与经营者的利益冲突的解决方式为解聘、接收和激励，其中接收是一种通过市场约束经营者的办法，表现为企业被其他企业强行接收或吞并，所以选项A、C不正确；协调相关者的利益冲突，需要把握的原则是：尽可能使企业相关者的利益分配在数量上和时间上达到动态的协调平衡，所以选项B正确；所有者与债权人之间的利益冲突，可以通过以下方式解决：（1）限制性借债，债权人通过事先规定借债用途、借债担保条款和借债信用条件，使所有者不能削弱债权价值；（2）收回借款或停止借款，债权人发现企业有侵蚀其债权价值的意图时，采取收回债权或不再给予新的借款的措施来保护自身权益，所以选项D不正确。

〖该题针对“利益冲突的协调”知识点进行考核〗

3.在经济复苏时期，企业不应采取的财务管理策略是（　　）。

A.实行长期租赁

B.增加劳动力

C.开发新产品

D.停止长期采购

〖正确答案〗D

〖答案解析〗在经济复苏时期，企业应该增加存货。

〖该题针对“财务管理环境”知识点进行考核〗

二、多项选择题

1.下列各财务管理目标中，考虑了风险因素的有（　　）。

A.利润最大化

B.股东财富最大化

C.企业价值最大化

D.相关者利益最大化

〖正确答案〗BCD

〖答案解析〗利润最大化的缺点之一为没有考虑风险问题，B、C、D都考虑了风险因素。

〖该题针对“财务管理目标”知识点进行考核〗

2.在经济周期的不同阶段，企业应采用不同的财务战略。下列说法中不

正确的有（　　）。

A.在萧条阶段，应该停产不利产品

B.在衰退阶段，应该放弃次要利益

C.在萧条阶段和衰退阶段，都应该削减存货

D.在复苏阶段和繁荣阶段，都应该增加劳动力

〖正确答案〗AB

〖答案解析〗“停产不利产品”是衰退阶段应该采用的财务管理战略；“放弃次要利益”是萧条阶段应该采用的财务管理战略，所以，选项A和B的说法不正确。

〖该题针对“财务管理环境”知识点进行考核〗

三、判断题

1.企业价值最大化目标将企业短期的发展和持续的获利能力放在首位。（　　）

〖正确答案〗×

〖答案解析〗企业价值最大化目标将企业长期、稳定的发展和持续的获利能力放在首位，能克服企业在追求利润上的短期行为。

〖该题针对“财务管理目标”知识点进行考核〗

2.激励是解决股东与经营者矛盾的最佳方法。（　　）

〖正确答案〗×

〖答案解析〗通常，股东同时采取监督和激励两种方式来协调自己和经营者的目标。尽管如此仍不可能使经营者完全按照股东的意愿行动，经营者仍然可能采取一些对自己有利而不符合股东最大利益的决策，并由此给股东带来一定的损失。监督成本、激励成本和偏离股东目标的损失之间此消彼长，相互制约。股东要权衡轻重，力求找出能使监督成本、激励成本和偏离股东目标的损失三项之和最小的解决办法，它就是最佳的解决办法。

〖该题针对“利益冲突的协调”知识点进行考核〗

3.为了防范通货膨胀风险，公司应当签订固定价格的长期销售合同。（　　）

〖正确答案〗×

〖答案解析〗在通货膨胀初期，企业应当与客户签订长期购货合同，以减少物价上涨造成的损失。

〖该题针对“经济环境”知识点进行考核〗

4.金融市场为政府实施宏观经济的直接调控提供了条件。（　　）

〖正确答案〗×

〖答案解析〗金融市场为政府实施宏观经济的间接调控提供了条件。

〖该题针对“金融环境”知识点进行考核〗

第二节 本章练习题

一、单项选择题

1.企业财务管理是对（　　）所进行的管理。

A.企业的资本来源　　B.企业的各项资产

C.企业的资本运动　　D.企业的收益及其分配

2.下列各项中属于外部利益相关者的是（　　）。

A.经营者　　B.供应商　　C.股东　　D.债权人

3.股东和管理者之间的冲突主要源于（　　）。

A.监督方式　　B.激励方式

C.财富转移　　D.控制权和所有权的分离

4.下列有关财务管理的内容的说法中，不正确的是（　　）。

A.营运资本管理包括营运资本投资管理和营运资本筹资管理

B.长期投资的直接目的是获取经营活动所需的实物资源

C.财务管理的内容分为长期投资、长期筹资和股利分配

D.长期投资是指公司对经营性长期资产的直接投资

5.企业为生产和销售而采购材料或商品、支付工资和其他营业过程中产生的费用等因企业经营而引起的财务活动，称为（　　）。

A.筹资活动　　B.投资活动　　C.分配活动　　D.资金营运活动

6.企业在资本市场上向投资者出售金融资产如借款、发行股票和债券等，从而取得资金的财务活动，称为（　　）。

A.筹资活动　　B.投资活动　　C.收益分配活动　　D.资金营运活动

7.下列各项财务关系中，体现所有权关系性质的是（　　）。

A.企业与政府之间的财务关系　　B.企业与受资者之间的财务关系

C.企业与债权人之间的财务关系　　D.企业与职工之间的财务关系

8.企业不能生存而终止的内在原因是（　　）。

A.长期亏损　　B.不能偿还到期债务

C.重大诉讼失败　　D.经营决策失误

9.现代企业财务管理的最优目标是（　　）。

A.利润最大化　　B.股东财富最大化

C.企业价值最大化　　D.现金流量最大化

10.企业与债权人的财务关系在性质上是一种（　　）。

A.经营权与所有权关系　　B.债权债务关系

C.投资与被投资关系　　D.委托代理关系

11.下列关于财务目标与经营者的说法不正确的是（　　）。

A.经营者的目标是增加报酬、增加闲暇时间、避免风险
B.经营者对股东目标的背离表现为道德风险和逆向选择
C.防止经营者背离股东目标的方式有监督、激励
D.激励是解决股东与经营者矛盾的最佳方法

12.ABC公司在2013年年初拟将企业价值最大化作为财务管理目标，下列理由中难以成立的是（　　）。
A.企业价值最大化目标考虑了取得报酬的时间
B.企业价值最大化目标考虑了风险与报酬的关系
C.企业价值最大化目标将企业短期的发展和持续的获利能力放在首位
D.企业价值最大化目标用价值代替价格，避免了过多外界市场因素的干扰

13.以每股收益最大化作为企业财务目标，其优点是（　　）。
A.考虑了时间价值　　B.考虑了风险
C.反映了预期收益水平　　D.反映了所获收益和资本投入的关系

14.根据相关者利益最大化的财务管理目标理论，承担最大风险并可能获得最大报酬的是（　　）。
A.股东　　B.债权人　　C.经营者　　D.供应商

15.下列各项中，符合企业相关者利益最大化财务管理目标要求的是（　　）。
A.强调股东的首要地位　　B.强调债权人的首要地位
C.强调员工的首要地位　　D.强调经营者的首要地位

16.在经济复苏时期，企业不应采取的财务管理策略是（　　）。
A.实行长期租赁　　B.增加劳动力
C.开发新产品　　D.停止长期采购

17.下列各项中，不能协调所有者与债权人之间矛盾的方式是（　　）。
A.市场对公司强行接收或吞并　　B.债权人通过合同实施限制性借款
C.债权人停止借款　　D.债权人收回借款

18.企业价值最大化是企业财务管理目标，其价值是指（　　）。
A.账面价值　　B.公允价值　　C.重置价值　　D.市场价值

19.企业价值最大化目标与股东财富最大化目标相比，其最大的优点在于（　　）。
A.考虑了时间价值　　B.考虑了相关利益主体的不同利益
C.考虑了风险价值　　D.考虑了利润所得与投入资本的关系

20.影响企业价值大小的两个基本因素是（　　）。
A.风险和报酬　　B.现金流量和利润
C.风险和贴现率　　D.时间价值和风险价值

21.每股利润中的“利润”是指（　　）。
A.营业利润　　B.息税前利润　　C.利润总额　　D.净利润

22.反映股东财富最大化目标实现程度的指标是（　　）。

A.利润额　B.总资产报酬率　C.每股市价　D.市场占有率

23.在企业管理系统中，财务管理有别于其他管理的基本属性在于它是一种（　）。

A.综合管理　B.价值管理　C.资本运营　D.货币商品经营

24.财务管理者与税收法规的关系可以表示为（　）。

A.精通税法，尽可能隐蔽地做好偷税工作

B.精通税法，尽可能隐蔽地做好避税工作

C.精通税法，尽可能隐蔽地做好减免税工作

D.精通税法，切实做好税收筹划工作，以寻求节税利益的最大化

25.在有效市场条件下，能够直接反映财务管理目标实现程度的指标是（　）。

A.净资产收益率　B.每股收益

C.股票的市场价格　D.产品市场占有率

26.下列各项中，可视为纯利率的是（　）。

A.银行存款利率　B.债券利率

C.国库券利率　D.没有通货膨胀时的国库券利率

27.由于借款人无法按时支付利息或偿还本金带来的风险而要求的利率补偿是（　）。

A.通货膨胀补偿率　B.违约风险补偿率

C.流动性风险补偿率　D.到期风险补偿率

28.确定国库券利率时，应考虑的主要因素是（　）。

A.纯利率和通货膨胀补偿率

B.纯利率和违约风险补偿率

C.流动性风险补偿率和违约风险补偿率

D.流动性风险补偿率和通货膨胀补偿率

29.一般来讲，流动性高的金融资产的特点是（　）。

A.收益率高　B.市场风险小

C.违约风险大　D.变现力风险大

30.从长远来看，财务管理目标与社会整体利益应该是（　）。

A.一致的　B.相互冲突的　C.无关的　D.矛盾的

二、多项选择题

1.企业生存的主要威胁来自于（　）。

A.资金短缺　B.长期亏损

C.盈利能力下降　D.不能偿还到期债务

2.债权人为了防止其利益被伤害，除了寻求立法保护外，通常采取的措施有（　）。

A.在借款合同中加入限制性条款

B.不再提供新的借款或提前收回借款

C.破产时优先接管

D.规定借款用途

3.从狭义的角度看，企业财务活动的内容包括（　　）。

A.资本筹集　B.资本运用　C.资本耗费　D.资本收益分配

4.在组织资本运动过程中，企业可能会与下列利益相关者发生经济关系（　　）。

A.投资者、受资者　B.债权人、债务人

C.国家税务机关　D.员工

5.下列各项中，属于企业财务关系的有（　　）。

A.企业与政府之间的财务关系　B.企业与受资者之间的财务关系

C.企业内部各单位之间的财务关系　D.企业与职工之间的财务关系

6.投资者与企业会发生下列财务关系（　　）。

A.对企业进行一定程度的控制　B.参与企业利润的分配

C.对企业的剩余财产享有分配权　D.对企业承担一定的经济法律责任

7.利润最大化目标的主要缺点包括（　　）。

A.是一个绝对值指标，未能考虑投入和产出之间的关系

B.未能考虑货币时间价值

C.未能有效地考虑风险

D.未能反映股东利益

8.以利润最大化作为企业财务目标的缺陷包括（　　）。

A.没有考虑时间价值

B.没有考虑风险因素

C.没有考虑所获利润与投入资本的关系

D.没有考虑即期收益的大小

9.上市公司的股票价格（　　）。

A.反映了资本和获利之间的关系　B.反映了每股盈余大小及时间价值

C.反映了每股盈余的风险　D.代表了公司的价值

10.关于企业价值最大化目标，下列说法中的（　　）是正确的。

A.企业价值与预期报酬成正比，与预期风险成反比

B.预期报酬越高，企业风险就可能越大，企业价值也越大

C.企业风险越大，预期报酬就可能越高，企业价值就越大

D.企业价值只有在风险和报酬达到比较好的均衡时才能达到最大

11.债权人为了防止自身利益被损害，通常采取（　　）措施。

A.优先于股东分配剩余财产　B.参与董事会监督借款人

C.发放限制性借款　D.收回借款后不再借款

12.财务管理的环节包括（　　）。

A.财务预测　B.财务决策　C.财务预算　D.财务控制

13.财务管理环境又称理财环境，其涉及的范围很广，主要包括（　　）。
A.经济环境　B.法律环境　C.金融市场环境　D.自然环境
14.在经济复苏阶段的经营理财策略应当包括（　　）。
A.增加厂房设备　B.建立存货　C.提高价格　D.裁减雇员
15.公司财务管理的法律环境所涉及的范围包括（　　）。
A.企业组织法规　B.税收法规　C.证券法规　D.财务法规
16.税收对财务管理的影响表现在（　　）等方面。
A.影响企业筹资决策　B.影响企业投资决策
C.影响企业现金流量　D.影响企业投资规模
17.金融市场按交易的期限，分为（　　）和（　　）。
A.货币市场　B.资金市场　C.资本市场　D.外汇市场
18.金融市场与企业财务管理的关系可以概括为（　　）。
A.金融市场是企业筹资和投资的场所
B.金融市场影响企业股利政策
C.通过金融市场使长、短期资本互相转化
D.金融市场为企业理财提供有用的信息
19.如果预期市场利率下降，企业应当（　　）。
A.进行长期投资　B.进行短期投资　C.筹集短期资本　D.筹集长期资本
20.法律环境对企业的影响是多方面的。以下各选项中，属于法律环境影响范围的有（　　）。
A.企业组织形式　B.公司治理结构　C.投融资活动　D.收益分配
21.下列各项中，属于利率组成因素的有（　　）。
A.纯利率　B.风险报酬率
C.通货膨胀补偿率　D.社会积累率
22.从公司管理当局可控制的因素来看，影响公司报酬率和风险的是（　　）。
A.投资项目　B.资本结构　C.股利政策　D.股票价格
23.由于企业经营者的目标与股东的目标不完全一致，经营者有可能为了自身的目标而背离股东的利益，这种背离会表现为（　　）。
A.道德风险　B.公众利益　C.社会责任　D.逆向选择
24.与企业财务管理直接相关的金融市场主要包括（　　）。
A.外汇市场　B.黄金市场　C.资本市场　D.货币市场
25.有关纯利率的论述正确的是（　　）。
A.它是无通货膨胀、无风险情况下的平均利率
B.国库券的利率可视为纯利率
C.利率最高不能超过平均利润率
D.纯利率的高低，受平均利润率、资金供求关系和国家调节的影响
26.下列各项因素中，能够影响无风险报酬率的有（　　）。

A.平均资金利润率　　B.资金供求关系
C.国家宏观调控　　D.预期通货膨胀率

27.防止经营者背离股东目标的方法主要有（　　）。
A.股东获取更多的信息，对经营者进行监督
B.加强思想政治工作，激发其工作热情
C.实施股权激励计划，鼓励其采取符合企业最大利益的行动
D.法律约束，通过立法规范其行为

28.股东通过经营者伤害债权人利益的常用方式是（　　）。
A.不经债权人的同意，投资于比债权人预期风险高的项目
B.不顾工人的健康和利益
C.不征得债权人同意而发行新债
D.支付高额的现金股利

29.金融市场上资金的买卖价格由（　　）组成。
A.纯利率　　B.通货膨胀补偿率
C.风险补偿率　　D.平均资金利润率

30.财务管理应当遵循价值创造原则，这就意味着（　　）。
A.一切财务活动都必须以企业价值最大化为出发点和归宿点
B.企业应当以较低的筹资成本和筹资风险获取较多的筹资额
C.企业筹集的资金应当投资于超过最低可接受收益率的项目
D.企业如果没有更好的投资机会并创造更大的价值，最好的办法是将收益分配给股东

三、判断题

1.利润最大化是现代企业财务管理的最优目标。（　　）
2.股东财富最大化目标考虑了众多相关利益主体间的不同利益。（　　）
3.每股利润最大化目标考虑了资金时间价值与投资的风险价值。（　　）
4.企业价值最大化直接反映了企业所有者和经营者的利益。（　　）
5.企业的目标就是财务管理的目标。（　　）
6.以企业价值最大化作为理财目标，有利于社会资源的合理配置。（　　）
7.企业财务管理目标与社会利益是一致的。（　　）
8.企业与政府之间的财务关系体现为投资与受资的关系。（　　）
9.企业与政府之间的财务关系体现为资金结算关系。（　　）
10.企业同其债务人的关系体现的是债权与债务的关系。（　　）
11.经济环境是企业财务决策可以改变的、影响企业财务活动的外部约束条件。（　　）
12.企业可以不受任何条件的约束自主进行筹资、投资和收益分配活动。（　　）
13.财务管理者应当精通税法，努力做好税收筹划工作，以寻求节税利益最大化。（　　）

14. 税收的缴纳会增加企业的现金流出量，但不影响企业利润。（　）

15. 企业应当根据有关法律、法规要求和自身的经营特点设计企业内部财务制度。（　）

16. 企业可以利用金融市场来调整资本结构。（　）

17. 金融市场通过股票行情的变动为企业理财提供有用的信息。（　）

18. 风险—报酬权衡原则是指风险和报酬之间存在一个对应关系，投资人必须对报酬和风险做出权衡，为追求较高的报酬而承担较大风险，或者为减少风险而接受较低的报酬。（　）

19. 某项投资的到期日越长，投资者受不确定性因素的影响就越大，其承担的流动性风险就越大。（　）

20. 通过监督和激励可以使股东和经营者的利益目标完全一致。（　）

21. 如果企业面临的风险较大，那么企业价值就一定会下降。（　）

22. 如果两个投资机会的风险相同而报酬不同，人们会选择报酬高的投资机会，这是由风险与报酬权衡原则所决定的。（　）

23. 宏观经济环境、政府的经济政策、资本市场的效率、市场竞争环境等因素的变化都会对企业财务活动产生影响。（　）

24. 企业营运资金管理的关键问题是加速资金的周转，提高资金的使用效率。（　）

25. 企业进行利润分配时，考虑所有者的利益是唯一重要的。（　）

26. 财务管理目标与经济体制的要求可以不一致。（　）

27. 在没有通货膨胀时，国库券的利率可以视为纯利率。（　）

28. 财务管理的主要内容是投资决策、融资决策和股利决策，因此，财务管理的内容不涉及成本方面的问题。（　）

29. 纯利率是指无通货膨胀、无风险情况下的平均利率，它的高低受平均利润率、资金供求关系等因素的影响。（　）

30. 从财务管理的角度来看，非公司制企业与公司制企业基本一致。（　）

31. 企业分配管理的目标是合理确定利润的分配比例及分配形式，以提高企业的总价值。（　）

32. 负债资金和权益资金是企业的两种不同性质的资金来源。（　）

33. 企业在对所有者权益和负债这两种资金分配报酬时，均是通过利润分配的形式进行的。（　）

34. “解聘”是一种通过市场约束经营者的办法。（　）

35. 金融环境是企业财务管理最主要的环境因素。（　）

36. 从资金的借贷关系看，利率是一定时期运用资金这一资源的交易价格。（　）

37. 浮动利率是指根据资金市场上的供求关系，随着市场而自由变动的利率。（　）

38.期限风险报酬率是指为了弥补因借款人偿债期长而给债权人带来的风险，由债权人要求提高的利率。 ( )

39.企业应正确权衡风险和投资报酬率之间的关系，努力实现两者的最佳组合，使得企业价值最大化。 ( )

40.风险—报酬权衡原则是指风险和报酬之间存在一个对等关系，投资人必须对报酬和风险作出权衡，为追求较高报酬而承担较大风险，或者为减少风险而接受较低的报酬。 ( )

四、名词解释

1.财务活动
2.财务关系
3.财务管理
4.财务管理目标
5.股东财富最大化
6.企业价值最大化
7.财务决策
8.财务管理原则
9.财务管理环境
10.财务管理环节
11.经济环境
12.资本市场

五、简答题

1.企业财务关系包括哪几方面？你认为应该如何处理财务关系？

2.关于财务管理目标有哪几种代表性观点？如何评价？

3.财务管理的基本环节有哪些？

4.财务管理的基本原则有哪些？举例说明你对财务管理原则的理解。

5.企业利益相关者的利益与股东利益是否存在矛盾？如何解决？

6.简述不同环境因素对企业财务管理的影响。

7.为什么说经济环境是最重要的理财环境？

8.金融市场环境对企业财务管理产生怎样的影响？

9.利息率由哪些因素构成？如何测算？

六、论述题

试论述财务管理目标与财务管理环境之间的关系。

第二章　财务管理的基本观念

第一节　学习准备

学习目标

通过对本章内容的学习，要求学生对货币时间价值和风险价值这两个观念有全面、深刻的理解和掌握。在资金时间价值观念的学习中掌握资金时间价值的含义，熟练掌握现值、终值、年金等时间价值要素的计算；在风险价值观念的学习中掌握风险和收益的关系，熟练掌握风险价值的衡量与计算模型。

内容导航

第一节　资金时间价值

第二节　风险与报酬

内容框架

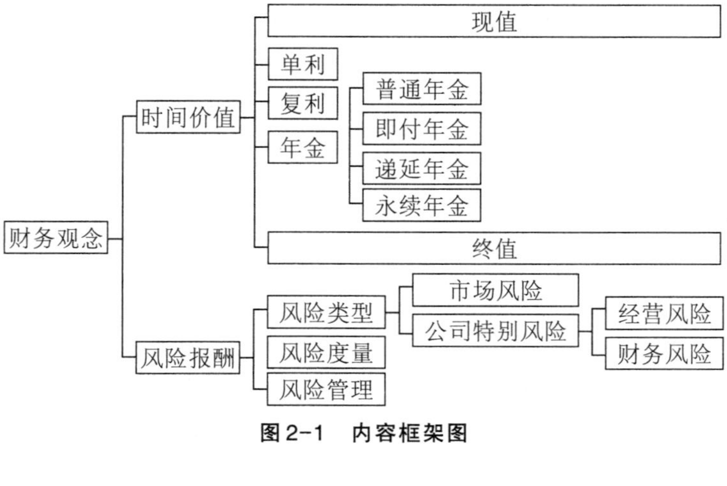

图2-1　内容框架图

重点与难点

1.重点：时间价值的财务含义和计算；风险和收益的关系；风险价值的衡量。

2.难点：时间价值的特殊计算；风险价值的衡量与计算模型。

知识点

一、资金时间价值

资金时间价值是现代财务管理的基础概念之一，因其非常重要并且涉及所有理财活动，有人称之为理财的“第一原则”。资金时间价值的原理几乎贯穿于企业整个理财活动之中，是企业财务决策的基本依据。

（一）资金时间价值的含义

资金时间价值是资金经历一定时间的投资和再投资所增加的价值，也称为货币时间价值。从定量角度来说，资金时间价值是没有风险和通货膨胀条件下的社会平均资金利润率。

（二）终值和现值

1.单利的终值与现值

（1）单利终值：$F=P+I=P\cdot(1+i\cdot n)$

（2）单利现值：$P=F/(1+i\cdot n)$

2.复利的终值与现值

（1）复利的终值：$F=P(1+i)^n=P(F/P, i, n)$

（2）复利的现值：$P=F(1+i)^{-n}=F(P/F, i, n)$

（3）名义利率和实际利率的换算

$$i=(1+\frac{r}{m})^m-1$$

3.年金的计算

年金是指一定时期内每期相等金额的收付款项。年金按其每次收付款项发生的时间不同，可分为普通年金、即付年金、递延年金、永续年金等四种。

（1）普通年金：也叫后付年金，是指一定时期内每期期末等额收付的系列款项。在现实经济生活中，这种年金最为常见，所以称为普通年金。

①普通年金的终值：$F=A(F/A, i, n)$

②年偿债基金的计算。偿债基金系数是年金终值系数的倒数。

③普通年金的现值：$P=A(P/A, i, n)$

④年资本回收额的计算。资本回收系数是年金现值系数的倒数。

（2）预付年金：预付年金指在每期期初支付的年金，又称即付年金或先付年金。

①预付年金的终值：F=A［（F/A，i，n+1）-1］

预付年金的终值系数和普通年金终值系数相比，期数加1，而系数减1。

②预付年金的现值：P=A［（P/A，i，n-1）+1］

预付年金的现值系数和普通年金现值系数相比，期数减1，而系数加1。

（3）递延年金：递延年金是指第一次支付发生在第二期或第二期以后的年金。

①递延年金的终值与递延期无关，计算方法与普通年金相同。

②递延年金现值的计算：

方法一：P=A［（P/A，i，m+n）-（P/A，i，m）］

方法二：P=A（P/A，i，n）（P/F，i，m）

方法三：P=A（F/A，i，n）（P/F，i，m+n）

（4）永续年金：无限期定额支付的年金。

①永续年金没有终止的时间，也就没有终值。

②永续年金现值的计算：P=A/i。

（三）时间价值计算中的几个特殊问题

1.不等额系列款项终值或现值的计算。

2.年金与不等额款项混合情况下的终值或现值计算。

3.计息期短于一年的终值和现值的计算。

4.折现率（利息率）和期间的推算。

二、风险与报酬

风险是事件本身的不确定性，具有客观性。

一般来说，风险是指在一定条件下和一定时期内可能发生的各种结果的变动程度。

从个别投资主体的角度看，风险可分为系统风险和公司特别风险两类。

1.系统风险

系统风险是指那些影响所有公司的因素引起的风险。

2.非系统风险

非系统风险是指发生于个别公司的特有事件造成的风险。可分为经营风险（商业风险）和财务风险（筹资风险）两类。

（一）风险的衡量

一般来说，风险的衡量需要使用概率和统计方法。

（二）风险与报酬的关系

风险报酬是指投资者因冒风险进行投资而获得超过时间价值的那部分报酬。

风险报酬的计算：RR=bV

风险溢价模型：期望投资报酬率=无风险报酬率+风险报酬率

$K=R_f+R_R=R_f+bV$

Excel工具在本章的运用

【例2-1】视频演示

一、Excel在资金时间价值的运用

（一）主要参数

RATE：各期利率，是一个固定值。

NPER：总投资（或贷款）期，即该项投资（或贷款）的付款期总数。

PMT：各期应付给（或得到）的金额，其数值在整个年金期间（或投资期内）保持不变，即年金；如果忽略PMT，则必须包括PV。

PV：初始值（或现值），即从该项投资（或贷款）开始计算时已经入账的款项或一系列未来付款当前值的累积和，也称为本金。如果省略PV，则假设其值为零，并且必须包括PMT。

FV：终值，该参数可以省略，省略则默认其为零。

TYPE：数字0或1，用以指定各期的付款时间是在期初还是期末，TYPE为0表示期末，TYPE为1表示期初。如果省略TYPE，则默认其值为零。

与资金收付表示相同，在参数的使用上，若为付出的金额，则需以负数表示，如果为收入，则以正数表示。

（二）利用FV函数计算复利终值

1.FV函数

主要功能是基于固定利率及等额分期付款方式，结果是某项投资的未来值，在Excel中输入的公式为：

“=FV（RATE，NPER，PMT，PV，TYPE）”

2.例题与Excel解决方案1

【例2-1】某旅游公司借款50 000元，年复利利率为50%，试问第5年年末连本带利需一次性偿还多少元才能还清？

本题在Excel中的具体操作步骤如下：

（1）新建一张工作表并输入已知条件，设置好计算结果区域的格式，如图2-2所示。

（2）在E3单元格输入公式“=FV（B3，B4，，-B2）”，结果如图2-2所示。

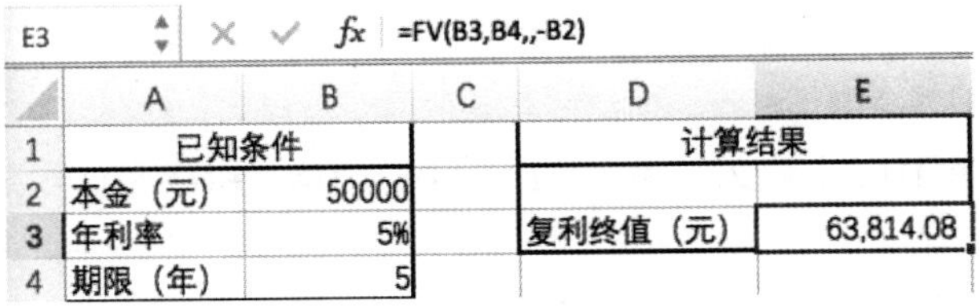
E3　fx　=FV(B3,B4,,-B2)

	A	B	C	D	E
1	已知条件			计算结果	
2	本金（元）	50000			
3	年利率	5%		复利终值（元）	63,814.08
4	期限（年）	5			

图2-2　Excel操作图

（三）利用PV函数计算复利现值

1.PV函数

主要功能是基于固定利率及等额分期付款方式，结果是某项投资的现值，公式为：

"=PV（RATE，NPER，PMT，FV，TYPE）"

2.例题与Excel解决方案

【例2-2】视频演示

【例2-2】目前银行存款的复利年利率为5%，某人希望在第5年年末从银行取出500 000元，请问现在应存入银行多少钱？

本题在Excel中的具体操作步骤如下：

（1）新建一张工作表并输入已知条件，设置好计算结果区域的格式，图2-3所示。

E3 fx =PV(B3,B4,,-B2)

	A	B	C	D	E
1	已知条件			计算结果	
2	终值（元）	500000			
3	年利率	5%		复利现值（元）	391,763.08
4	期限（年）	5			

图2-3 Excel操作图

（2）在E3单元格输入公式"=PV（B3，B4，，-B2）"，结果如图2-3所示。

（四）年金终值和现值的计算

【例2-3】已知有四个年金系列：

（1）普通年金8 000元，期限10年；

（2）先付年金8 000元，期限10年；

（3）递延年金8 000元，年金期限10年，递延期5年；

（4）永续年金10 000元。

假设年利率6%，请设计一个可用来计算普通年金、先付年金、递延年金的终值和现值及永续年金现值的模型。

本题在Excel中的具体操作步骤如下：

（1）新建一张工作表并输入已知条件，设置好计算结果区域的格式。

（2）在单元格B10中输入公式"=FV（B5，B4，-B3）"，计算普通年金的终值。

（3）在单元格B11中输入公式"=PV（B5，B4，-B3）"，计算普通年金的现值。

（4）在单元格D10中输入公式"=FV（D5，D4，-D3，，1）"，计算先付年金的终值。

（5）在单元格D11中输入公式"=PV（D5，D4，-D3，，1）"，计算先付年金的现值。

（6）在单元格F10中输入公式"=FV（F6，F4，-F3）"，计算递延年金的终值。

（7）在单元格F11中输入公式"=PV（F6，（F4+F5），-F3）-PV（F6，F5，-F3）"，计算递延年金的现值。

（8）在单元格H11中输入公式“=H3/H5”，计算永续年金的现值。

具体数值如图2-4所示。

H11　fx　=H3/H5

	A	B	C	D	E	F	G	H
1	已知数据							
2	普通年金		先付年金		递延年金		永续年金	
3	年金（元）	8000	年金（元）	8000	年金（元）	8000	年金（元）	10000
4	期限（年）	10	期限（年）	10	期限（年）	10	期限（年）	
5	年利率	6%	年利率	6%	递延期（年）	5	年利率	6%
6					年利率	6%		
7								
8	计算结果							
9	普通年金		先付年金		递延年金		永续年金	
10	终值（年）	105446.36	终值（年）	111773.14	终值（年）	105446.36	终值（年）	
11	现值（年）	58880.70	现值（年）	62413.54	现值（年）	43999.08	现值（年）	166666.67

图2-4　Excel操作图

二、Excel在风险衡量中的运用

下面主要介绍用Excel解决个别投资项目的问题。

（一）相关函数

1.SQRT函数

它的主要功能是计算一个正数的正平方根，公式为：

=SQRT（number）

其中，number为需要计算其正平方根的正数。

2.sumproduct函数

它的主要功能是在给定的几组数组中，将数组间对应的元素相乘，并返回乘积之和，公式为：

=sumproduct（array1，array2，array3，...）

其中，array1，array2，array3，...为2到30个数组，其相应元素需要进行相乘并求和。

（二）例题与Excel解决方案

【例2-4】已知A、B两个投资项目，在未来5种可能的经济情况下的预计投资收益率及其概率分布如图2-5所示，请建立一个模型计算两个项目投资收益率分布的期望值、标准离差和变异系数。

用Excel解决该问题的具体操作步骤如下：

1.设计模型结构。

2.计算A项目，在单元格C11中输入公式“=sumproduct（C4：C8，$B$4：$B$8）”。

在单元格C12中输入公式“=SQRT（SUMPRODUCT（（C4：C8-C11）^2，$B$4：$B$8））”。

在单元格C13中输入公式“=C12/C11”。

3.同理计算B项目，计算结果如图2-5所示。

	A	B	C	D
1	已知条件			
2	经济情况	发生概率	年投资收益率	
3			项目A	项目B
4	严重萧条	0.05	10.00%	2.00%
5	衰退	0.1	15.00%	20.00%
6	正常	0.55	20.00%	40.00%
7	正常繁荣	0.25	25.00%	50.00%
8	过热	0.05	28.00%	60.00%
9	计算结果			
10	要求		项目A	项目B
11	期望值		20.65%	39.60%
12	标准差		4.07%	12.53%
13	变异系数（标准高差率）		19.69%	31.65%

图2-5　A、B两项目预计投资收益率及概率分布与计算结果

例题选解

【例2-4】视频演示

一、单项选择题

1.下列哪些指标可以用来表示资金时间价值（　　）。

A.企业债券利率

B.社会平均利润率

C.通货膨胀率极低情况下的国债利率

D.无风险报酬率

〖正确答案〗C

〖答案解析〗资金时间价值是无风险、无通货膨胀下的社会平均利润率。

〖该题针对“资金时间价值”知识点进行考核〗

2.某一项年金前4年没有流入，后5年每年年初流入4 000元，则该项年金的递延期是（　　）年。

A.4

B.3

C.2

D.5

〖正确答案〗B

〖答案解析〗前4年没有流入，后5年指的是从第5年开始的，第5年年初相当于第4年年末，这项年金相当于是从第4年年末开始流入的，所以递延期为3年。

〖该题针对“递延年金”知识点进行考核〗

3.若甲公司于2013年1月1日借入一笔50 000元的款项，若该项贷款的利率为12%，期限为3年，贷款的利息按月计算，则该项借款的实际利率高出名义年利率（　　）。

A.0.36%

B.0.68%

C.0.55%

D.0.5%

〖正确答案〗B

〖答案解析〗根据实际利率与名义利率之间的换算关系：K=（1+r/m）m-1=（1+12%÷12）12-1=12.68%，K-r=12.68%-12%=0.68%。

〖该题针对“计息期短于一年的终值和现值的计算”知识点进行考核〗

4.投资者对某项资产合理要求的最低收益率，称为（　　）。

A.实际收益率

B.必要收益率

C.预期收益率

D.无风险收益率

〖正确答案〗B

〖答案解析〗必要收益率也称最低必要报酬率或最低要求的收益率，表示投资者对某资产合理要求的最低收益率，必要收益率等于无风险收益率加风险收益率。实际收益率是指已经实现或确定可以实现的资产收益率。预期收益率是指在不确定条件下，预测的某种资产未来可能实现的收益率。

〖该题针对“风险价值”知识点进行考核〗

5.下列各项中（　　）会引起企业财务风险。

A.举债经营

B.生产组织不合理

C.销售决策失误

D.新材料出现

〖正确答案〗A C

〖答案解析〗财务风险又称筹资风险，是指由于举债而给企业目标带来的可能影响。

〖该题针对“风险的类型”知识点进行考核〗

6.有两个投资项目，甲、乙项目报酬率的期望值分别为15%和23%，标准差分别为30%和33%，那么（　　）。

A.甲项目的风险程度大于乙项目的风险程度

B.甲项目的风险程度小于乙项目的风险程度

C.甲项目的风险程度等于乙项目的风险程度

D.不能确定

〖正确答案〗A

〖答案解析〗在期望值不同的情况下，不能根据标准差来比较风险大小，应依据标准离差率大小衡量风险。甲的标准离差率=30%÷15%=2；乙的标准离差率=33%÷23%=1.43，所以甲项目的风险程度大于乙项目的风险程度。

〖该题针对“风险的衡量”知识点进行考核〗

二、多项选择题

1.下列可以利用复利终值系数计算出正确结果的项目有（　　）。

A.复利终值

B.普通年金终值

C.普通年金现值

D.递延年金现值

〖正确答案〗ABCD

〖答案解析〗复利终值系数为（1+i）^{n}，复利现值系数是复利终值系数的倒数，即（1+i）$^{-n}$。已知复利终值系数（1+i）^{n}，当然可以计算出［（1+i）^{n}−1］÷i，即普通年金终值系数；已知（1+i）^{n}，倒数为（1+i）$^{-n}$，当然可以计算出［1−（1+i）$^{-n}$］÷i，即普通年金终值系数。递延年金现值是复利与普通年金的叠加运算。因此，正确答案为ABCD。

〖该题针对“货币时间价值的计算”知识点进行考核〗

2.下列关于资金时间价值系数关系的表述中，正确的有（　　）。

A.普通年金现值系数×投资回收系数=1

B.普通年金终值系数×偿债基金系数=1

C.普通年金现值系数×（1+折现率）=预付年金现值系数

D.普通年金终值系数×（1+折现率）=预付年金终值系数

〖正确答案〗ABCD

〖答案解析〗普通年金现值系数与投资回收系数互为倒数，普通年金终值系数与偿债基金系数互为倒数，A、B的说法正确；普通年金中，每次收付发生在期末，而预付年金中，每次收付发生在期初，由此可知，在其他条件相同的情况下，计算普通年金现值要比计算预付年金现值多折现一期（普通年金现值小于预付年金现值），普通年金现值×（1+折现率）=预付年金现值，C的说法正确；在其他条件相同的情况下，计算普通年金终值要比计算预付年金终值少复利一期（普通年金终值小于预付年金终值），普通年金终值×（1+折现率）=预付年金终值，D的说法正确。

〖该题针对“年金的计算”知识点进行考核〗

3.有一笔递延年金，前两年没有现金流入，后四年每年年初流入100万元，折现率为10%，则关于其现值的计算表达式正确的是（　　）。

A.100×（P/F，10%，2）+100×（P/F，10%，3）+100×（P/F，10%，4）+100×（P/F，10%，5）

B.100×［（P/A，10%，6）−（P/A，10%，2）］

C.100×［（P/A，10%，3）+1］×（P/F，10%，2）

D.100×［（F/A，10%，5）−1］×（P/F，10%，6）

〖正确答案〗ACD

〖答案解析〗本题中从第3年年初开始每年有100万元流入，直到第6年年初。

选项A的表达式是根据“递延年金现值=各项流入的复利现值之和”得出的，“100×（P/F，10%，2）”表示的是第3年年初100的复利现值，“100×（P/F，10%，3）”表示的是第4年年初100的复利现值，“100×（P/F，10%，4）”表示的是第5年年初100的复利现值，“100×（P/F，10%，5）”表示的是第6年年初100的复利现值。

选项B是按照介绍的第二种方法计算的，其中的n表示的是等额收付的次数，即A的个数，本题中共计有4个100，因此，n=4；但是注意，第1笔流入发生在第3年年初，相当于第2年年末，而如果是普通年金则第1笔流入发生在第2年年末，所以，本题的递延期m=2−1=1，因此，m+n=1+4=5，所以，选项B的正确表达式应该是100×［（P/A，10%，5）−（P/A，10%，1）］。

选项C和选项D是把这4笔现金流入当作预付年金考虑的，100×［（P/A，10%，3）+1］表示的是预付年金在第3年年初的现值，因此，计算递延年金现值（即第1年年初的现值）时还应该再折现2期，所以，选项C的表达式正确；100×［（F/A，10%，5）−1］表示的是预付年金在第6年年末的终值，因此，计算递延年金现值（即第1年年初的现值）时还应该再复利折现6期，即选项D的表达式正确。

〖该题针对“递延年金”知识点进行考核〗

4.下列说法中正确的有（　　）。

A.在期望值相同的情况下，方差越大，风险越大

B.在期望值相同的情况下，标准差越大，风险越大

C.无论期望值是否相同，标准离差率越大，风险越大

D.在期望值相同的情况下，标准差越小，风险越大

〖正确答案〗ABC

〖答案解析〗期望值反映预计收益的平均化，不能直接用来衡量风险。期望值相同的情况下，方差越大，风险越大；期望值相同的情况下，标准差越大，风险越大；期望值不同的情况下，标准离差率越大，风险越大。

〖该题针对“风险及其衡量”知识点进行考核〗

5.投资决策中用来衡量项目风险的，可以是项目的（　　）。

A.报酬率的期望值

B.各种可能的报酬率的离散程度

C.预期报酬率的方差

D.预期报酬率的标准差

E.预期报酬率的标准离差率

〖正确答案〗BCDE

〖答案解析〗资产风险是资产收益率的不确定性，其大小可用收益率的离散程度来衡量。衡量风险的指标主要有收益的方差、标准差和标准离差率。期望值不能衡量风险，计算期望值是为了确定离差，并进而计算方差和标准差。

〖该题针对“风险的衡量指标”知识点进行考核〗

6.关于投资者要求的期望投资报酬率，下列说法中正确的有（　　）。

A.风险程度越高，要求的报酬率越低

B.无风险收益率越高，要求的必要收益率越高

C.投资者对风险的态度越是回避，风险收益率就越低

D.风险程度越高，要求的必要收益率越高

〖正确答案〗BD

〖答案解析〗期望投资收益率=无风险收益率+风险收益率，风险收益率=b×V，其中风险价值系数b的大小取决于投资者对风险的偏好。对风险的态度越是回避，风险价值系数的值也就越大，风险收益率应越高。标准离差率的大小则由该项资产的风险大小所决定，风险程度越高，要求的必要收益率越高。

〖该题针对“风险和收益之间的关系”知识点进行考核〗

三、判断题

1.经营风险是指因生产经营方面的原因给企业目标带来的不利影响的可能性，它是来源于企业生产经营内部诸多因素的影响。（　　）

〖正确答案〗×

〖答案解析〗经营风险的导致因素不仅包括企业内部的因素，还包括企业外部的因素，如原料供应地的政治经济情况变动、设备供应方面、劳动力市场供应等。

〖该题针对“经营风险”知识点进行考核〗

2.对于多个投资方案而言，无论各方案的期望值是否相同，标准离差率最大的方案一定是风险最大的方案。（　　）

〖正确答案〗√

〖答案解析〗标准离差率表示的是单位期望值的离散程度，可以用于不同期望值方案风险的衡量，标准离差率越大，风险越大。

〖该题针对“风险的衡量指标”知识点进行考核〗

3.风险中立者选择资产的态度是当预期收益率相同时，偏好于具有低风险的资产；而对于具有同样风险的资产，则钟情于具有高预期收益率的资产。（　　）

〖正确答案〗×

〖答案解析〗这是风险回避者选择资产的态度，风险中立者通常既不回避风险也不主动追求风险，他们选择资产的唯一标准是预期收益的大小，而不管风险状况如何。

〖该题针对“风险管理”知识点进行考核〗

第二节 本章练习题

一、单项选择题

1.关于货币时间价值的表述正确是（ ）。

A.货币时间价值是一段时期后的增值额

B.货币时间价值是投入周转使用的资金额

C.货币时间价值是资金在不同时点上的价值

D.货币时间价值是资金在周转使用中由于时间因素形成的增值额

2.可以从量上表示资金时间价值的是（ ）。

A.银行同期贷款利率 B.银行同期存款利率

C.社会资金平均利润率 D.股票利率

3.资金时间价值的实质是（ ）。

A.资金存入银行的利息 B.资金推迟使用的报酬

C.资金周转使用产生的增值额 D.资金使用的报酬

4.投资回收系数的大小取决于（ ）。

A.普通年金终值系数 B.偿债基金系数

C.普通年金现值系数 D.复利终值系数

5.在其他条件都相同的情况下（期数>1），单利终值比复利终值（ ）。

A.大 B.小 C.相等 D.无法肯定

6.与普通年金终值计算完全相同的是（ ）。

A.先付年金终值 B.永续年金终值

C.递延年金终值 D.预付年金终值

7.普通年金终值系数的倒数称为（ ）。

A.复利终值系数 B.偿债基金系数

C.普通年金现值系数 D.投资回收系数

8.下列各项年金中，只有现值没有终值的是（ ）。

A.普通年金 B.永续年金 C.递延年金 D.先付年金

9.年偿债基金的计算是（ ）。

A.普通年金现值的逆运算 B.先付年金现值的逆运算

C.普通年金终值的逆运算 D.先付年金终值的逆运算

10.下列各项中，代表即付年金现值系数的是（ ）。

A.［（P/A，i，n+1）+1］ B.［（P/A，i，n+1）+1］

C.［（P/A，i，n−1）−1］ D.［（P/A，i，n−1）+1］

11.已知（F/A，10%，9）=13.579，（F/A，10%，11）=18.531。则10年、10%的即付年金终值系数为（ ）。

A.17.531　　B.15.937　　C.14.579　　D.12.579

12.根据资金时间价值理论，在普通年金现值系数的基础上，期数减1系数加1的计算结果，应当等于（　　）。

A.递延年金现值系数　　B.后付年金现值系数

C.即付年金现值系数　　D.永续年金现值系数

13.下列说法不正确的是（　　）。

A.通常必然发生的事件概率为1，不可能发生的事件概率为0

B.离散型分布是指随机变量只取有限个值，并且对于这些值有确定的概率

C.预期值反映随机变量取值的平均化

D.标准差是用来表示随机变量与期望值之间离散程度的一个量，它是离差平方的平均数

14.某企业于年初存入银行10 000元，假定年利息率为12%，每年复利两次。已知（F/P，6%，5）=1.3382，（F/P，6%，10）=1.7908，（F/P，12%，5）=1.7623，（F/P，12%，10）=3.1058，则第5年年末的本利和为（　　）元。

A.13 382　　B.17 623　　C.17 908　　D.31 058

15.在10%利率下，一至五年期的复利现值系数分别为0.9091、0.8264、0.7513、0.6830、0.6209，则五年期的即付年金现值系数为（　　）。

A.3.7907　　B.4.7907　　C.5.2298　　D.4.1698

16.某企业于年初存入10万元，在年利率10%、每半年复利计息一次的情况下，到第5年年末，该企业能得到的本利和是（　　）万元。

A.16.29　　B.12.76　　C.25.94　　D.16.11

17.某公司从本年度起每年年末存入银行一笔固定金额的款项，若按复利制用最简便的算法计算第n年年末可以从银行取出的本利和，则应选用的时间价值系数是（　　）。

A.复利终值系数　　B.复利现值系数

C.普通年金终值系数　　D.普通年金现值系数

18.某一项年金前4年没有流入，后5年每年年初流入4 000元，则该项年金的递延期是（　　）年。

A.4　　B.3　　C.2　　D.5

19.关于递延年金，下列说法错误的是（　　）。

A.递延年金是指隔若干期以后才开始发生的系列等额收付款项

B.递延年金没有终值

C.递延年金现值的大小与递延期有关，递延期越长，现值越小

D.递延年金终值与递延期无关

20.若希望5年后取得1 000元，利率为10%，则单利情况下现在应存入银行（　　）元。

A.384.6　　B.650　　C.666.67　　D.665.5

21.某人现在存入银行5 000元，利率为10%，复利情况下，10年后终值为（　　）元。

A.11 500.3　　B.11 610.2　　C.12 480.5　　D.12 968.5

22.企业现在按8%的年利率取得贷款200 000元，要求在6年内每年年末等额偿还，每年的偿付额应为（　　）元。

A.40 000　　B.43 262.89　　C.54 332.15　　D.64 320.32

23.某企业为了在5年后偿还到期值为500万元的银行借款，假设存款年利率为6%，则该企业每年年末应向银行存款（　　）万元。

A.88.7　　B.86.5　　C.100　　D.92.3

24.已知（F/A，5%，4）=4.3101，（F/P，5%，4）=1.2155，（F/P，5%，5）=1.2763，则（F/A，5%，5）为（　　）。

A.5.5256　　B.5.4432　　C.4.3864　　D.5.0388

25.某公司拟于5年后一次还清所欠债务100 000元，假定银行利率为10%，5年10%的年金终值系数为6.1051，5年10%的年金现值系数为3.7908，则应从现在起每年年末等额存入银行的偿债基金为（　　）元。

A.16 379.75　　B.26 379.66　　C.379 080　　D.610 510

26.投资者对某项资产合理要求的最低收益率，称为（　　）。

A.实际收益率　　B.必要收益率

C.预期收益率　　D.无风险收益率

27.在下列各项货币时间价值系数中，与资本回收系数互为倒数关系的是（　　）。

A.（P/F，i，n）　　B.（P/A，i，n）

C.（F/P，i，n）　　D.（F/A，i，n）

28.已知（F/A，10%，9）=13.579，（F/A，10%，11）=18.531。则10年，10%的预付年金终值系数为（　　）。

A.17.531　　B.15.937　　C.14.579　　D.12.579

29.下列各项中，不能通过证券组合分散的风险是（　　）

A.非系统性风险　　B.公司风险　　C.可分散风险　　D.市场风险

30.某企业拟进行一项存在一定风险的完整工业项目投资，有甲、乙两个方案可供选择。已知甲方案净现值的期望值为1 000万元，标准离差为300万元；乙方案净现值的期望值为1 200万元，标准离差为330万元。下列结论中正确的是（　　）。

A.甲方案优于乙方案　　B.甲方案的风险大于乙方案

C.甲方案的风险小于乙方案　　D.无法评价甲乙方案的风险大小

31.预测投资风险收益（率）时，不需要考虑的因素是（　　）。

A.标准离差　　B.标准离差率

C.补偿性余额　　D.风险收益系数

32.某项永久性奖学金，计划每年年末颁发50 000元，如果年复利率为8%，则该项奖学金的现值是（　　）。

A.125 000元　　B.400 000元　　C.525 000元　　D.625 000元

33.一定时期内每期期初发生的等额系列收付款项是（　　）。

A.先付年金　　B.普通年金　　C.递延年金　　D.永续年金

34.某项目投资收益率的标准离差为10%，标准离差率为50%，假设无风险收益率为10%，该项目的风险报酬系数为20%，则该项目的预期收益率是（　　）。

A.8%　　B.10%　　C.12%　　D.20%

35.根据投资方案未来收益的各种可能结果，用概率为权数计算出来的加权平均数是（　　）。

A.风险收益　　B.预期收益　　C.标准离差　　D.标准离差率

36.对未来情况不能完全确定，但各种情况发生的概率已知的投资决策是（　　）。

A.确定性投资决策　　B.风险性投资决策

C.不确定性投资决策　　D.均衡性投资决策

37.在利率和计息期相同的条件下，下列表达式正确的是（　　）。

A.普通年金终值系数×普通年金现值系数=1

B.普通年金终值系数×偿债基金系数=1

C.普通年金终值系数×资本回收系数=1

D.普通年金终值系数×先付年金现值系数=1

38.关于标准离差与标准离差率，下列表述正确的是（　　）。

A.标准离差率是期望值与资产收益率的标准差之比

B.标准离差反映概率分布中各种可能结果对期望值的偏离程度

C.如果方案的期望值相同，标准离差越小，方案的风险越大

D.如果方案的期望值不同，标准离差率越小，方案的风险越大

39.某种股票的标准离差率为40%，风险价值系数为30%，则该股票的风险收益率为（　　）。

A.10%　　B.12%　　C.18%　　D.28%

40.某一投资项目，投资5年，每年复利四次，其实际年利率为8.24%，则其名义利率为（　　）。

A.8%　　B.8.16%　　C.8.04%　　D.8.06%

41.有一项年金，前3年无流入，后5年每年年初流入500元，年利率为10%，则其现值为（　　）元。

A.1 994.59　　B.1 565.68　　C.1 813.48　　D.1 423.21

42.赊销一批货物，若每年年初收款1万元，资金年利率10%。（F/A，10%，5）=6.11，（F/A，10%，6）=7.72，则所收货款第5年年末的总价值为（　　）万元。

A.6.72　　B.6.11　　C.7.72　　D.6.92

43.若（P/A，10%，5）=3.7908，（F/A，10%，5）=6.1051，（P/F，10%，6）=

0.5645，（P/F，10%，1）=0.9091。则（P/A，10%，6）为（　　）。

A.4.1699　　B.4.6999　　C.4.3553　　D.5.5406

44.若（P/F，8%，5）=0.6806，则（A/P，8%，5）的值是（　　）。

A.0.2505　　B.0.1175　　C.1.4693　　D.1.5777

45.假设企业按12%的年利率取得贷款200 000元，要求在5年内每年年末等额偿还，则每年的偿付额应为（　　）元。

A.40 000　　B.52 000　　C.55 482　　D.64 000

46.将100元钱存入银行，利息率为10%，计算5年后的终值应用（　　）来计算。

A.复利终值系数　　B.复利现值系数

C.年金终值系数　　D.年金现值系数

47.偿债基金系数是（　　）的倒数。

A.普通年金终值系数　　B.普通年金现值系数

C.复利终值系数　　D.复利现值系数

48.若希望在3年后取得500元，利率为10%，则单利情况下现在应存入银行（　　）元。

A.384.6　　B.650　　C.375.6　　D.665.5

49.一定时期内每期期初等额收付的系列款项称为（　　）

A.永续年金　　B.预付年金　　C.普通年金　　D.递延年金

50.某项永久性奖学金，每年计划颁发50 000元，若年利率为8%，采用复利方式计息，该奖学金的本金应为（　　）元。

A.625 000　　B.605 000　　C.700 000　　D.725 000

51.某项存款年利率为6%，每半年复利一次，其实际利率为（　　）。

A.12.36%　　B.6.09%　　C.6%　　D.6.6%

52.某企业年初借得50 000元贷款，10年期，年利率12%，每年年末等额偿还。已知年金现值系数（P/A，12%，10）=5.6502，则每年应付金额为（　　）元。

A.8 849　　B.5 000　　C.6 000　　D.2 825

53.在普通年金终值系数的基础上，期数加1、系数减1所得的结果，在数值上等于（　　）。

A.普通年金现值系数　　B.即付年金现值系数

C.普通年金终值系数　　D.即付年金终值系数

54.一项600万元的借款，借款期3年，年利率为8%，若每半年复利一次，年实际利率会高出名义利率（　　）。

A.4%　　B.0.24%　　C.0.16%　　D.0.8%

55.下列投资中，风险最小的是（　　）。

A.购买政府债券　　B.购买企业债券

C.购买股票　　D.投资开发新项目

56.投资者敢于冒着风险进行投资的原因是（　　）。

A.可获得报酬　　B.可获得利润

C.可获得时间价值的报酬率　　D.可获得风险报酬率

二、多项选择题

1.财务管理最基本的价值观念有（　　）。

A.时间价值观念　　B.风险价值观念

C.利润最大化观念　　D.经济效益最大化观念

2.货币时间价值是（　　）。

A.经过一定时间投资所获得的报酬率

B.货币经过一定时间的投资和再投资所增加的价值

C.现在的1元钱和1年后的1元钱经济效用不同

D.没有考虑风险和通货膨胀条件下的社会平均资金利润率

3.下列关于资金时间价值的表述中正确的有（　　）。

A.资金时间价值是货币随着时间的推移而自然产生的

B.资金时间价值是由劳动创造的剩余价值

C.资金时间价值是在资金周转中产生的

D.资金时间价值可用社会平均资金利润率表示

4.下列关于资金时间价值表述正确的是（　　）。

A.资金时间价值不是时间的产物，而是劳动的产物

B.资金时间价值与利率是一回事

C.资金时间价值通常是按复利计算的

D.如果通货膨胀率极低，政府债券率可以视同时间价值

5.年金按其每次收付发生的时点不同，可以分为（　　）。

A.普通年金　　B.预付年金　　C.递延年金　　D.永续年金

6.递延年金具有以下特点（　　）。

A.年金的第一次支付发生在若干期之后

B.年金的现值与递延期无关

C.年金的终值与递延期无关

D.现值系数是普通年金现值系数的倒数

7.下列各项中属于年金形式的有（　　）。

A.直线法计提折旧　　B.等额分期付款

C.分派优先股股利　　D.普通股股利支付

8.年金按其每期收付款发生的时点不同，可分为（　　）。

A.普通年金　　B.即付年金　　C.递延年金　　D.永续年金

9.下列表述中，正确的有（　　）。

A.复利终值系数和复利现值系数互为倒数

B.普通年金终值系数和普通年金现值系数互为倒数

C.普通年金终值系数和偿债基金系数互为倒数

D.普通年金现值系数和资本回收系数互为倒数

10.设利率为i，计息期数为n，则复利终值的计算公式为（　　）。

A.$F=P\cdot(1+i)^n$　　B.$F=P\cdot(1+i)^{n-1}$

C.F=P·（F/P，i，n）　　D.F=P·（F/A，i，n）

11.设年金为A，利率为i，计息期数为n，则普通年金终值的计算公式为（　　）。

A.$F=A\cdot\frac{10\%\times(1-33\%)}{1-3\%}$　　B.$F=A\cdot\frac{10\%\times(1-33\%)}{1-3\%}$

C.F=A·（F/A，i，n）　　D.F=A·（F/P，i，n）

12.设年金为A，利率为i，计息期数为n，则普通年金现值的计算公式为（　　）。

A.$P=A\cdot\frac{10\%\times(1-33\%)}{1-3\%}$　　B.P=A·（P/A，i，n）

C.$P=A\cdot\frac{10\%\times(1-33\%)}{1-3\%}$　　D.$P=A\cdot\frac{10\%\times(1-33\%)}{1-3\%}$

13.设年金为A，利率为i，计息期数为n，则先付年金现值的计算公式为（　　）。

A.P=A·（F/A，i，n）（1+i）　　B.P=A·（P/A，i，n）（1+i）

C.P=A·（P/A，i，n）+A　　D.P=A·［（P/A，i，n−1）+1］

14.永续年金具有（　　）的特点。

A.没有终值　　B.没有期限

C.每期等额收或付　　D.没有现值

15.递延年金现值是自若干期后开始每期等额收付的现值之和。假设最初有m期没有收付款项，后面有n期等额的收付款项A，贴现率为i，则延期年金的现值为（　　）。

A.P=A·（P/A，i，n）·（P/F，i，m）

B.P=A·（P/A，i，m+n）

C.P=A·（P/A，i，m+n）−A·（P/A，i，m）

D.P=A·（F/A，i，n）·（P/F，i，m+n）

16.下列项目中，其数值等于预付年金终值系数的有（　　）。

A.（P/A，i，n）·（1+i）　　B.［P/A，i，（n−1）］+1

C.（F/A，i，n）·（1+i）　　D.［F/A，i，（n+1）］−1

17.下列各项中属于普通年金形式的项目有（　　）。

A.零存整取储蓄存款的整取额　　B.定期定额支付的养老金

C.年偿债基金　　D.年资本回收额

18.下列关于资金时间价值系数关系的表述中，正确的有（　　）。

A.普通年金现值系数×投资回收系数=1

B.普通年金终值系数×偿债基金系数=1

C.普通年金现值系数×（1+折现率）=预付年金现值系数

D.普通年金终值系数×（1+折现率）=预付年金终值系数

19.关于普通年金的叙述正确的有（　　）。

A.普通年金终值是一系列复利终值之和

B.普通年金终值与预付年金终值在计算时收付的期数相同，但计息期相差一期

C.n+1期的预付年金终值与n期的普通年金终值的计息期数相同

D.n−1期的预付年金终值与n期的普通年金终值相同

20.某公司拟购置一处房产，付款条件是：从第四年开始，每年年初支付10万元，连续10次，共计100万元。假设该公司的资本成本率为8%，则相当于该公司现在一次付款的金额为（　　）万元。

A.10×［（P/A，8%，12）−（P/A，8%，2）］

B.10×［（P/A，8%，10）×（P/F，8%，2）］

C.10×［（P/A，8%，13）−（P/A，8%，3）］

D.10×［（P/A，8%，10）×（P/F，8%，3）］

21.有关预付年金叙述正确的有（　　）。

A.预付年金是指年金的收付发生在每期的期初

B.预付年金现值系数比同期的普通年金现值系数多乘一项（1+i）

C.预付年金的现值与同期的普通年金的现值比，在计算时比普通年金多贴现一次

D.预付年金的现值与同期的普通年金的现值比，在计算时比普通年金少贴现一次

22.下列关于年金的表述正确的有（　　）

A.递延年金是指最初若干期没有收付款项，随后若干期等额的系列收付款项

B.普通年金是指一定时期每期期末等额的系列收付款项

C.年金是指一定时期等额的系列收付款项

D.先付年金是指一定时期每期期初等额的系列收付款项

23.在企业下述经济业务中，属于普通年金形式的有（　　）

A.每年中支付购买原材料的价款

B.每期期末等额支付的保险费用

C.融资租入设备每期期末等额支付的租金

D.融资租入设备每期期初等额支付的租金

24.下列各项中，其数值等于预付年金终值系数的有（　　）。

A.（P/A，i，n）（1+i）　　　　B.［（P/A，i，n−1）+1］

C.（F/A，i，n）（1+i）　　　　D.［（F/A，i，n+1）−1］

25.下列各项中，属于普通年金形式的项目有（　　）。

A.零存整取储蓄存款的整取额　　　　B.定期定额支付的养老金

C.年资本回收额　　D.偿债基金

26.递延年金具有如下特点（　　）。

A.年金的第一次支付发生在若干期之后

B.没有终值

C.年金的现值与递延期无关

D.年金的终值与递延期无关

27.某公司拟购置一处房产，付款条件是：从第4年开始，每年年初支付10万元，连续支付10次，共100万元，假设该公司的资本成本率为10%，则相当于该公司现在一次付款的金额为（　　）万元。

A.10×［（P／A，10%，12）－（P／A，10%，2）］

B.10×［（P／A，10%，10）×（P／F，10%，2）］

C.10×［（P／A，10%，13）－（P／A，10%，3）］

D.10×［（P／A，10%，12）－（P／A，10%，3）］

28.下列有关货币价值表述正确的是（　　）。

A.复利终值与复利现值互逆　　B.年金终值与年金现值互逆

C.普通年金总是在每期期末发生　　D.永续年金没有现值

29.关于递延年金，下列说法正确的是（　　）。

A.是指隔若干期以后才开始发生的系列等额收付款项

B.其终值的大小与递延期无关

C.其现值的大小与递延期有关

D.递延期越长，递延年金的现值越大

30.在下列各项中，属于财务管理风险对策的有（　　）。

A.规避风险　　B.减少风险　　C.转移风险　　D.接受风险

31.在下列各种情况下，会给企业带来经营风险的有（　　）。

A.企业举债过度　　B.原材料价格发生变动

C.企业产品更新换代周期过长　　D.企业产品的生产质量不稳定

32.有关风险的叙述，下列说法正确的有（　　）。

A.风险给投资者带来超出预期的损失或收益

B.风险和不确定性是一回事

C.风险是指事前可以知道所有可能的结果，以及每种结果的概率

D.风险可以通过多元化投资进行消除

33.下列关于风险的说法正确的是（　　）。

A.一般说来，风险是指在一定条件下和一定时期内可能发生的各种结果的变动程度

B.风险是事件本身的不确定性，具有客观性

C.风险可能给投资人带来超出预期的收益，也可能带来超出预期的损失

D.从财务的角度来说，风险主要指无法达到预期报酬的可能性

34.关于风险下列说法正确的有（　　）。
A.从理论上讲，风险和不确定性是一回事
B.投资项目的风险大小是一种客观存在
C.风险是在一定条件、一定时期内可以发生的各种结果的变动程度
D.某一随机事件只有一种结果，则无风险
35.关于风险的度量，以下说法中正确的有（　　）。
A.利用概率分布的概念，可以对风险进行衡量
B.期望报酬的概率分布越集中，则该投资的风险越小
C.期望报酬的概率分布越集中，则该投资的风险越大
D.标准离差越小，概率分布越集中，相应的风险也就越小
E.标准离差越大，概率分布越集中，相应的风险也就越小
36.概率必须满足（　　）条件。
A.每个随机变量出现的概率在0与1之间
B.所有随机变量的概率之和必须等于1
C.每个随机变量出现的概率必须相等
D.所有随机变量的概率之和必须大于1
37.预期投资报酬率的构成要素包括（　　）。
A.通货膨胀率　　B.货币时间价值　　C.投资利润率　　D.风险报酬率
38.在财务管理中经常用来衡量风险大小的指标有（　　）。
A.方差　　B.标准离差　　C.期望值　　D.标准离差率
39.关于投资者要求的投资报酬率，下列说法中正确的是（　　）。
A.无风险报酬率越高，要求的报酬越高
B.风险程度越大，要求的报酬越高
C.无风险报酬率越低，要求的报酬越高
D.它是一种机会成本
40.关于投资者要求的必要投资报酬（率），下列说法中正确的有（　　）。
A.风险程度越高，要求的报酬率越低
B.无风险报酬率越高，要求的报酬率越高
C.无风险报酬率越低，要求的报酬率越高
D.风险程度、无风险报酬率越高，要求的报酬率越高
41.关于投资风险价值，下列表述正确的有（　　）
A.投资风险价值有风险收益额和风险收益率两种表示方法
B.一般来说，风险越大，获得的风险价值应该越高
C.风险收益率是风险收益额与投资额的比率
D.在实际工作中，投资风险价值通常以风险收益率进行计量
42.关于衡量投资方案风险的下列说法中，正确的有（　　）。
A.预期收益率的概率分布越窄，投资风险越小

B.预期收益率的概率分布越窄，投资风险越大
C.预期报酬率的标准差越大，投资风险越大
D.标准离差率越大，风险程度越大
43.下列说法中不正确的有（　　）。
A.风险爱好者会将风险系数定得大一些
B.风险越大，获得的风险报酬应该越高
C.风险是无法预计和控制的，其概率也不可预测
D.有风险就会有损失，二者是相伴而生的
44.下列因素引起的风险中，可以分散的有（　　）。
A.通货膨胀　　B.某公司工人罢工
C.公司在市场竞争中失败　　D.新产品开发失败
45.在下列各种情况下，会给企业带来经营风险的有（　　）。
A.企业举债过度　　B.原材料价格发生变动
C.企业产品更新换代周期过长　　D.企业产品的生产质量不稳定
46.由影响所有公司的因素而引起的风险可以称为（　　）。
A.可分散风险　　B.不可分散风险　　C.系统风险　　D.市场风险
47.下列因素引起的风险中，不可通过证券组合予以分散的是（　　）。
A.管理不善　　B.通货膨胀　　C.利率变动　　D.经济危机
48.下列项目中属于企业经营风险的导致因素是（　　）。
A.通货膨胀　　B.原材料供应地的经济情况变化
C.运输方式的改变　　D.销售决策失误
49.公司特别风险按形成的原因可分为（　　）。
A.市场风险　　B.经营风险　　C.系统风险　　D.财务风险
50.下列原因引起的风险属于可分散风险（　　）。
A.央行调整利率水平　　B.公司劳资关系紧张
C.市场呈现疲软现象　　D.公司诉讼失败
51.下列各项中属于可分散风险的有（　　）。
A.国家财政政策的变化　　B.某公司经营失败
C.某公司工人罢工　　D.通货膨胀
52.下列因素引起的风险中，投资者不可以通过资产组合予以消减的有（　　）。
A.宏观经济状况变化　　B.世界能源状况变化
C.发生经济危机　　D.被投资企业出现经营失误
53.在下列各项中，属于财务管理风险对策的有（　　）。
A.规避风险　　B.减少风险　　C.转移风险　　D.接受风险
三、判断题
1.从量的规定性来看，货币时间价值是没有风险和没有通货膨胀条件下的社会平均资金利润率。（　　）

2.货币时间价值一般用利息来表示，而利息需按一定的利率来计算，因此，资金时间价值就是利率。 （ ）

3.货币时间价值是指由时间所创造的价值。 （ ）

4.货币时间价值是指一定量的货币经历一定时间而产生的增值。 （ ）

5.资金时间价值，根源于其在再生产过程中的运动和转化，是资金在周转使用中产生的。 （ ）

6.货币时间价值原理，正确解释了不同时点上资金之间的换算关系，是财务决策的基本依据。 （ ）

7.在利息率和计息期相同的条件下，复利现值系数与复利终值系数互为倒数。 （ ）

8.永续年金与其他年金一样，既有现值又有终值。 （ ）

9.递延年金终值的大小，与递延期无关，所以计算方法和普通年金终值相同。 （ ）

10.计算偿债基金系数，可根据年金现值系数求倒数。 （ ）

11.名义利率是指1年内多次复利时给出的年利率，它等于每期利率与年内复利次数的乘积。 （ ）

12.普通年金现值系数加1等于同期、同利率的预付年金现值系数。 （ ）

13.在终值一定的情况下，贴现率越低，计算期越少，则复利现值越大。 （ ）

14.在现值和计息期数一定的情况下，利率越高，复利终值越大。 （ ）

15.在终值和计息期数一定的情况下，贴现利率越高，则算出的现值越小。 （ ）

16.当每年计息次数超过一次时，给出的年利率叫作实际利率，可以将其换算为名义利率以便计算时间价值。 （ ）

17.在同期、同利率的情况下，预付年金终值系数同普通年金终值系数相比，是“期数加1、系数减1”的关系。 （ ）

18.普通年金与预付年金的区别仅在于计息时间的不同。 （ ）

19.递延年金终值的大小与递延期无关，所以计算方法和普通年金终值的计算相同。 （ ）

20.永续年金可以视为期限趋于无穷的普通年金。 （ ）

21.在利率相同的情况下，第8年年末1元的复利现值系数大于第6年年末1元的复利现值系数。 （ ）

22.凡在一定时期内每期都有收款或付款的现金流量，均属于年金问题。 （ ）

23.在有关货币时间价值指标的计算过程中，普通年金现值与普通年金终值是互为逆运算的关系。 （ ）

24.国库券是一种几乎没有风险的有价证券，其利率可以代表货币时间价值。

（　）

25. 年金现值系数与偿债基金系数互为倒数。（　）

26. 永续年金既无现值，也无终值。（　）

27. 永续年金既有终值又有现值。（　）

28. 在利率同为10%的情况下，第10年年末1元的复利现值系数大于第8年年末1元的复利现值系数。（　）

29. 递延年金现值的大小与递延期无关，故计算方法和普通年金现值是一样的。（　）

30. 在利率同为6%的情况下，1元第10年年末的复利终值系数大于1元第8年年末的复利终值系数。（　）

31. 当利率大于0，计息期一定的情况下，年金现值系数一定大于1。（　）

32. 在期数相同和利率相同的情况下，1元的年金现值系数一定小于1元的年金终值系数。（　）

33. 普通年金的现值是一系列复利现值的和。（　）

34. 递延年金是指第一次收付发生在第二期或第二期以后的年金。（　）

35. 递延年金现值的计算方法与普通年金现值的计算方法相同。（　）

36. 在现值和利率一定的情况下，计息期数越少，则复利终值越大。（　）

37. 普通年金现值与预付年金现值相比，在计息期上相差一期。（　）

38. 预付年金终值可直接通过年金终值系数表计算。（　）

39. 货币时间价值是指没有风险和通货膨胀条件下的社会平均资金利润率。（　）

40. 预付年金终值与同期的普通年金终值相比少计息一次。（　）

41. 在终值和计息期一定的情况下，折现率越低，则复利现值越高。（　）

42. 年度内的复利次数越多，则实际收益率高于名义收益率的差额越大。（　）

43. 利用概率分布的概念，我们能够对风险进行衡量，即期望报酬率的概率分布越集中，则该投资的风险越大。（　）

44. 风险本身可能带来超出预期的损失，也可能带来超出预期的收益。（　）

45. 概率分布越集中，投资的风险程度越小。（　）

46. 风险是指事先不知道所有可能结果，或虽然知道可能结果但不知道它们出现的概率。（　）

47. 风险总是和收益并存，因此高风险的投资项目一定会带来高收益。（　）

48. 风险包括系统风险和市场风险。（　）

49. 对于多个投资方案而言，无论各方案的期望值是否相同，标准离差率最大的方案一定是风险最大的方案。（　）

50. 风险与收益是对等的，风险越大获得高收益的机会越多，期望的收益率也就越高。（　）

51.风险总是和收益对等，风险越大，期望的收益率越高。（ ）

52.标准离差反映风险的大小，可以用来比较各种不同投资方案的风险程度。（ ）

53.收益的标准离差率不等同于投资报酬率，因此二者不存在任何联系。（ ）

54.风险收益率的高低取决于标准离差率的大小和风险价值系数的取值。（ ）

55.风险只能由标准差和方差来衡量。（ ）

56.如果两个项目期望报酬率相同、标准离差不同，理性投资者会选择标准离差较大，即风险较小的那个。（ ）

57.在其他条件不变时，证券的风险越大，投资者要求的必要报酬率越高。（ ）

58.当两个目标投资公司的期望报酬相同时，标准离差小的公司风险较低。（ ）

59.对可能给企业带来灾难性损失的项目，企业应主动采取合资、联营和联合开发等措施，以规避风险。（ ）

60.市场风险是指市场收益率整体变化所引起的市场上所有资产的收益率的变动性，它是影响所有资产的风险，因而不能被分散掉。（ ）

61.人们在进行财务决策时，之所以选择低风险的方案，是因为低风险会带来高收益，而高风险的方案则往往收益偏低。（ ）

62.对于某个方案，决策者可根据其标准离差的大小，并将其同设定的可接受的此项指标最高限值对比，进行取舍。（ ）

63.标准离差反映方案的风险程度，可用来比较各种不同投资方案的风险程度。（ ）

64.非系统风险只能回避而不能消除。（ ）

四、名词解释

1.货币时间价值
2.终值与现值
3.年金
4.风险
5.系统风险
6.公司特别风险
7.经营风险
8.财务风险
9.标准离差率
10.收益
11.预期收益
12.必要收益率
13.风险报酬
14.无风险报酬率

五、简答题

1.试简述货币时间价值的内涵和实质。

2.试简述货币时间价值的财务意义。

3.什么是收益？如何度量？

4.什么是风险？如何度量？

5.试比较系统风险和非系统风险，并且举例说明。

6.简述风险和报酬的关系。在进行财务决策时，如何考虑风险与报酬的均衡问题？

7.试比较标准离差和标准离差率。

8.风险管理的意义和策略。

六、计算题

1.某公司从银行取得一笔100万元的贷款，期限为8年，贷款年利率为10%。

要求：

（1）若单利计息，利随本清，试计算期满时公司应归还的贷款本息为多少。

（2）若复利计息，利随本清，试计算期满时公司应归还的贷款本息为多少。

（3）若复利计息，银行要求每年等额还本付息，试计算公司年还本付息额为多少。

（4）若复利计息，银行要求从第4年起每年年末等额还本付息各40万元，至第8年年末还清，试计算公司实际归还了多少贷款的本息。

（5）若复利计息，银行要求在8年间每年等额还本付息各20万元，试计算该笔贷款的实际利率是多少。

（6）若银行每半年计息一次，试计算该项贷款年实际利率是多少。

2.甲公司2011年年初对A设备投资10万元，该项目于2013年年初完工投产。2013年至2015年各年年末预期收益分别为2万元、3万元、5万元。设资金年利率为12%。

要求：

（1）按单利计算投资额在2013年年初时的终值。

（2）按单利计算各年预期收益在2013年年初时的现值。

（3）按复利计算投资额在2013年年初时的终值。

（4）按复利计算各年预期收益在2013年年初时的现值。

3.有一项年金，前三年无流入，后五年每年年初流入500万元。假设年利率为10%。

要求：计算其现值为多少万元？

4.王东准备购买一套新房，假设银行利率为5%，开发商提供了两种付款方案让他选择：

（1）方案一：按揭买房，每年年初支付15万元，一共支付10年。

（2）方案二：从第4年年末开始支付，每年年末支付20万元，一共支付8年。

要求：试分析王东应该选择哪种方案？

5.某企业拟采用融资租赁方式于2014年1月1日从租赁公司租入一台设备，设备款为50 000元，租期为5年，到期后设备归企业所有。双方商定，如果采取后付等额租金的方式付款，则折现率为16%；如果采取先付等额租金的方式付款，则折现率为14%。企业的资金成本率为10%。

要求：

（1）计算后付等额租金方式下的每年等额租金额。

（2）计算后付等额租金方式下的5年租金终值。

（3）计算先付等额租金方式下的每年等额租金额。

（4）计算先付等额租金方式下的5年租金终值。

（5）通过上述比较，说明哪种租金支付方式对企业更为有利。

6. 假设某家庭计划今后5年中每年年初存入一笔钱，希望从第6年年末到第9年年末每年能取5 000元，第10年年末取出10 000元，供子女上大学之用，存款利率为10%，复利计息。

要求：试计算每年应存入多少钱？

7. 某企业第一年年初向银行借入100万元，银行规定从第一年到第十年每年年末等额偿还13.8万元。

要求：计算这笔借款的实际利息率。

8. 某人有一笔现金，目前有两个投资方案：

（1）方案一：将100万元投资A债券，期限5年，年利率10%，每半年复利一次。

（2）方案二：将剩余现金存入银行，计划在第3年到第6年每年年末取出20万元用于偿还购房支出，假定银行利率为6%。

要求：

（1）根据方案一，计算有效年利率和该投资五年后的本息和。

（2）根据方案二，计算其现在应存入的现金数额。

9. 某单位租用一设备，租期为4年，每年年末各付租金2 000元。

要求：在年利率为10%的条件下，所付租金的现值是多少？

10. 某企业于2013年5月投资建设甲项目，2015年5月建成投产。预计使用到2021年5月。使用期的现金净流量如下：第1年5万元，第2年～第5年各10万元，第6年11万元。设折现率为8%。

要求：计算甲项目现金净流量的现值。

11. 某单位投资10万元，若第1年收益5万元，第2年收益4万元，第3年收益3万元。

要求：在考虑资金时间价值的情况下，试计算投资收益率为多少？

12. 某单位现存入银行50 000元，存款年利率为10%。

要求：试计算该投资几年后本利和可达到65 000元？

13. 某人拟于明年年初借款42 000元，计划从明年年末开始，每年年末还本付息额均为6 000元，连续10年还清。假设预期最低借款利率为8%。

要求：试分析此人是否能按其计划借到款项？

14. 某厂6年后购买设备需要现金10万元，银行存款年利率3%，如6年内每年年末存入等额款项。

要求：试计算该厂为积累设备购买价款，每年应存入多少现金？

15.某人现在存入银行一笔现金80 000元，存款年利率3%，拟在今后8年内每年年末提取等额现金以备使用。

要求：此人每年可提取多少现金？

16.某公司拟购置一大型设备，假设资金市场上年利率为10%，供应商提出两种付款方案：

甲方案：从现在起，每年年初支付10万元，连续支付5次，共计50万元。

乙方案：从第5年起，每年年初支付12万元，连续支付5次，共计60万元。

要求：试分析该公司从现值角度会选择哪一种付款方案？

17.某大学设立奖学金，拟在银行存一笔款项，预期以后无限期地在每年年末支取利息42 000元，存款年利率3%。

要求：试计算则该校现在应存入多少款项？

18.某企业6年年末的现金流量见表2-1，贴现率为8%。

表2-1　**现金流量表**

年度	现金流量（元）
2×01	1 000
2×02	2 000
2×03	3 000
2×04	2 000
2×05	2 000
2×06	2 000

要求：

（1）试计算2×01年年初的现值。

（2）试计算该企业的付款现值。

19.某企业欲购置一台设备，假设利率为8%，现有三种付款方式：

方式一：第1年年初一次性付款240 000元。

方式二：每年年初付款50 000元，连续付款5年。

方式三：第1年、第2年的年初各付款40 000元，第3年至第5年的年初各付款60 000元。

要求：试分析企业应采用哪种方式付款更合理？

20.某企业有A、B两个投资项目，计划投资额均为1 000万元，其收益率的概率分布见表2-2。

表2-2　**投资项目概率分布表**

市场状况	概率	A	B
好	0.3	20%	30%
一般	0.5	10%	10%
差	0.2	5%	-5%

要求：

（1）分别计算AB两个项目收益率的期望值。

（2）分别计算AB两个项目收益率的标准差、标准离差率。

（3）若你是该项目的决策者，你会选择哪个方案？

21. 某企业准备投资开发一新产品，现有A、B、C三个方案可供选择，有关市场预测资料见表2-3。

表2-3 方案市场预测表

市场状况	概率	预计年收益率（%）		
		A方案	B方案	C方案
繁荣	0.30	30	40	50
一般	0.50	15	15	15
衰退	0.20	-5	-15	-25

要求：计算三个方案的期望值、标准离差和标准离差率，并进行风险的比较分析。

22. 某企业拟投资100万元购买新设备，预计在5年的使用期内，每年现金净流入见表2-4。假设无风险最低报酬率为4.8%，风险报酬系数为0.1。

表2-4 设备现金净流入表

经营前景	现金净流入（万元）	概率
良好	50	0.3
一般	30	0.4
不佳	10	0.3

要求：

（1）计算该投资的风险。

（2）计算该投资的风险报酬率。

（3）确定该投资的期望报酬率。

（4）计算该投资现金净流入的现值。

第三章　项目投资管理

第一节　学习准备

学习目标

项目投资是企业投资的重要内容，本章将重点阐述企业的资本性投资（项目投资）及其财务决策相关问题。通过本章学习，了解项目投资的特点和程序，熟练掌握投资项目现金流量的构成与计算，掌握各种投资决策指标的计算方法和决策规则，能够熟练运用各种评价方法进行投资项目的财务可行性分析。

内容导航

第一节　项目投资概述
第二节　项目投资的现金流量及其估算
第三节　项目投资财务可行性评价指标
第四节　项目投资决策指标应用
第五节　考虑风险因素的项目投资决策

内容框架

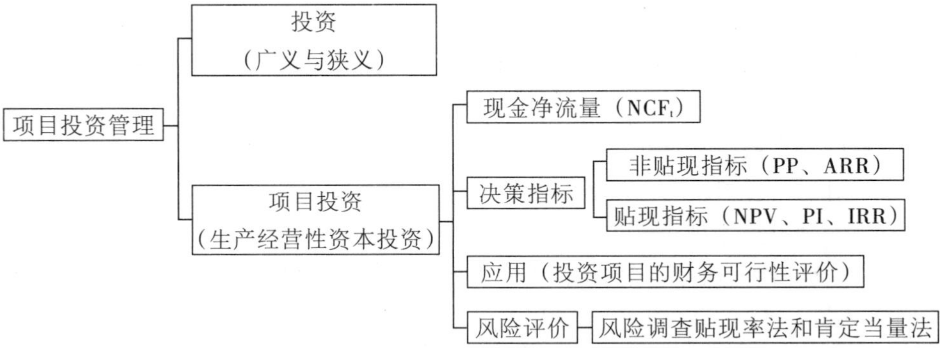

图3-1　内容框架图

重点与难点

1. 重点：投资项目现金流量的构成与计算；投资决策指标的计算方法和决策规则；运用各种评价方法进行投资项目的财务可行性分析。

2. 难点：投资项目现金流量的估算。

知识点

投资是指企业投入财力以期望在未来获取收益的一种行为。投资是企业实现财务目标的基本前提，也是企业发展与获利的必要手段。

投资管理是现代企业财务管理的一项重要内容，企业能否把筹集到的资金投放到收益高、风险低、回收快的项目上去，对企业的生存和发展至关重要。

一、项目投资概述

对于创造价值而言，投资决策是财务决策中最重要的决策。

项目投资是指以特定项目为对象，直接与新建项目或更新改造项目有关的长期投资行为。

（一）项目投资的特点

1. 投资金额大。

2. 影响时间长。

3. 变现能力差。

4. 投资风险高。

（二）项目投资的种类

1. 项目投资按其与生产经营活动的关系可分为维持性投资和扩大生产能力投资。

2. 项目按其投资对象分为固定资产投资、无形资产投资和开办费投资。

3. 项目投资按其对企业前途的影响可分为战术性投资和战略性投资。

4. 根据项目投资的具体目标不同，可分为新建项目投资和更新改造项目投资。

（三）项目投资的程序

二、项目投资的现金流量及其估算

（一）项目投资的现金流量

项目投资的现金流量，是指在项目投资决策中与项目投资决策相关的现金流入和流出的数量。

1. 项目投资决策使用现金流量的原因

（1）采用现金流量有利于科学地考虑时间价值因素。

（2）采用现金流量使项目投资决策更符合客观实际。

2.估计项目投资现金流量应把握的原则和注意事项

（1）以差量现金流量为基础。

（2）投资决策中现金流量的计算一定是建立在税后的基础之上的。

（3）沉没成本不应考虑。

（4）不能忽视机会成本。

（5）应考虑项目实施产生的间接影响。

（二）现金流量的构成

1.初始现金流量

初始现金流量是投资开始时至项目正常运行之前发生的现金流量，主要包括：固定资产投资、无形资产投资、垫支的流动资金、其他投资费用、原有固定资产的变价收入（固定资产更新时）。

2.经营现金流量

经营现金流量指项目建成后，生产经营过程中发生的现金流量，这种现金流量一般按年度进行计算。

年现金净流量（NCF）=年营业收入-年付现成本-年所得税

=年净利润+年折旧额

=年营业收入×（1-T）-年付现成本×（1-T）+年折旧额×T

3.终结现金流量

终结现金流量是指投资项目终结时所发生的现金流量，根据终结现金流量构成内容逐项列出然后相加。主要包括：固定资产残值收入或变价收入、固定资产的清理费用、原垫支的流动资产上的资金回收。

（三）现金流量的估算

净现金流量（Net Cash Flow）又称现金净流量，是指一定时期内，现金及现金等价物的流入（收入）减去流出（支出）的余额（净收入或净支出），反映了企业本期内净增加或净减少的现金及现金等价数额。实际应用中，我们是将投资项目整个寿命期间的各种现金流量按时间顺序整理成净现金流量（一定时期内现金流入量与现金流出量之差）。

净现金流量的估算公式为：

$$NCF_t = CI_t - CO_t$$

$$t = 0, 1, 2, \cdots, n$$

三、项目投资财务可行性评价指标

财务可行性评价指标，是指用于衡量投资项目财务收益大小和评价投入产出关系是否合理，以及评价其是否具有财务可行性所依据的一系列量化指标的统称。

实践中，又称为投资决策评价指标，可分为非贴现评价指标和贴现评价指标两大类。

（一）非贴现评价指标

非贴现评价指标是指不考虑资金时间价值的各种指标。常见的非贴评价指标主要有投资回收期和平均报酬率两种。

1.静态投资回收期

（1）计算原理：

静态投资回收期是指不考虑时间价值回收项目初始投资所需要的时间，一般以年为单位。

如果投资方案每年的现金净流量相等，则回收期可按下式计算：

$$投资回收期 = \frac{初始投资额}{每年净现金流量}$$

如果投资方案每年的现金净流量不相等，则投资回收期要根据每年年末尚未收回的投资额加以确定。假设初始投资在第n年和第n+1年之间收回，则投资回收期可按下式计算：

$$投资回收期 = n + \frac{第n年年末尚未收回的投资额}{第n+1年的净现金流量}$$

（2）决策规则：

对于独立方案，只要将项目评价求出的投资回收期与预先确定的基准投资回收期比较：求得的投资回收期≤基准投资回收期，则方案可行；求得的投资回收期＞基准投资回收期，则方案不可行。

对于相互排斥的投资方案，其择优过程分两步进行，首先将计算的投资回收期与基准投资回收期比较。其次进行分析：计算的投资回收期≤基准投资回收期，则方案可行；计算的投资回收期＞基准投资回收期，则方案不可行。

在各可行方案中，选择投资回收期最短的方案。

（3）优缺点评价：

优点：概念容易理解，计算也比较简便。

缺点：没有考虑资金时间价值；没有考虑回收期满后的现金流量状况。

2.平均报酬率

（1）计算原理：

平均报酬率是指投资项目寿命周期内平均的年投资报酬率，也称平均投资报酬率。其计算公式为：

$$平均投资报酬率 = \frac{投产后年平均净利润}{初始投资额} \times 100\%$$

（2）决策规则：

在独立方案采纳与否的决策中，高于必要平均报酬率的方案就采纳，低于必要平均报酬率的方案则拒绝。

在多个投资方案的互斥选择决策中，应在平均报酬率高于必要报酬率的方案中选择最高者。

（3）优缺点评价：

简明易懂，容易计算；未考虑资金时间价值，忽略了现金流动的时间分布。

(二) 贴现评价指标

贴现评价指标是指考虑了资金时间价值的评价指标。常见的贴现评价指标有净现值、获利指数和内含报酬率。

1.净现值(NPV)

(1)计算原理:

净现值是指项目按部门或行业的基准收益率或设定的(当未制定基准收益率时)的收益率,将各年净现金流量折现到第0年的现值之和。其计算公式为:

$$NPV=\sum_{t=0}^{n}NCF_t(1+i)^{-t}$$

(2)决策规则:

对于独立方案,其择优原则为:若NPV≥0,方案可行;若NPV<0,方案不可行。

对于相互排斥的投资方案,其择优原则分两步:第一步,在各可供选择的方案中,选取NPV≥0的方案;第二步,在各NPV≥0的方案中,选取NPV最大者。

(3)评价:充分考虑了货币时间价值,比较直观,易于理解和掌握。它能反映投资项目在其整个经济年限内的总效益;它可以根据需要来改变折现率。净现值的大小依赖于折现率的大小,而折现率的正确确定,则有一定的困难。在投资规模不同的几个方案中,仅凭净现值的绝对数难以作出投资项目获利能力高低的评价。

2.获利指数(PI)

(1)计算原理:

获利指数又称现值指数,是指投资项目投产后的净现金流量(包括经营现金流量和终结现金流量)现值和与建设期初始投资现值和之比。获利指数是一个相对数,说明每元投资现值未来可以获得的现金流量的现值有多少。其计算公式为:

PI=项目投产后各年现金净流量的现值之和÷建设期各年年初始投资的现值之和

(2)决策规则:PI≥1,则方案可行;PI<1,则方案不可行。

(3)优缺点评价:获利指数是一个相对数,使投资规模不同的方案之间具有共同的可比性,从而弥补了净现值的不足。它无法确定方案本身的收益率。由于它是一个相对指标,因而难于反映项目的规模因素。

3.内含报酬率(IRR)

(1)计算原理:

内含报酬率又称内部收益率,它是使投资方案净现值为零时的折现率。内含报酬率的计算公式为:

$$\sum_{t=0}^{n}\frac{NCF_t}{(1+IRR)^t}=0$$

式中:IRR为内含报酬率。

(2)决策规则:

对于独立方案,只要将投资方案的内含报酬率与部门或行业的基准收益率

（MAAR）比较，当IRR≥MARR时，方案可行；当IRR < MARR时，方案不可行。

对于相互排斥的投资方案，首先将各投资方案与部门或行业的基准收益率比较，选择IRR≥MARR的可行方案，然后在各可行方案中，选取IRR最大的投资方案。

（3）优缺点评价：它充分考虑了资金时间价值；内含报酬率的概念易于理解，容易被人接受；能反映投资项目的真实报酬率；能够反映出单位投资的盈利能力；计算过程比较复杂，通常需要一次或多次测算。对于非常投资方案，根据上述程序进行计算，可能出现多个内部收益率。

（三）项目投资评价指标之间的比较

（1）折现指标与非折现指标的比较。

（2）净现值与内含报酬率的比较。

（3）净现值与获利指数的比较。

折现指标为主要指标、非折现指标为辅助指标。折现指标中，净现值是一种最好的基础性评价指标，在实务中应用最为广泛。

四、项目投资决策指标应用

（一）单一投资项目决策

（二）多个互斥投资方案决策

（三）多个独立投资方案决策

五、考虑风险因素的项目投资决策

（一）风险调整贴现率法

（二）风险调整现金流量法——肯定当量法

Excel工具在本章的运用

一、相关函数

1.NPV（　　）函数

通过使用贴现率以及一系列未来支出（负值）和收入（正值），返回一项投资的净现值。

Excel语言：NPV（RATE，VALUE1，VALUE2，…）

其中，RATE为某一期间的贴现率，是一个固定值；“VALUE1，VALUE2，…”为1到29个参数，代表支出及收入，“VALUE1，VALUE2，…”在时间上必须具有相等的间隔，并且都发生在期末。

NPV使用“VALUE1，VALUE2，…”的顺序来解释现金流的顺序。所以输入人员务必保证支出和收入的数额按正确的顺序输入。

2.IRR（　　）函数

IRR函数返回由数值代表的一组现金流的内部收益率。这些现金流不是必须均衡，但是作为年金，它们必须按固定的时间间隔产生（如按月或按年）。内部收益率为投资的回收利率，其中包含定期支付（负值）和定期收入（正值）。

Excel语言：IRR（VALUES，GUESS）

其中，VALUES为数组或单元格的引用，包含用来计算返回的内部收益率的数字。VALUES必须包含至少一个正值或一个负值，以计算返回的内部收益率。函数IRR根据数值的顺序来解释现金流的顺序。故应确定按需要的顺序输入了支付和收入的数值。如果数组或引用包含文本、逻辑值或空白单元格，那么这些数值将被忽略。

GUESS为对函数IRR计算结果的估计值。

二、利用NPV函数计算项目的净现值并判断方案优劣

【例3-1】某企业有A、B两个待选投资项目，有关数据见表3-1。

【例3-1】视频演示

表3-1　A、B两待选投资项目数据表

期间	A项目		B项目	
	现金流入量	现金流出量	现金流入量	现金流出量
0		15 000		10 000
1		5 000		5 000
2	10 000	3 000	5 000	2 000
3	10 000	3 000	9 000	2 000
4	10 000	3 000	10 000	1 500
5	10 000	3 000	9 000	1 000
6	10 000	3 000	5 000	500

请用Excel和NPV法来进行方案决策。

具体操作步骤如下：

（1）建立净现金流量公式，计算两方案各年的现金净流量。

在D5单元格中输入公式“=B5-C5”，在H5单元格中输入公式“=F5-G5”，分别向下复制公式至“D6：D12”和“H5：H13”。

（2）建立净现值公式，计算出NPV。

选择单元格E5，输入公式“=NPV（0，D6）”。

选择单元格E12，输入公式“=NPV（$B$2，D6：D11）”。

选择单元格E13，输入公式“=E5+E12”。

将以上3个公式复制到B项目的相应单元格内，复制方法同上。

计算结果如图3-2所示。

	A	B	C	D	E	F	G	H	I
1	净现值法								
2	资本成本率	14%							
3	期间	项目A				项目B			
4		现金流入量	现金流出量	净现金流量	现值	现金流入量	现金流出量	净现金流量	现值
5	0		15000	-15000	-15000.00		10000	-10000	-10000.00
6	1		5000	-5000			5000	-5000	
7	2	10000	3000	7000		5000	2000	3000	
8	3	10000	3000	7000		9000	2000	7000	
9	4	10000	3000	7000		10000	1500	8500	
10	5	10000	3000	7000		9000	1000	8000	
11	6	10000	3000	7000		5000	500	4500	
12	合计	50000	35000	15000	16694.36	38000	22000	16000	13885.01
13	净现值				1694.36				3885.01

图 3-2 A、B 两方案各年的现金净流量

（3）因为A项目的净现值（1 694.36元）小于B项目的净现值（3 885.01元），所以B项目较优。

三、利用IRR函数计算项目的内含报酬率并判断方案优劣

【例 3-2】某企业现有A、B两个项目选择，具体资料如图3-3所示，请用Excel和IRR法进行方案优选。

	A	B	C
1	投资方案现金流量		
2			单位：元
3	年份	方案A现金净流量	方案B现金净流量
4	0	-200000	-300000
5	1	10000	60000
6	2	60000	70000
7	3	80000	90000
8	4	70000	90000
9	5	70000	80000
10	6	60000	80000

图 3-3 A、B 两项目的具体资料

具体操作步骤如下：

（1）选择B13单元格，输入公式“=IRR（B4：B6，-10%）”，可得到2年回收时A项目的内含报酬率。

（2）选择B14单元格，输入公式“=IRR（B4：B7）”，可得到3年回收时A项目的内含报酬率。

（3）拖动单元格B14右下角的填充柄，将公式复制到单元格区域“B15：B17”，可得到4~6年内回收时A项目的内含报酬率。

（4）选择单元格区域“B13：B20”，拖动右下方的填充柄，将公式复制到单元格区域“C13：C17”，可得到B项目各年回收时的内含报酬率。

（5）结论。从内含报酬率看，可以发现A项目优于B项目，具体结果如图3-4所示。

	A	B	C
1	投资方案现金流量		
2			单位：元
3	年份	方案A现金净流量	方案B现金净流量
4	0	-200000	-300000
5	1	10000	60000
6	2	60000	70000
7	3	80000	90000
8	4	70000	90000
9	5	70000	80000
10	6	60000	80000
11	分析计算(IRR)		
12	年份	IRR(A)	IRR(B)
13	2	-42.67%	-40.67%
14	3	-10.92%	-13.24%
15	4	3.29%	1.24%
16	5	11.64%	8.90%
17	6	16.17%	13.83%

图3-4　A、B两项目的计算结果

【例3-2】视频演示

例题选解

一、单项选择题

1.在一般投资项目中，当一项投资方案的净现值等于零时，即表明（　　）。

A.该方案的年金净流量大于0

B.该方案的动态回收期等于0

C.该方案的现值指数大于1

D.该方案的内含报酬率等于设定的贴现率

〖正确答案〗D

〖答案解析〗当一项投资方案的净现值等于零时，表明该方案年金净流量为0，选项A错误；该方案的现值指数等于1，选项C错误；净现值等于0，不能得出动态回收期等于0的结论，选项B错误。

〖该题针对“投资项目评价指标”知识点进行考核〗

2.若有两个投资方案，原始投资额不相同，彼此相互排斥，各方案项目计算期不同，可以采用的决策方法是（　　）。

A.年金净现值法　　B.净现值法

C.内含报酬率法　　D.现值指数法

〖正确答案〗A

〖答案解析〗一般采用净现值法和年金净流量法进行选择决策。但由于净现值指标受投资项目寿命期的影响，因而年金净现值法是互斥投资方案最恰当的决策方法。

〖该题针对“互斥投资方案的决策”知识点进行考核〗

3.甲公司购买一台新设备用于生产新产品A，设备价值为45万元，使用寿命为5年，期满无残值，按直线法计提折旧。用该设备预计每年能为公司带来销售收入38万元，付现成本15万元。最后一年全部收回第一年垫付的营业资金8万元。假设甲公司适用的企业所得税税率为25%，则该公司最后一年因使用该设备产生的营业现金净流量为（　　）万元。

A.27.5　　B.10.5　　C.19.5　　D.24.5

〖正确答案〗C

〖答案解析〗年折旧额为9万元（45÷5），最后一年的净利润为10.5万元（（38−15−9）×（1−25%））。最后一年的营业现金净流量=净利润+折旧=10.5+9=19.5（万元）。

〖该题针对“现金流量”知识点进行考核〗

4.甲方案初始投资10 000元，每年现金净流入量3 200元，有效期5年，假定折现率为18%，年金现值系数为3.127，折现率20%时，年金现值系数为2.991，该方案的内含报酬率是（　　）。

A.15%　　B.20%　　C.18.03%　　D.19.5%

〖正确答案〗C

〖答案解析〗依题意所列公式为10 000=3 200×（P/A，IRR，5），得（P/A，IRR，5）=3.125，3.125介于3.127（折现率为18%时的年金现值系数）和2.991（折现率为20%时的年金现值系数）之间，再用内插法求得IRR为18.03%。

〖该题针对“内含报酬率”知识点进行考核〗

*5.年末ABC公司正在考虑卖掉现有的一台闲置设备。该设备于8年前以50 000元购入，税法规定的折旧年限为10年，按直线法计提折旧，预计净残值率为10%；目前可以按10 000元价格卖出，假设所得税税率为30%，卖出现有设备对本期现金流量的影响是（　　）。

A.减少1 200元　　B.增加1 200元

C.增加8 800元　　D.增加11 200元

〖正确答案〗D

〖答案解析〗年折旧=50 000×（1−10%）÷10=4 500（元），账面余额=50 000−4 500×8=14 000（元），变现损失=14 000−10 000=4 000（元），变现损失减税=4 000×30%=1 200（元），现金净流量=10 000+1 200=11 200（元）。

〖该题针对“现金流量”知识点进行考核〗

*6.某项目的生产经营期为5年，设备原值为20万元，预计净残值收入5 000元，税法规定的折旧年限为4年，税法预计的净残值为8 000元，直线法计提折旧，所得税税率为30%，设备使用5年后报废时，收回营运资金2 000元，则终结点现金净流量为（　　）。

A.4 100元　　B.8 000元　　C.5 000元　　D.7 900元

〖正确答案〗D

〖答案解析〗年折旧额=（200 000−8 000）÷4=48 000（元），第4年年末折旧已经计提完毕，第5年不再计提折旧，第5年年末设备报废时的折余价值=200 000−48 000×4=8 000（元），预计实际净残值收入5 000元小于设备报废时的折余价值8 000元的差额抵减所得税，减少现金流出，增加现金净流量，所以终结点现金净流量=2 000+5 000+（8 000−5 000）×30%=7 900（元）。

〖该题针对“现金流量”知识点进行考核〗

二、多项选择题

1.下列不属于净现值指标缺点的是（　　）。

A.没有利用现金净流量

B.无法从动态的角度直接反映投资项目的实际收益率水平

C.没有考虑货币时间价值

D.没有考虑投资的风险性

〖正确答案〗ACD

〖答案解析〗净现值指标的优点是综合考虑了货币时间价值、项目计算期内的全部净现金流量和投资风险。缺点是无法从动态的角度直接反映投资项目的实际收益率水平。

〖该题针对“净现值（NPV）”知识点进行考核〗

2.下列各项因素，对投资项目内含报酬率指标计算结果产生影响的是（　　）。

A.原始投资额　　B.资本成本

C.项目计算期　　D.现金净流量

〖正确答案〗ACD

〖答案解析〗内含报酬率是指对投资方案未来的每年现金净流量进行贴现，使所得的现值恰好与原始投资额现值相等，从而使净现值等于零时的贴现率。并不使用资本成本做贴现率，所以选项B是错误的。

〖该题针对“内含报酬率（IRR）”知识点进行考核〗

3.投资阶段的现金流量包括（　　）。

A.在长期资产上的投资　　B.付现成本

C.折旧抵税　　D.垫支的营运资金

〖正确答案〗AD

〖答案解析〗投资阶段的现金流量主要是现金流出量，即在该投资项目上的原始投资，包括在长期资产上的投资和垫支的营运资金。

〖该题针对“现金流量”知识点进行考核〗

4.下列关于投资项目营业现金净流量的计算中，正确的有（　　）。

A.营业现金净流量等于税后净利润加上非付现成本

B.营业现金净流量等于营业收入减去付现成本再减去所得税

C.营业现金净流量等于税后收入减去税后付现成本再加上非付现成本引起的税负减少额

D.营业现金净流量等于营业收入减去营业成本再减去所得税

〖正确答案〗AB

〖答案解析〗会计中的营业成本既包括付现成本，也包括非付现成本，而财务管理中现金流量是以收付实现制为基础确定的，所扣除的成本中不应包括非付现成本。

〖该题针对“营业现金净流量”知识点进行考核〗

三、判断题

1.企业的投资活动涉及企业的未来经营发展方向和规模等重大问题，投资管理属于企业的程序化管理。 ( )

〖正确答案〗×

〖答案解析〗企业的投资活动涉及企业的未来经营发展方向和规模等重大问题，是非经常发生的。投资经济活动具有一次性和独特性的特点，投资管理属于非程序化管理。

〖该题针对“投资管理”知识点进行考核〗

2.在估计投资项目各年现金流量时，应考虑机会成本和间接影响。 ( )

〖正确答案〗√

〖答案解析〗机会成本会导致企业丧失其他投资收益，属于项目的现金流出量；间接影响会造成整个企业现金流量的变化。故在估计投资项目现金流量时应考虑机会成本和间接影响。

〖该题针对“项目投资”知识点进行考核〗

3.如果A、B是两个原始投资额相等但是期限不同的互斥方案，则可以采用年金净流量法对这两个方案进行决策。 ( )

〖正确答案〗√

〖答案解析〗年金净流量法适用于期限不同的投资方案决策，但同时，它也具有与净现值法同样的缺点，不便于对原始投资额不相等的独立投资方案进行决策。

〖该题针对“投资项目评价”知识点进行考核〗

四、简答题

简述在投资决策中采用现金流量指标而不是利润的原因。

〖答案要点〗

1.现金流量：基于收付实现制；科学、客观；属于时点概念，有利于考虑时间价值。

2.利润：基于权责发生制；不科学、主观随意性；属于期间概念，无法考虑时间价值。

五、计算分析题

某企业拟建造一项生产设备。预计建设期为2年，所需原始投资额为450万元于建设起点一次投入。该设备预计使用寿命为5年，使用期满报废清理残值为50万元。该设备折旧方法采用直线法。该设备投产后每年增加息税前利润100万元，所得税率为25%，项目的行业基准利润率为20%。

要求：

（1）计算项目计算期内各年净现金流量。

（2）计算该设备的静态投资回收期。

（3）计算该投资项目的会计收益率。

（4）假定适用的行业基准折现率为10%，计算项目净现值。

（5）计算项目获利指数。

（6）评价其财务可行性。

〖答案要点〗

（1）第0年净现金流量（NCF_0）=-450（万元）。

第1～2年净现金流量（$NCF_{1\sim2}$）=0（万元）。

第3～6年净现金流量（$NCF_{3\sim6}$）=100×（1-25%）+（450-50）÷5=155（万元）。

第7年净现金流量（NCF_7）=155+50=205（万元）。

（2）不包括建设期的静态投资回收期（PP）=450÷155=2.9（年）。

包括建设期的静态投资回收期（PP）=2+2.9=4.9（年）。

（3）会计收益率（ARR）=100÷450×100%=22.22%。

（4）净现值（NPV）=-450+155×［（P/A，10%，7）-（P/A，10%，2）］+50×（P/F，10%，7）=-450+155×（4.8684-1.7355）+50×0.5132=-450+485.6+25.66=61.26（万元）。

（5）获利指数（PI）=61.26÷450=1.36。

（6）评价：由于该项目净现值NPV＞0，获利指数PI＞1，会计收益率（ARR）高于基准利润率；但由于包括建设期的静态投资回收期大于项目计算期的一半，不包括建设期的静态投资回收期大于运营期的一半，所以该投资方案具备财务可行性。

第二节　本章练习题

一、单项选择题

1.生产经营期是指从（　　）之间的时间间隔。

A.建设起点到投产日　　B.建设起点到终结点

C.投产日到终结点　　D.投产日到收回投资额

2.在项目生产经营阶段，最主要的现金流出量项目是（　　）。

A.固定资产投资　B.营运资金投资　C.付现成本　D.无形资产投资

3.某投资方案的年营业收入为120 000元，年营业成本为80 000元，其中年折旧额为15 000元，所得税税率为25%，该方案的年营业现金净流量为（　　）元。

A.15 000　　B.30 000　　C.40 000　　D.45 000

4.某投资项目原始投资额为100万元，使用寿命10年，已知该项目第10年的净利润为25万元，期满处置固定资产残值收入及回收流动资金共8万元，则该投资项目第10年的净现金流量为（　　）万元。

A.8　　B.25　　C.33　　D.43

5.下列指标中没有直接利用现金净流量的是（　　）。

A.会计收益率　　B.获利指数　　C.净现值　　D.内部收益率

6.通常按照（　　），可将投资决策评价指标分为非折现评指标和折现评价指标。

A.是否考虑资金时间价值　　B.性质

C.数量特征　　D.重要性

7.按指标的重要性分类，投资决策评价指标可分为（　　）。

A.折现指标和非折现指标　　B.正指标和反指标

C.绝对指标和相对指标　　D.主要指标、次要指标和辅助指标

8.下列项目投资决策评价指标中，没有考虑货币时间价值的指标是（　　）。

A.净现值　　B.现值指数　　C.内含报酬率　　D.平均会计收益率

9.下列说法中不正确的是（　　）。

A.按收付实现制计算的现金流量比按权责发生制计算的净收益更可靠

B.利用净现值不能揭示投资方案可能达到的实际报酬率

C.分别用净现值、现值指数、回收期、内含报酬率对同一项目进行评价时，评价结果可能不一致

D.回收期法和内含报酬率法均没有考虑回收期满后的现金流量状况

10.包括建设期的静态投资回收期是（　　）。

A.净现值为零的年限　　B.现金流量为零的年限

C.累计净现值为零的年限　　D.累计净现金流量为零的年限

11.已知某投资项目的原始投资额为100万元，建设期为2年，投产后第1~8年每年的现金净流量为25万元，第9~10年每年的现金净流量为20万元。则该项目包括建设期的回收期为（　　）。

A.4年　　B.5年　　C.6年　　D.7年

12.某企业拟新建一项目，需投资100万元，按直线法计提折旧，使用寿命为10年，期末无残值。该项工程于当年投产，预计投产后每年可获净利10万元。假定贴现率为10%，则其净现值为（　　）万元。

A.22.9　　B.100　　C.122.9　　D.200

13.在一般投资项目中，当一项投资方案的净现值等于零时，即表明该方案（　　）。

A.现值比率小于零

B.不具备经济上可行性

C.获利指数等于1

D.内含报酬率小于设定贴现率或行业基准收益率

14.某方案贴现率为16%时，净现值为6.12万元；贴现率为18%时，净现值为-3.17万元；则该方案的内含报酬率为（　　）。

A.14.68%　　B.17.32%　　C.18.32%　　D.16.68%

15.如果投资方案的内部收益率（　　）其资金成本，该方案为不可行方案。

A.大于　　B.等于　　C.小于　　D.不小于

16.对投资项目内部收益率的大小不产生影响的因素是（　　）。

A.投资项目的原始投资　　B.投资项目的现金流量

C.投资项目的项目计算期　　D.投资项目的设定折现率

17.进行投资项目评价时，如果其他因素不变，只有贴现率提高，则下列指标的计算结果不会改变的是（　　）。

A.净现值　　B.内含报酬率

C.现值指数　　D.未来现金流量总现值

18.在一般投资项目中，当一项投资方案的净现值等于零时，即表明（　　）。

A.该投资方案的获利指数等于1

B.该投资方案不具备财务可行性

C.该投资方案的净现值率小于零

D.该投资方案的内部收益率小于设定折现率

19.现值指数与净现值相比，其优点是（　　）。

A.便于投资额相同方案的比较

B.便于独立投资机会获利能力的比较

C.考虑了投资项目现金流量的时间价值

D.考虑了投资项目的投资风险

20.当某项方案的净现值大于零时，其内部收益率（　　）

A.可能小于零　　B.一定等于零

C.一定大于所设定的折现率　　D.可能等于设定折现率

21.若净现值为负数，则表明该投资项目（　　）。

A.为亏损项目，经济上不可行

B.投资报酬率小于0，经济上不可行

C.投资报酬率没有达到预定的贴现率，经济上不可行

D.投资报酬率不一定小于0，因此也有可能是经济上可行的方案

22.下列表述中不正确的是（　　）。

A.净现值是投产后现金净流量现值与初始投资额现值之差

B.当净现值为零时，说明此时的贴现率为内含报酬率

C.当净现值大于零时，获利指数小于1

D.当净现值大于零时，说明该方案经济上可行

23.获利指数有别于净现值之处是（　　）。

A.它用相对数表示，有利于投资规模不同的方案之间进行比较。

B.能直接反映项目的实际收益率

C.更重视投资的风险

D.更重视货币时间价值

24.其他因素不变，一旦折现率提高，指标值将会变小的是（　　）。

A.会计收益率　　B.投资回收期　　C.内部收益率　　D.净现值

25.利用净现值指标评价某一投资方案财务可行性时，其可行的标准是该方案的净现值应当（　　）。

A.大于0　　B.大于1

C.大于或等于0　　D.大于或等于资本成本

26.某投资项目于建设起点一次投入原始投资400万元，获利指数为1.35，则该项目净现值为（　　）万元。

A.540　　B.140　　C.100　　D.200

27.当某方案的净现值大于零时，其现值指数（　　）。

A.一定小于或等于1　　B.一定等于设定的折现率

C.可能小于1　　D.一定大于1

28.下列动态评价指标中，其计算本身不受折现率大小影响的是（　　）。

A.净现值　　B.净现值率　　C.获利指数　　D.内部收益率

29.净现值与获利能力指数相比，其缺点是（　　）。

A.考虑资金时间价值　　B.考虑投资风险性

C.不便于投资额相同的方案进行比较　　D.不便于投资额不同的方案进行比较

30.当折现率为10%时，某项目的净现值为500元，则说明该项目的内部收益率（　　）。

A.高于10%　　B.低于10%　　C.等于10%　　D.无法界定

31.在进行投资项目风险分析时，易夸大远期现金流量风险的方法是（　　）。

A.调整现金流量法　　B.风险调整折现率法

C.净现值法　　D.内部收益率法

32.运用风险调整贴现率法进行投资项目风险分析，需要调整的项目是（　　）。

A.有风险的贴现率　　B.无风险的贴现率

C.有风险的现金收支　　D.无风险的现金收支

33.运用肯定当量法进行投资风险分析时，先用一个系数来调整的项目是（　　）。

A.有风险的折现率　　B.无风险的折现率

C.有风险的现金流量　　D.无风险的现金流量

34. 在肯定当量法下，变异系数（标准离差率）与肯定当量系数的关系是（　　）。

A. 变异系数越大，肯定当量系数越大

B. 变异系数越小，肯定当量系数越小

C. 变异系数越小，肯定当量系数越大

D. 变异系数与肯定当量系数呈同向变化

二、多项选择题

1. 项目投资的特点有（　　）。

A. 投资回收期长　B. 投资金额大　C. 投资风险大　D. 投资频繁

2. 完整投资项目的计算期包括（　　）。

A. 论证期　B. 建设期　C. 经营期　D. 报废期

3. 下列成本属于决策相关成本的是（　　）。

A. 机会成本　B. 差额成本　C. 历史成本　D. 沉没成本

4. 投资项目经营期的非付现成本包括（　　）。

A. 年折旧　B. 无形资产摊销　C. 年利息　D. 年回收额

5. 在项目的生产经营阶段，最主要的现金流出量项目是（　　）。

A. 无形资产投资　B. 固定资产原始投资

C. 经营付现成本　D. 所得税

6. 完整的工业投资项目的现金流入主要包括（　　）。

A. 营业收入　B. 回收固定资产变现净值

C. 固定资产折旧　D. 回收流动资金

7. 投资项目的现金流出量包括（　　）。

A. 固定资产投资　B. 流动资产投资　C. 经营成本　D. 所得税

8. 下列各项中构成初始现金流量的有（　　）。

A. 固定资产投资　B. 无形资产投资　C. 营运资金垫支　D. 其他投资

9. 在完整的工业投资项目中，经营期期末（终结点）发生的净现金流量包括（　　）。

A. 回收流动资金　B. 回收固定资产余值

C. 原始投资　D. 经营期末营业净现金流量

10. 在经营期内的任何一年中，该年的现金净流量等于（　　）。

A. 原始投资额的负值

B. 原始投资与资本化利息之和

C. 该年现金流入量与流出量之差

D. 该年净利润、折旧与摊销之和

11. 下列关于投资项目营业现金净流量估计的各种方法中，不正确的有（　　）。

A. 营业现金净流量=净利润+折旧与摊销

B. 营业现金净流量=营业收入-付现成本-税金

C.营业现金净流量=营业利润+折旧与摊销

D.营业现金净流量=营业收入-营业成本-税金

12.在不考虑所得税的情况下，下列计算营业现金净流量的公式中，正确的是（　　）。

A.营业现金净流量=利润+折旧

B.营业现金净流量=营业收入-经营成本

C.营业现金净流量=营业收入-营业成本-折旧

D.营业现金净流量=营业收入-营业成本+折旧

13.投资回收期评价指标的主要缺点是（　　）。

A.不能衡量企业的投资风险

B.没有考虑货币时间价值

C.没有考虑回收期后的现金流量

D.回收期标准的确定带有一定的主观性

14.静态投资回收期法的弊端有（　　）。

A.没有考虑货币时间价值因素

B.忽视回收期满后的现金流量

C.不能直观反映原始总投资的返回期限

D.计算方法过于复杂

15.会计收益率的缺点有（　　）。

A.没有考虑货币时间价值

B.不能反映项目的静态收益水平

C.其分子与分母的时间特征不一致

D.其计算无法直接利用净现金流量信息

16.净现值法的优点包括（　　）。

A.考虑了货币时间价值

B.考虑了项目计算期的全部净现金流量

C.考虑了投资风险

D.可以从动态上反映项目的实际收益率

17.判断一个投资项目具有财务经济上可行性应具备的条件有（　　）。

A.净现值小于0　　B.净现值大于等于0

C.现值指数大于等于1　　D.内含报酬率大于等于资本成本

18.下列关于现值指数的表述中，正确的说法有（　　）。

A.现值指数=未来现金流入的现值÷未来现金流出的现值

B.它能揭示项目本身的实际报酬率

C.它忽视了现金流量的风险

D.现值指数的优点是可以进行独立投资机会获利能力的比较

19.下列有关表述中正确的有（　　）。

A.利用内含报酬率法评价投资项目时，计算出的内含报酬率是方案本身的投资报酬率，因此不需要再估计投资项目的资本成本或最低报酬率
B.投资项目评估的基本原理是，当投资项目的报酬率超过资本成本时，企业的价值将增加；当投资项目的报酬率小于资本成本时，企业的价值将减少
C.一般情况下，使某投资方案的净现值小于零的贴现率，一定大于该投资方案的内含报酬率
D.投资项目评价的现值指数法和内含报酬率法都是根据相对比率来评价投资方案的，因此两种方法的评价结论也是相同的

20.下列关于投资项目评价方法的表述中，正确的有（　　）。
A.净现值指标受贴现率高低的影响
B.回收期法虽然没有考虑货币时间价值，但是能够衡量项目的盈利性
C.内含报酬率是项目本身的投资报酬率，不随投资项目预期现金流的变化而变化
D.内含报酬率法不能直接评价两个投资规模不同的互斥项目的优劣

21.内含报酬率法的优点有（　　）。
A.考虑了货币时间价值
B.考虑了项目的全部现金流量
C.考虑了投资风险
D.可以反映项目的实际收益率

22.与静态投资回收期相比，净现值的优点表现为（　　）。
A.考虑了货币时间价值
B.考虑了项目计算期的全部净现金流量
C.能够较好地考虑投资的风险
D.能从动态的角度反映项目的实际收益水平

23.净现值与获利指数的共同之处在于（　　）。
A.都考虑了资金时间价值
B.都以设定的折现率为计算基础
C.都不能反映项目的实际报酬率
D.都属于静态评价指标

24.下列项目中，可作为动态评价指标折现率的有（　　）。
A.投资项目的资本成本　　B.投资项目的机会成本
C.行业平均资金收益率　　D.社会平均资金收益率

25.若某一项目的净现值大于0，则此项目必然有（　　）。
A.净现值率大于0
B.现值指数大于1
C.投资回收期小于基准投资回收期
D.会计收益率大于基准会计收益率

26. 下列长期投资决策评价指标中，需要以已知的折现率作为计算依据的包括（　　）。

A. 净现值　　B. 获利指数　　C. 内部收益率　　D. 会计收益率

27. 计算内部收益率指标需要下列哪些信息（　　）。

A. 项目计算期　　B. 项目净现金流量　　C. 项目折现率　　D. 项目回收期

28. 可用于评价项目寿命期不相同的互斥投资方案的折现方法有（　　）。

A. 最小公倍寿命法　　B. 年均净现值法　　C. 回收期法　　D. 内部收益率法

29. 投资决策评价指标的净现值属于（　　）。

A. 动态指标　　B. 正指标　　C. 主要指标　　D. 折现评价指标

30. 下列哪些投资项目为可行性方案（　　）。

A. 净现值大于零的项目

B. 净现值率大于等于零的项目

C. 获利指数大于 1 的项目

D. 内部收益率大于或等于基准折现率

31. 采用净现值法评价投资项目可行性时，所采用的折现率通常有（　　）。

A. 投资项目的资金成本率　　B. 投资的机会成本率

C. 行业平均资金收益率　　D. 投资项目的内部收益率

32. 下列方法中，考虑项目投资风险因素的是（　　）。

A. 会计收益率法　　B. 风险调整折现率法

C. 肯定当量法　　D. 内部收益率法

33. 对于风险调整折现率法，下列说法正确的有（　　）。

A. 它把时间价值和风险价值区别开来，据此对现金流量进行折现

B. 它把时间价值和风险价值混在一起，并据此对现金流量进行折现

C. 它意味着风险随时间的推移而加大

D. 它是用调整净现值公式分母中的折现率的办法来考量风险的

34. 下列有关调整现金流量法和风险调整贴现率法的表述中，正确的有（　　）。

A. 调整现金流量法是对时间价值和风险价值分别进行调整的

B. 风险调整贴现率法根据资本资产定价模型对贴现率进行调整

C. 风险调整贴现率法夸大了远期现金流量的风险

D. 风险调整贴现率法克服了调整现金流量法夸大远期风险的缺点

35. 下列关于肯定当量系数的表述中，正确的有（　　）。

A. 它是指不肯定的 1 元现金流量期望值相当于使投资者满意的肯定金额的系数

B. 肯定当量系数的取值在 0 ~ 1 之间

C. 通过它可以把不肯定的现金流量换算成肯定的现金流量

D. 肯定当量系数可以由投资风险专家凭主观经验判断确定

三、判断题

1. 风险和收益是对等的，高风险的投资项目必然会获得高收益。　　（　　）

2.估计投资项目的现金流量是进行投资方案财务可行性评价时最重要、最困难的步骤。（　）

3.在确定投资方案的相关现金流量时，应遵循的最基本的原则是：只有增量现金流量才是与项目相关的现金流量。（　）

4.估算项目现金流量时，不可忽视机会成本，同时必须考虑项目实施对企业整体产生的积极及消极影响。（　）

5.如果一个项目需要使用原有厂房、设备，则其账面成本会构成该项目的相关现金流量。（　）

6.利用现金流量指标代替利润指标作为反映项目效益的信息，可以摆脱在贯彻财务会计的权责发生制时必然面临的困境。（　）

7.项目投资就是固定资产投资。（　）

8.在投资分析中对于盈亏状况和现金流动状况，人们首先要关注盈亏状况，然后进一步分析现金流动状况。因此，盈亏状况比现金流动状况更重要。（　）

9.付现成本是指需要支付现金的成本，在数量上等于销售收入减税后利润后，与折旧相加之和。（　）

10.建设投资就是项目建设期内发生的投资。（　）

11.某投资项目建设期只有一年，资金投入分别发生在该年的年初和年末，则该投资行为从时间特征看属于分次投入方式。（　）

12.在项目投资决策中，经营期计入财务费用的利息费用不属于现金流出量的内容，但在计算固定资产原值时，必须考虑建设期资本化利息。（　）

13.项目的流动资金投资一般发生在建设期期末。（　）

14.在投资方案评价中，折旧既不是流入量因素也不是流出量因素，因而不必考虑。（　）

15.折旧属于非付现成本，不会影响企业的现金流量。（　）

16.投资方案的回收期越长，表明该方案的风险程度越低。（　）

17.投资利润率是反映投资项目年利润或年平均利润与投资总额的比率。（　）

18.包括建设期的投资回收期恰好是该项目累计净现金流量为零的年限。（　）

19.与投资利润率指标相比，投资回收期充分利用了项目的净现金流量信息。（　）

20.投资利润率是静态指标。（　）

21.在多个投资项目中，净现值最大的项目为最优的投资项目。（　）

22.现值指数是一个相对数指标，反映投资的效率；而净现值是一个绝对数指标，反映投资的效果。（　）

23.当评价两个相互排斥的投资方案时，应当着重比较其各自的内含报酬率，而把其净现值放在次要位置。（　）

24.比较任何两个投资方案时，内含报酬率较高的方案较优。（　）

25. 某贴现率可以使某投资档案的净现值等于0，则该贴现率可以成为该方案的内含报酬率。（ ）

26. 某个贴现率可以使某投资方案的净现值等于零，则该贴现率称为该方案的内含报酬率。（ ）

27. 项目投资非贴现评价方法由于不考虑货币时间价值，是过去最常用的方法，目前只作为辅助方法使用。（ ）

28. 净现值以绝对数表示，不便于在不同投资规模的方案之间进行对比。（ ）

29. 现值指数大于1，说明投资方案的报酬率高于资金成本率。（ ）

30. 在项目投资决策中，内含报酬率与项目设定贴现率的高低无关。（ ）

31. 内含报酬率是指使投资方案的净现值为零时的贴现率，或者说，是使未来现金流入量等于未来现金流出量时的报酬率。（ ）

32. 采用逐次测试法计算内含报酬率时，如果净现值大于零，则说明该方案的内含报酬率比估计的报酬率要低，应以更低的贴现率测试。（ ）

33. 某个方案的内含报酬率大于资金成本率，则其净现值必然大于0。（ ）

34. 进行长期投资决策时，如果某一备选方案净现值比较大，那么该方案内含报酬率也相应较高。（ ）

35. 在长期投资决策中，内部收益率的计算本身与项目设定折现率的高低无关。（ ）

36. 内部收益率就是能使投资项目的净现值等于1的折现率。（ ）

37. 现值指数是相对数指标，反映投资的效益，但不适用于独立投资机会获利能力的比较。（ ）

38. 当静态投资回收期或投资利润率的评价结论与净现值等主要指标的评价结论发生矛盾时，应当以主要指标评价结论为主。（ ）

39. 在项目投资决策的评价指标中，内部收益率的计算本身与项目设定折现率的高低无关。（ ）

40. 在对同一个独立投资项目进行评价时，用净现值、获利指数和内部收益率指标会得出完全相同的决策结论，而采用静态投资回收期则有可能得出与前述结论相反的决策结论。（ ）

41. 项目的内部收益率就是能使投资项目的净现值等于零的折现率。（ ）

42. 某投资方案的净现值为零，则该方案折现率可称为该方案的内部收益率。（ ）

43. 净现值属于静态投资指标，而净现值率属于动态投资指标。（ ）

44. 在投资决策中，考虑项目风险的方法主要有风险调整折现率法和肯定当量法。（ ）

45. 风险调整折现率法将时间价值与风险价值结合在一起对现金流量进行折现，易夸大远期风险。（ ）

46. 肯定当量法就是用肯定当量系数对净现值公式的分子进行折算，使其调整

为无风险的现金流量。（　）

47.根据肯定当量系数可以把各年不肯定的现金流量换算成肯定的现金流量，其取值与管理层对风险的好恶有关。（　）

48.风险调整贴现率法比较符合逻辑，但把货币时间价值和风险价值合在一起，隐含着风险随着时间的推移而加大的假设，这与事实是相符的。（　）

49.风险调整贴现率法的缺点是夸大了远期风险，这与投资项目前几年的现金流量难以预料，越往后反而更有把握的事实不符。（　）

四、名词解释

1.项目投资　2.机会成本
3.沉没成本　4.现金流量
5.付现成本　6.营业现金净流量
7.会计收益率　8.投资回收期
9.净现值　10.现值指数
11.内含报酬率　12.年均净现值
13.风险调整贴现率法　14.肯定当量法

五、简答题

1.如何界定项目投资决策中的现金流量？
2.在项目投资决策中为什么采用现金流量而不是利润？
3.所得税对投资项目的现金流量有哪些影响？
4.为什么贴现现金流量指标优于非贴现指标？
5.在没有资本限量的情况下，最优的投资决策指标是什么？为什么？
6.两种项目投资风险处置方法有什么不同？

六、论述题

对项目投资决策指标进行比对分析。

七、计算分析题

1.A公司准备购入一套设备以扩充生产能力，现有甲、乙两个方案可供选择。甲方案需投资60 000元，使用寿命为5年，采用直线法计提折旧，5年后设备无残值，5年中每年的销售收入为30 000元，每年的付现成本为10 000元。乙方案需投资72 000元，采用直线法计提折旧，使用寿命为5年，5年后有残值收入12 000元，5年中每年的销售收入为34 000元，付现成本第1年为12 000元，以后每年增加600元，另需垫支流动资金6 000元。假设所得税税率为25%。

要求：估算两个方案各个时点的现金净流量。

2.B企业拟建设一项生产设备。预计建设期为1年，所需原始投资200万元于建设起点一次投入。该设备预计使用寿命5年，试用期满报废清理时无残值。该设备折旧方法采用直线法。该设备投产后每年增加净利润60万元。假定该企业使用的行业基准折现率为10%。

要求：

（1）计算项目计算期内各年净现金流量。

（2）计算项目净现值并评价该项目的财务可行性。

3.C投资项目各年的预计净现金流量分别为：NCF_0=−200万元，NCF_1=−50万元，NCF_{2-3}=100万元，NCF_{4-11}=250万元，NCF_{12}=150万元。

要求：计算该项目的静态投资回收期。

4.D公司拟购置一台设备，需一次性投资100万元。经测算，该设备使用寿命为5年，设备投入使用后每年可新增净利润20万元。假定该设备按直线法计提折旧，预计的净残值率为5%，公司适用25%的所得税税率。

要求：

（1）计算使用期内各年净现金流量。

（2）计算该设备的静态投资回收期、会计收益率。

（3）假设以10%作为折现率，计算该投资项目的净现值。

5.E公司拟与F公司合作生产甲产品，通过调查研究提出以下方案。

（1）设备投资：设备买价为400万元，预计可使用10年，报废时无残值收入；按税法要求该类设备折旧年限为8年，使用直线法计提折旧，残值率为10%。该设备购进后立即投入使用。

（2）厂房装修：装修费用预计为10万元。预计5年后还要进行一次同样的装修。

（3）购买该产品的商标使用权10年，一次性支付使用费100万元，按照直线法摊销。

（4）收入和成本预计：预计每年收入为300万元；每年付现成本为200万元。

（5）营运资金：投产时垫支50万元。

（6）所得税税率为25%。

（7）项目加权平均资本成本为5%。

要求：

（1）计算项目各年度现金流量。

（2）用净现值法评价该企业应否投资此项目。

6.已知G固定资产投资项目的有关资料见表3-2。

表3-2　**G固定资产投资项目表**　金额单位：万元

指标	年数						
	0	1	2	3	4	5	合计
净现值流量	−500	200	100	100	200	100	200
复利现值系数	1	0.89625	0.79719	0.71178	0.63552	0.56743	
净现值流量现值							
累计净现值流量							

要求：

（1）将表3-2中的空白处填上数字（保留全部小数）。

（2）计算该项目的静态投资回收期。

（3）列出该项目的下列指标：①原始投资额；②净现值。

（4）根据净现值指标评价该项目的财务可行性（说明理由）。

7.H工业投资项目需要投资350万元，其中购置固定资产300万元、在建设期期初一次性投入；垫支流动资金50万元，在建设期期末投入。该项目建设期2年，经营期5年，固定资产期满残值收入30万元，采用直线法计提折旧。项目投产后，预计年营业收入180万元，年经营成本60万元。假设该公司的资本成本为10%，所得税税率为25%。

要求：

（1）计算该投资项目的建设期净现金流量、经营期年净现金流量和终结点净现金流量。

（2）计算该投资项目的静态投资回收期。

（3）计算该投资项目的净现值和现值指数。

（4）分析该投资项目是否可行。

8.I企业拟建造一项生产设备。预计建设期为2年，所需原始投资450万元（均为自有资金）于建设起点一次性投入。该设备预计使用寿命为5年，使用期满报废清理残值为50万元。该设备折旧方法采用直线法。该设备投产后每年增加税前利润为100万元，所得税税率为25%，项目的行业基准利润率为20%。

要求：

（1）计算项目计算期内各年净现金流量。

（2）计算该设备的静态投资回收期。

（3）计算该投资项目的会计收益率（ARR）。

（4）假定适用的行业基准折现率为10%，计算项目净现值（NPV）。

（5）计算项目获利指数（PI）。

（6）评价其财务可行性。

9.某公司有A、B、C、D四个投资项目可供选择，有关资料见表3-3。

表3-3　**投资项目有关资料**　金额单位：元

投资项目	原始投资	净现值	现值指数
A	130 000	77 000	1.59
B	140 000	63 500	1.45
C	310 000	131 000	1.42
D	160 000	65 000	1.41

要求：

（1）当投资总额限定为45万元时，试做出投资组合决策。

（2）如果A、D为互斥方案，则当投资总额限定为60万元时试做出投资组合决策。

第四章　证券投资管理

第一节　学习准备

学习目标

通过对本章内容的学习，要求学生了解证券投资的对象与种类，明确债券和股票投资的风险种类和内涵；掌握债券投资和股票投资收益的计量方法，熟练掌握债券估价和股票估价的方法，并能运用这些方法进行债券和股票投资决策；掌握证券组合的风险与度量，熟练运用资本资产定价模型来计算证券投资组合的报酬。

内容导航

第一节　证券投资概述
第二节　债券投资
第三节　股票投资
第四节　证券投资组合

内容框架

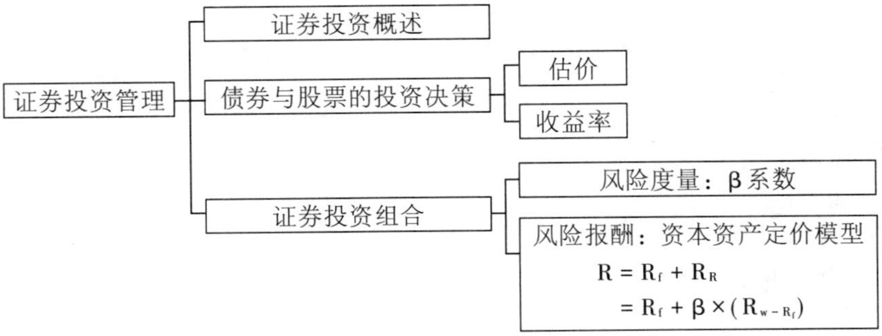

图 4-1　内容框架图

重点与难点

1. 重点：债券和股票投资的风险种类和内涵，估价方法和投资收益的计量方法。
2. 难点：债券和股票的投资决策。

知识点

一、证券投资概述

（一）证券的种类

（二）证券投资的目的

二、债券投资

（一）债券投资的目的与特点

（二）债券估价

债券价值主要取决于两个因素：债券预期现金流入（投资者得到的本息）和贴现率（即投资者所要求的报酬率）。

由于不同债券的还本付息方式不同，所以债券的估价方法也各不相同。

1. 按年支付利息、到期还本债券的估价

这类债券价值的计算公式为：

$$V=\sum_{t=1}^{n}\frac{I}{(1+k)^t}+\frac{M}{(1+k)^n}=I\times(P/A,k,n)+M\times(P/F,k,n)$$

2. 一次还本付息且不计复利的债券估价

这类债券价值的计算公式为：

$$V=\frac{n\times I+M}{(1+k)^n}=(M+I\times n)\times(P/F,k,n)$$

3. 一次还本付息且计算复利的债券估价

这类债券的价值用计算公式为：

$$V=\frac{M\times(1+r)^n}{(1+k)^n}=M\times(F/P,r,n)\times(P/F,k,n)$$

4. 折现发行的债券估价

这类债券价值的计算公式为：

$$V=\frac{M}{(1+k)^n}=M\times(P/F,k,n)$$

（三）债券投资收益和内部收益率

1. 债券投资收益

债券投资收益包括债券还本额（或卖出价）与购入价的差价和持有期间的利息收益。债券投资收益是投资于债券所获得的全部投资报酬，主要来源于以下三个方面：

（1）利息收益。债券各期的名义利息收益都是其面值与票面利率的乘积。

（2）利息再投资收益。进行债券投资评价时，有两个重要的假定：一是假定分期收取利息，到期一次收回本金；二是假定分期收到的利息进行同一项目的再投资，并取得与本金同等的利息收益率。也就是说，按货币时间价值原理计算债券投资收益已经考虑了再投资因素。在取得再投资收益的同时，也承担着再投资风险。

（3）价差收益，也称资本利得收益。

2.债券的内部收益率

债券的内部收益率是指按当前市场价格购买债券并持有至到期日或转让日所产生的预期报酬率。用购买价格P代替债券的内在价值V_b就能求出债券的内部收益率。也就是说，用该内部收益率折现所决定的债券内在价值刚好等于债券的目前购买价格。

债券真正的内在价值是按市场利率折现所决定的内在价值，当按市场利率折现所计算的内在价值大于或等于按内部收益率计算的内在价值时，债券的内部收益率才会大于市场利率，这正是投资者所期望的。

债券投资收益率的衡量通常有以下两种方法：

（1）不考虑时间价值情况下债券投资收益率的计算。

（2）考虑资金时间价值情况下债券投资收益率的计算。

（四）债券投资的风险因素分析

1.债券的违约风险。

2.债券的流动性风险。

3.债券的再投资风险。

三、股票投资

（一）股票投资的目的与特点

企业进行股票投资的目的主要有两种：一是获利，二是控股。

（二）股票估价

股票估价实际是对股票的投资价值进行评估，最常用的是贴现现金流量模型。

该模型可以用以下公式表示股票价值：

$$v = \sum_{t=1}^{n} \frac{D_t}{(1+k)^t} + \frac{V_n}{(1+k)^n}$$

几种常用的股票价值模型如下：

1.零成长股票估价

$$V = \frac{D}{k}$$

2.固定成长股票估价

$$V = \frac{D_0 \times (1+g)}{k-g}$$

$$V = \frac{D_1}{k-g}$$

3.非固定成长股票的估价

(三)股票投资收益

股票投资收益主要由股利收益、股票转让的价差收益两部分组成。

(四)股票价格的影响因素分析

四、证券投资组合

(一)证券组合的风险

证券组合的风险可以分为两种性质完全不同的风险，即系统风险和非系统风险。

证券投资的系统风险通常用β系数来度量。

投资组合的系统风险同样用β系数表示，投资组合的β系数是单个证券β系数的加权平均，权数为各种资产在投资组合中所占的比重。其计算公式为：

$$\beta_p = \sum_{j=1}^{n} \beta_j w_j$$

(二)证券投资组合的报酬

1.证券组合的风险报酬是投资者因承担不可分散风险而要求的超过时间价值的那部分额外报酬。可用下式表示：

$$R_P=\beta_p\times(R_W-R_f)$$

2.资本资产定价模型

资本资产定价模型的一般形式为：

$$R=R_f+R_R=R_f+\beta\times(R_W-R_f)$$

(三)证券组合投资的策略

1.保守型投资组合策略。

2.冒险型投资组合策略。

3.适中型投资组合策略。

Excel工具在本章的运用

【例4-1】视频演示

【例4-1】用Excel进行股票价值评估。现有A、B两只股票，有关资料如图4-2所示，现请用Excel建立一个计算两只股票的价值并判断是否具有投资价值的模型。

	A	B	C	D
1	已知条件			
2	期望报酬率	15%		
3	A股票		B股票	
4	当前股利（元/股）	2	第1年股利（元/股）	0.60
5	未来5年股利增长率	10%	第2年股利（元/股）	0.00
6	5年以后股利增长率	5%	第3年股利（元/股）	1.50
7	当前市价（元/股）	20	第4年股利（元/股）	1.00
8			4年末出售的价格	26.00
9			当前市价（元/股）	25.00

图4-2 A、B两只股票相关资料图

具体操作步骤如下：

（1）设计模型结构，如图4-3所示。

（2）在单元格B12中输入公式“=$B$4*（1+$B$5）^B11”，并将其复制到单元格区域“C12：F12”；

（3）在单元格F13中输入公式“=F12*（1+B6）/（B2-B6）”；

（4）在单元格B14中输入公式“=NPV（B6，B13：F13）+F14/（1+B6）^F12”；

（5）在单元格B17中输入公式“=IF（B14>B7，“有”，“无”）”；

（6）在单元格B15中输入公式“=NPV（B2，D4：D7）+D8/（1+B2）^E11”；

（7）在单元格B18中输入公式“=IF（B15>D9，“有”，“无”）”；

（8）结论：A股票具有投资价值，计算结果如图4-3所示。

	A	B	C	D	E	F
1	已知条件					
2	期望报酬率	15%				
3	A股票		B股票			
4	当前股利（元/股）	2	第1年股利（元/股）	0.60		
5	未来5年股利增长率	10%	第2年股利（元/股）	0.00		
6	5年以后股利增长率	5%	第3年股利（元/股）	1.50		
7	当前市价（元/股）	20	第4年股利（元/股）	1.00		
8			4年末出售的价格	26.00		
9			当前市价（元/股）	25.00		
10	计算分析					
11	年份	1	2	3	4	5
12	A股票的股利（元/股）	2.2	2.42	2.66	2.93	3.22
13	固定增长股的价值（元/股）					33.82
14	A股票的价值（元/股）	25.58				
15	B股票的价值（元/股）	16.95				
16	结论					
17	A股票是否有投资价值	有				
18	B股票是否有投资价值	无				

图4-3　模型结构及计算结果图

例题选解

一、单项选择题

1.市场利率上升时，债券价值的变动方向是（　　）。

A.上升

B.下降

C.不变

D.随机变化

〖正确答案〗B

〖答案解析〗债券价值是未来现金流入的现值，折现率是市场利率，因此市场利率上升，债券价值会下降。

〖该题针对“债券估价”知识点进行考核〗

2.某公司拟于2015年1月1日发行面额为1 000元的债券，其票面年利率为

6%，每年6月30日和12月31日计算并支付利息，2018年1月1日到期。同等风险投资的必要报酬率为8%，则债券的价值为（　　）元。

A.1 000

B.832.86

C.524.21

D.947.56

〖正确答案〗D

〖答案解析〗债券的价值=1 000×3%×（P/A，4%，6）+1 000×（P/F，4%，6）=30×5.2421+1 000×0.7903≈947.56（元）。

〖该题针对“债券估价”知识点进行考核〗

3.某公司以1 020元的价格购入面值为1 000元、票面利率为6%、每半年支付一次利息、2年后到期的债券。该公司持有该债券的年到期收益率为（　　）。

A.6%

B.2.47%

C.3.98%

D.4.95%

〖正确答案〗D

〖答案解析〗到期收益率是指以特定价格购买债券并持有至到期日所能获得的收益率，它是使未来现金流量现值等于债券购入价格的折现率。假设年到期收益率为i，则有1 020=1 000×3%×（P/A，i/2，4）+1 000×（P/F，i/2，4）。当i=6%时，债券价值=债券面值=1 000元；当i=4%时，1 000×3%×（P/A，i/2，4）+1 000×（P/F，i/2，4）=1 038.03（元）。利用内插法可得：（i−6%）÷（4%−6%）=（1 020−1 000）÷（1 038.03−1 000），i=4.95%。

〖该题针对“债券的收益率”知识点进行考核〗

4.某投资者购买A公司股票，并且准备长期持有，假设国债利率为4%，A公司股票的β系数为2，股票市场的平均收益率为7.5%，该公司本年的股利为0.6元/股，预计未来股利年增长率为0，则该股票的内在价值是（　　）元/股。

A.5.0

B.5.45

C.5.5

D.6

〖正确答案〗B

〖答案解析〗根据资本资产定价模型，股东要求的必要报酬率$R=R_f+R_R=R_f+\beta\times(R_W-R_f)$=4%+2×（7.5%−4%）=11%，股票的内在价值=0.6÷11%=5.45（元）。

〖该题针对“股票估价”和“资本资产定价模型”知识点进行考核〗

5.甲公司今年年初发行A股票，预计每年分配股利3元，假设股利可以持续发放并且保持不变，投资者要求的报酬率为10%。下列说法中不正确的有（　　）。

A.股票的价值为30元

B.A股票是零增长股票

C.未来各年股利构成永续年金

D.股票的价值为33元

〖正确答案〗D

〖答案解析〗由于每年分配股利3元并假设可以持续且保持不变，所以是零增长股票，未来各年股利构成永续年金，股票的价值=3÷10%=30（元）。所以，错误的答案是D。

〖该题针对“股票估价”知识点进行考核〗

二、多项选择题

1.下列说法中，正确的有（　　）。

A.政府证券没有违约风险

B.普通股的购买力风险小

C.公司债券的流动性风险小

D.证券的期限越长，期限性风险越大

〖正确答案〗BD

〖答案解析〗比较而言，政府证券违约风险较小；并不是所有公司债券的流动性风险都小，若购买信用评级比较低的公司的债券，想立即出售比较困难，因而流动性风险较大，但若购买国库券，几乎可以立即出售，则流动性风险小。

〖该题针对“证券估值”知识点进行考核〗

2.下列关于债券的概念说法中，正确的有（　　）。

A.债券票面利率是指债券发行者预计1年内向投资者支付的税后利息占票面额的比率

B.债券面值代表发行人借入并且承诺于未来某一特定日期偿付给债券持有人的金额

C.债券一般都规定到期日，以便到期时归还本金

D.债券可能使用单利或复利计息

〖正确答案〗BCD

〖答案解析〗债券票面利率是指债券发行者预计1年内向投资者支付的利息占票面金额的比率，选项A的说法不正确；债券面值是指设定的票面金额，它代表发行人借入并且承诺于未来某一特定日期偿付给债券持有人的金额，所以选项B的说法正确；债券一般都规定到期日，以便到期时归还本金，所以选项C的说法正确；债券的计息和付息方式有多种，可能使用单利或复利计息，所以选项D的说法正确。

〖该题针对“债券的概念和价值”知识点进行考核〗

3.与股票内在价值成反方向变化的因素有（　　）。

A.股利年增长率

B.年股利

C.必要报酬率

D.β系数

〖正确答案〗CD

〖答案解析〗$V_S=D_1\div(R_S-g)$，由公式看出，股利增长率g和年股利D_1，与股票价值呈同向变化，必要报酬率R_S与股票价值成反向变化，而β系数与必要报酬率呈同向变化，因此β系数同股票价值亦成反向变化。

〖该题针对“股票估价”知识点进行考核〗

4.下列有关证券市场线的描述，正确的有（　　）。

A.市场风险溢价越大，证券市场线越平缓

B.证券市场线描述的是某资产或资产组合整体风险与必要收益率之间的关系

C.无风险利率上升，证券市场线平行上移

D.β系数越大，必要收益率越大

〖正确答案〗CD

〖答案解析〗市场风险溢价越大，斜率越大，证券市场线越陡峭，选项A错误；证券市场线描述的是某资产或资产组合系统风险与必要收益率之间的关系，选项B错误；根据资本资产定价模型，无风险利率上升，必要收益率等价上升，证券市场线平行上移，选项C正确；衡量系统风险的β系数与必要收益率同方向变化，选项D正确。

〖该题针对“资本资产定价模型”知识点进行考核〗

三、判断题

1.债券的价值会随着市场利率的变化而变化，当市场利率上升时，债券价值下降；当市场利率下降时，债券价值上升。（　　）

〖正确答案〗√

〖答案解析〗债券价值是未来现金流入折现的现值，折现率是市场利率。因此，当折现率（市场利率）增大时，折现值（债券价值）减小；当折现率（市场利率）减小时，折现值（债券价值）增大。

〖该题针对“债券估值”知识点进行考核〗

2.投资组合的收益率都不会低于组合中所有单个资产中的最低收益率。（　　）

〖正确答案〗√

〖答案解析〗投资组合收益率是加权平均收益率，当100%投资于最低收益率资产时，此时组合收益率即为最低收益率。因此，只要投资于最低收益率资产的投资比重小于100%，投资组合的收益率就会高于最低收益率。

〖该题针对“证券投资组合”知识点进行考核〗

3.两种完全正相关的股票组成的证券组合不能抵消任何风险。（　　）

〖正确答案〗√

〖答案解析〗当两种股票完全正相关（相关系数=1）时，从降低风险的角度看，分散持有股票没有好处。

〖该题针对“证券投资组合”知识点进行考核〗

4.证券市场线用来反映个别资产或组合资产的预期收益率与其所承担的系统风险β系数之间的线性关系。（　　）

〖正确答案〗√

〖答案解析〗证券市场线是资本资产定价模型用图示形式表示的结果，它是以β系数为横轴，以个别资产或组合资产的预期收益率为纵轴的一条直线，来反映个别资产或组合资产的预期收益率与其所承担的系统风险β系数之间的线性关系。

〖该题针对“资本资产定价模型”知识点进行考核〗

5.风险中立者选择资产的态度是当预期收益率相同时，偏好于具有低风险的资产；而对于具有同样风险的资产，则钟情于具有高预期收益率的资产。（　　）

〖正确答案〗×

〖答案解析〗这是风险回避者选择资产的态度，风险中立者通常既不回避风险也不主动追求风险，他们选择资产的唯一标准是预期收益的大小，而不管风险状况如何。

〖该题针对“风险管理”知识点进行考核〗

四、计算分析题

1.有一面值为1 000元的债券，票面利率为8%，2013年7月1日发行，2018年7月1日到期，半年支付一次利息（6月末和12月末支付），假设投资的必要报酬率为10%。

要求：

（1）计算该债券在发行时的价值。

（2）计算该债券在2016年12月末支付利息之前的价值。

（3）计算该债券在2017年1月初的价值。

（4）计算该债券在2016年9月1日的价值。

（5）如果2017年1月初的价格为980元，计算报价年到期收益率和有效年到期收益率。

〖答案要点〗

（1）答案要点：

每次支付的利息=1 000×8%÷2=40（元），共计支付10次；由于每年支付2次利息，因此折现率为10%÷2=5%。发行时的债券价值：

V=40×（P/A，5%，10）+1 000×（P/F，5%，10）

=40×7.7217+1 000×0.6139

=922.77（元）

（2）答案要点：

该债券在2016年12月末、2017年6月末、2017年12月末和2018年6月末，分别可以收到40元的利息，并且在2018年7月1日收到本金1 000元。因此：

该债券在2016年12月末，支付利息之前的价值为：

V=40+40×（P/A，5%，3）+1 000×（P/F，5%，3）

=40+40×2.7232+1 000×0.8638

=1 012.73（元）

（3）答案要点：

该债券在2017年1月初的价值为：

V=1 012.73−40

=972.73（元）

或 V=40×（P/A，5%，3）+1 000×（P/F，5%，3）

=972.73（元）

（4）答案要点：

该债券在2016年9月1日以后收到的利息也是四次，在2016年12月末、2017年6月末、2017年12月末和2018年6月末，分别可以收到40元的利息，并且在2018年7月1日收到本金1 000元。所以，只需要对“债券在2016年12月末，支付利息之前的价值”复利折现既可，由于12月末距离9月1日间隔4个月，并且一个折现期为6个月，所以，应该复利折现4÷6=2/3期，该债券在2016年9月1日的价值为：

V=1 012.73×（P/F，5%，2/3）

=1 012.73÷（F/P，5%，2/3）

=980.32（元）

（5）答案要点：

980=40×（P/A，k，3）+1 000×（P/F，k，3）

当k=5%时，40×（P/A，k，3）+1 000×（P/F，k，3）=972.73

当k=4%时，40×（P/A，k，3）+1 000×（P/F，k，3）=1 000

因此：（5%−k）÷（5%−4%）=（972.73−980）÷（972.73−1 000）

解得：k=4.73%

报价年到期收益率=4.73%×2=9.46%

有效年到期收益率=（1+4.73%）^{2}−1=9.68%

〖该题针对“债券投资”知识点进行考核〗

2.某投资者准备进行证券投资，现在市场上有以下几种证券可供选择：

（1）A股票，上年发放的股利为1.5元，以后每年的股利按5%递增，目前股票的市价为15元。

（2）B债券，面值为1 000元，5年期，票面利率为8%，单利计息，到期一次还本付息、复利折现，目前价格为1 080元，假设该投资者投资时离到期日还有两年。

（3）C股票，最近支付的股利是2元，预计未来2年股利将按每年14%递增，在此之后转为正常增长，增长率为10%，股票的市价为46元。

如果该投资者期望的最低报酬率为15%，请你帮该投资者选择哪种证券可以投资。

〖答案要点〗

（1）答案要点：

A股票的内在价值=1.5×（1+5%）÷（15%−5%）

=15.75（元/股）

（2）答案要点：

B债券的内在价值=（1 000+1 000×8%×5）×（P/F，15%，2）

=1 400×0.7561

=1 058.54（元）

（3）答案要点：

C股票的内在价值计算如下：

预计第1年的股利=2×（1+14%）=2.28（元）

预计第2年的股利=2.28×（1+14%）=2.60（元）

第2年年末普通股的内在价值=2.60×（1+10%）÷（15%−10%）=57.2（元）

C股票目前的内在价值=2.28×（P/F，15%，1）+2.60×（P/F，15%，2）+57.2×（P/F，15%，2）

=2.28×0.8696+2.60×0.7561+57.2×0.7561

=47.20（元/股）

（4）答案要点：

A股票的内在价值大于当前的市价，所以可以投资。

B债券的内在价值小于当前市价，因此不可以投资。

C股票的内在价值大于市价，因此可以投资。

〖该题针对“股票估值”知识点进行考核〗

3.A公司股票的β系数为2.5，无风险利率为6%，市场上所有股票的平均报酬率为10%。

要求计算：

（1）该股票的预期收益率为多少？

（2）若该股票为固定成长股，成长率为6%，预计一年后的股利为1.5元，则该股票的价值为多少？

（3）若该股票未来3年股利零增长，每期股利为1.5元，预计从第4年起转为正常增长，增长率为6%，则该股票的价值为多少？

〖答案要点〗

（1）答案要点：

$R=R_m+\beta\times(R_F-R_m)$ =6%+2.5×（10%−6%）=16%

（2）答案要点：

$V_0=\frac{D_1}{R_S-g}$ =1.5÷（16%−6%）=15（元）

（3）答案要点：

A公司股票利率增长示意图如图4−4所示。

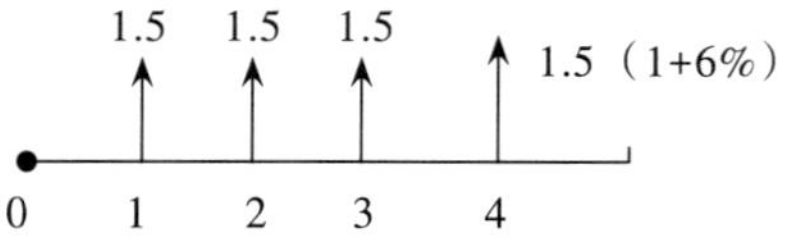

图4-4 A公司股票利率增长示意图

V_0=1.5（P/A，16%，3）+{［1.5（1+6%）］÷（16%-6%）}×（P/F，16%，3）

=1.5×2.2459+15.9×0.6407

=13.56（元）

〖该题针对“资本资产定价模型”和“股票估值”知识点进行考核〗

第二节 本章练习题

一、单项选择题

1.当需要存放暂时闲置的资金而进行证券投资时，投资者会选择（ ）。

A.投资流动性好、有稳定收益的证券

B.投资短时期内价格波动较大的证券

C.投资具有稳定的现金收益的长期证券

D.长期投资某公司股票

2.当为获得较高的投机收益而进行证券投资时，投资者会选择（ ）。

A.投资流动性好、有稳定收益的证券

B.投资短时期内价格波动较大的证券

C.投资具有稳定的现金收益的长期证券

D.长期投资某公司股票

3.当为获得对被投资企业的控制权而进行证券投资时，投资者会选择（ ）。

A.投资流动性好、有稳定收益的证券

B.投资短时期内价格波动较大的证券

C.投资具有稳定现金收益的长期证券

D.长期投资该公司普通股

4.债券有很多类型，下列各项按债权人享受权益的不同进行分类的是（ ）。

A.政府债券、金融债券和企业债券等

B.实物债券、凭证式债券和记账式债券等

C.可转换债券、可赎回债券和附新股认购权债券等

D.卖权债券、参加公司债券和收入公司债券等

5.（ ）投资不能偿还本金，所获得的股息和红利也不确定，完全取决于公司经营利润的高低。

A.债券 B.股票 C.基金 D.期货合约

6.估算债券价值常用的贴现率是（ ）。

A.债券发行时的市场利率

B.短期国债的年利率

C.债券估价时的市场利率

D.债券的票面利率

7.对每年付息一次、到期还本的债券进行投资，如果投资者以低于该债券面值的价格买入并持有到期，其实际投资收益率将（　　）债券的票面利率。

A.低于　　B.高于　　C.等于　　D.无法确定

8.与股票投资相比，债券投资的优点是（　　）。

A.本金安全性高　　B.投资收益率高

C.购买力风险低　　D.收入稳定性差

9.在必要报酬率不变的情况下，对于分期付息的债券，当市场利率小于票面利率时，随着债券到期日的接近，当付息期无限小时，债券价值将相应（　　）。

A.增加　　B.减少　　C.不变　　D.不确定

10.在名义利率相同的情况下，投资者会选择计息期为（　　）的债券进行投资。

A.1年　　B.半年　　C.1个季度　　D.1个月

11.A企业以930元购得面值为1 000元的新发行的债券，票面利率为12%，每年付息一次，到期还本。若持有该债券至到期日，其该企业到期收益率为（　　）。

A.高于12%　　B.低于12%　　C.等于12%　　D.难以确定

12.当市场利率上升，长期固定利率债券价格的下降幅度（　　）短期债券的下降幅度。

A.大于　　B.小于　　C.等于　　D.难以确定

13.B公司发行面值为100元的10年期债券，票面利率为10%，半年付息一次，到期还本。发行后该债券在二级市场上流通，假设必要投资报酬率为10%并保持不变，以下说法中正确的是（　　）。

A.债券溢价发行，发行后债券价值随到期时间的缩短逐渐下降，至到期日债券价值等于债券面值

B.债券折价发行，发行后债券价值随到期时间的缩短而逐渐上升，至到期日债券价值等于债券面值

C.债券按面值发行，发行后债券价值一直等于票面价值

D.债券按面值发行，发行后债券价值在两个付息周期之间呈周期性波动

14.下列关于股票的说法中不正确的是（　　）。

A.我国目前各公司发行的都是记名的普通股票

B.股利的资本化价值决定了股票价格

C.股票本身是没有价值的，仅是一种凭证

D.投资人在进行股票估价时主要使用开盘价

15.股票投资的无偿还性是指（　　）。

A.正常经营时，股东不得要求股份公司退还其投资入股的资本

B.股票投资后没有固定的股利收入

C.股票投资后价格随行就市，不一定高于购买价格

D.股票投资无法收回投资成本

16.某股票当前的市场价格是20元，每股股利是1元，预期的股利增长率是5%，则其市场决定的预期收益率是（　　）。

A.10.5%　　B.10%　　C.10.25%　　D.5.5%

17.某股票的未来股利不变，当股票的市价低于股票价值时，预期报酬率（　　）投资人要求的最低报酬率。

A.高于　　B.低于

C.等于　　D.可能高于也可能低于

18.面值为100元的普通股，预计年固定股利收入为10元，如果投资者要求的必要报酬率为8%，那么准备长期投资该股票的投资者能接受的最高购买价格为（　　）元。

A.80　　B.100　　C.125　　D.150

19.某股票刚刚发放的股利为0.8元/股，预期第1年的股利为0.9元/股，第2年的股利为1.0元/股；从第3年开始，股利增长率固定为5%，并且打算长期保持该股利政策。假定股票的资本成本为10%，则该股票价值为（　　）元。

A.17.42　　B.19　　C.22.64　　D.27.2

20.某公司股票预计本年要发放的股利为每股2元，股利按10%的比例固定增长，股票的期望收益率为15%，假设资本市场完全有效，则该股票目前的市价为（　　）元。

A.40　　B.44　　C.30　　D.35

21.某公司最近一年向股东分配股利15万元，假定未来股利不变，股东要求的最低报酬率为10%，则股票的价值为（　　）万元。

A.100　　B.150　　C.162　　D.152

22.某企业准备以8 000元的价格购入甲公司股票，预计该股票3年中每年可获现金股利1 000元，3年后出售可得10 000元，必要报酬率为9%。该股票的价值为（　　）元。

A.4 075.7　　B.3 249.5　　C.10 253.3　　D.3 257.6

23.不会获得太高收益，也不会承担更大风险的投资组合方法是（　　）。

A.选择足够多数量的证券进行组合

B.把投资收益呈负相关变化的证券放在一起进行组合

C.把投资收益成正相关变化的证券放在一起进行组合

D.把风险大、风险中等和风险低的证券放在一起进行组合

24.对降低投资组合风险最有效的方法是（　　）。

A.选择足够多数量的证券进行组合

B.把投资收益呈负相关变化的证券放在一起进行组合
C.把投资收益成正相关变化的证券放在一起进行组合
D.把风险大、风险中等和风险低的证券放在一起进行组合
25.证券投资组合策略中收益最高的策略是（　　）。
A.保守型投资策略　　B.冒险型投资策略
C.适中型投资策略　　D.模拟指数投资策略
26.下列关于证券投资组合的说法中，正确的是（　　）。
A.证券组合投资要求补偿的风险只是市场风险，而不要求对可分散风险进行补偿
B.证券组合投资要求补偿的风险只是可分散风险，而不要求对市场风险进行补偿
C.证券组合投资要求补偿全部市场风险和可分散风险
D.证券组合投资要求补偿部分市场风险和可分散风险
27.当两种股票完全负相关时，将这两种股票合理地组合在一起，则（　　）。
A.能适当分散风险
B.不能分散风险
C.能分散掉一部分市场风险
D.能分散掉全部可分散风险
28.下列有关两项资产收益率之间相关系数的表述正确的是（　　）。
A.当相关系数为1时，投资两项资产的组合不能抵消任何风险
B.当相关系数为-1时，投资两项资产的组合风险抵消效果最好
C.当相关系数为0时，投资两项资产的组合不能分散风险
D.当相关系数为0时，投资两项资产的组合可以分散风险
29.如某投资组合收益呈完全负相关的两只股票构成，则（　　）。
A.该组合的非系统性风险能完全抵消
B.该组合的风险收益为零
C.该组合的投资收益大于其中任一股票的收益
D.该组合的投资收益标准离差大于其中任一股票收益的标准离差
30.两种完全正相关的股票形成的股票组合（　　）。
A.可降低所有可分散风险
B.可降低市场风险
C.可降低可分散风险和市场风险
D.不能抵消任何风险，分散持有没有好处
31.已知某证券的β系数等于2，则该证券（　　）。
A.无风险
B.有非常低的风险
C.与金融市场所有证券的平均风险一致

D.是金融市场所有证券平均风险的2倍

32.按照资本资产定价模型，影响特定股票必要收益率的因素有（　　）。

A.无风险的收益率

B.平均风险股票的必要收益率

C.特定股票的β系数

D.财务杠杆系数

33.A公司股票的β系数为1.5，无风险利率为4%，市场上所有股票的平均收益率为8%，则A公司股票的收益率为（　　）。

A.4%　　B.12%　　C.8%　　D.10%

34.某投资者持有A、B、C三种股票，三种股票所占资金的比例分别为20%、30%和50%，其β系数分别为1.2、0.8、1.8，则综合β系数是（　　）。

A.1.8　　B.3.8　　C.1.38　　D.1.58

二、多项选择题

1.关于证券投资与项目投资的差异的说法正确的有（　　）。

A.投资对象和收益获得方式不同

B.证券投资风险小于项目投资

C.证券投资时间可长可短，回收方式主要是出售金融资产

D.证券投资的工作内容比项目投资复杂

2.企业进行证券投资的目的包括（　　）。

A.暂时存放闲置资金

B.满足未来的财务需求

C.获得对相关企业的控制权

D.满足季节性经营对现金的需求

3.证券投资的收益包括（　　）。

A.证券出售收入　　B.资本利得　　C.债券利息　　D.股票股利

4.下列结论正确的有（　　）。

A.政府证券一般可视为无风险证券

B.长期证券的收益一般高于短期证券

C.优先股一般是固定收益证券

D.普通股和优先股都属于所有权证券

5.下列各项中，能够影响债券内在价值的因素有（　　）。

A.当前的市场利率

B.债券的票面利率

C.债券的计息方式（单利还是复利）

D.债券的付息方式（分期付息还是到期一次付息）

6.下列关于债券到期收益率的说法不正确的有（　　）。

A.债券到期收益率是购买债券后一直持有至到期的内含报酬率

B.债券到期收益率是能使债券每年利息收入的现值等于债券买入价格的折现率
C.债券到期收益率是债券利息收益率与资本利得收益率之和
D.债券到期收益率的计算要以债券每年年末计算并支付利息、到期一次还本为前提
7.影响债券内在价值的基本因素包括（　　）。
A.债券的面值
B.债券的票面利率
C.债券利息的支付方式
D.估价时的市场利率
8.与债券投资相比，股票投资不同于债券投资的特点有（　　）。
A.股票投资的收益比债券投资高
B.股票投资的风险比债券投资大
C.股票投资可参与企业经营决策
D.股票投资可较好地避免购买力风险
9.与股票投资相比债券投资的优点主要有（　　）。
A.本金安全性高　　B.收入稳定性强
C.投资收益较高　　D.市场流动性好
10.投资者要求的报酬率是进行股票估价的重要标准，可以作为投资者要求报酬率的有（　　）。
A.股票的长期平均收益率
B.债券收益率加上一定的风险报酬率
C.股票市场平均收益率
D.根据股票的系数计算所得必要报酬率
11.下列说法中正确的有（　　）。
A.票面利率不能作为评价债券收益的标准
B.即使票面利率相同的两种债券，由于付息方式不同，投资人的实际经济利益亦有差别
C.如果不考虑风险，当债券价值大于市价时，买进该债券是合算的
D.债券实际收益率是使未来现金流入现值等于买入价格的贴现率
12.债券到期收益率是（　　）。
A.能够评价债券收益水平的指标之一
B.购进债券后，一直持有该债券至到期日所获取的收益率
C.一般情况下用复利计算的收益率
D.能使未来现金流入现值等于债券买入价格的贴现率
13.在下列各项中，影响债券收益率的有（　　）。
A.债券的票面利率、期限和面值
B.债券的持有时间

C.债券的买入价和卖出价

D.债券的流动性和违约风险

14.下列表述中正确的是（　　）。

A.对于分期付息的债券，当期限接近到期日时，债券价值向面值回归

B.债券价值的高低受利息支付的方式影响

C.一般而言债券期限越长，其利率风险越小

D.当市场利率上升时，债券价值会下降

15.下列结论成立的是（　　）。

A.债券投资的本金安全性高

B.债券投资的购买力风险小

C.股票投资的收益高

D.投资股票会分散经营控制权

16.从规避投资风险的角度看，债券投资组合的主要形式有（　　）。

A.短期债券与长期债券组合

B.信用债券与担保债券组合

C.政府债券、金融债券与企业债券组合

D.附认股权债券与不附认股权债券组合

17.下列关于公式股票价值=D_1/（R_S-g）的说法正确的有（　　）。

A.这个公式适用于股利增长额固定不变的股票

B.其中的D_1/（R_S-g）表示的是未来第一期股利的现值

C.这个公式适用于股东永远持有股票的情况

D.其中的g可以根据公司的可持续增长率估计

18.股利固定增长的股票，其内在价值（　　）。

A.与股利增长率呈同向变动

B.与年股利成反方向变化

C.与β系数成反方向变化

D.与投资人要求的必要报酬率呈同向变化

19.下列说法正确的有（　　）。

A.当债券的到期收益率大于必要报酬率时，应购买债券；反之，应出售债券

B.只有持有至到期日，才能计算到期收益率

C.对于股票投资，由于没有到期日，因此不存在到期收益率

D.溢价发行债券时，票面利率大于必要报酬率

20.下列说法中，正确的有（　　）。

A.政府证券没有违约风险

B.普通股的购买力风险小

C.公司债券的流动性风险小

D.证券的期限越长，期限性风险越大

21.普通股投资风险大的原因主要是（　　）。
A.普通股的流动性差　B.普通股的价格不稳定
C.普通股的求偿权居后　D.普通股的股利不稳定
22.证券投资的风险包括（　　）。
A.违约风险　B.流动性风险　C.购买力风险　D.再投资风险
23.关于股票或股票组合的β系数，下列说法中正确的有（　　）。
A.市场组合的β系数为1
B.股票组合的β系数是构成组合的个别股票β系数的加权平均数
C.股票的β系数用于衡量个别股票的系统风险
D.股票的β系数用于衡量个别股票的非系统风险
24.按投资的风险分散理论，以等量资金投资于A、B两项目（　　）。
A.若A、B两项目完全负相关，组合的非系统风险可以充分抵消
B.若A、B两项目相关系数小于0，组合后的非系统风险可以减少
C.若A、B两项目相关系数大于0，但小于1时，组合后的非系统风险不能减少
D.若A、B两项目完全正相关，组合的非系统风险可不扩大也不减少
25.关于证券组合的风险，以下说法中正确的有（　　）。
A.利用某些有风险的单项资产组成一个完全无风险的投资组合是可能的
B.由两只完全正相关的股票组成的投资组合与单只股票具有相同的风险
C.若投资组合由完全正相关的股票组成，则无法分散风险
D.当股票报酬完全负相关时，所有的风险都能被分散掉
26.由两种证券构成的投资组合，投资组合多元化效应主要表现在（　　）。
A.只要两种证券的相关系数小于1，组合的标准差就小于这两种证券各自标准差的加权平均数
B.如果两种证券的收益之间是正相关，则组合多元化产生的利益就比较小
C.组合的标准差等于这两种证券按各自标准差计算的加权平均数
D.如果组合多元化产生的利益比较小，则两种证券之间是负相关
27.下列因素引起的风险中，投资者不能通过证券投资组合予以消减的有（　　）。
A.宏观经济状况变化　B.世界能源状况变化
C.发生经济危机　D.被投资企业出现经营失误
28.下列关于β系数的说法中正确的有（　　）。
A.β系数度量了股票相对于平均股票的波动程度
B.当β=2，则说明股票的风险程度也将为平均组合的2倍
C.当β=0.5，则说明股票的波动性仅为市场波动水平的一半
D.证券组合的β系数是单个证券β系数的加权平均，权数为各种股票在证券组合中所占的比重
29.β系数是衡量风险大小的重要指标，下列有关β系数的表述中正确的有（　　）。
A.某股票的β系数等于0，说明该证券无风险

B. 某股票的β系数等于1，说明该证券风险等于市场平均风险
C. 某股票的β系数小于1，说明该证券风险小于市场平均风险
D. 某股票的β系数大于1，说明该证券风险大于市场平均风险
30. 下列有关两项资产收益率之间的相关系数表述正确的是（　　）。
A. 当相关系数为1时，投资两项资产不能抵消任何投资风险
B. 当相关系数为-1时，投资两项资产可以充分抵消投资风险
C. 当相关系数为0时，投资两项资产的组合可以降低风险
D. 两项资产之间的正相关程度越低，其投资组合可分散的投资风险的效果越大
31. 在下列各项中，能够影响特定投资组合β系数的有（　　）。
A. 该组合中所有单项资产在组合中所占价值比重
B. 该组合中所有单项资产各自的β系数
C. 市场投资组合的无风险收益率
D. 该组合的无风险收益率
32. 下列属于资本资产定价模型建立假设条件的有（　　）。
A. 市场处于均衡状态
B. 所有的资产都是完全可分的
C. 投资者可以进行无限制卖空
D. 投资者可以按无风险利率进行无限制借贷
33. 按资本资产定价模型，影响特定资产必要收益率的因素有（　　）。
A. 无风险的收益率　　B. 市场组合的平均收益率
C. 特定股票的β系数　　D. 财务杠杆系数
34. 按照资本资产定价模式，影响证券投资组合预期收益率的因素包括（　　）。
A. 无风险收益率
B. 证券市场必要收益率
C. 组合中各证券β系数
D. 各证券在组合中的比重
35. 下列关于资本资产定价原理的说法中，正确的有（　　）。
A. 股票的预期收益率与β值线性正相关
B. 无风险资产的β值为零
C. 资本资产定价原理既适用于单个证券，同时也适用于投资组合
D. 市场组合的β值为1
36. 关于证券市场线的理解，以下说法中正确的有（　　）。
A. 证券市场线是对资本资产定价模型的图示
B. 证券市场线说明必要报酬率与不可分散风险β系数之间的关系
C. 证券市场线反映了投资者规避风险的程度——直线越平滑，投资者越趋向于规避风险

D.当风险规避增加时，风险报酬率也随之增加，证券市场线的斜率也变大

37.资本资产定价模型在实际应用中的局限性具体表现为（　　）。

A.要求整个市场资产组合，即使找不到整个市场资产组合，也要能够找出其替代物

B.所有投资者对市场上有效资产未来收益率的评价都是一致的

C.要求市场上存在无风险资产

D.不存在相当长时间内的未来收益

38.资本资产定价模型在财务管理中被广泛应用于（　　）等方面。

A.资本预算　　B.资本成本估计　　C.杠杆效应　　D.投资组合分析

三、判断题

1.在通货膨胀率很低的情况下，公司债券的利率可以视同货币时间价值。（　　）

2.债券到期时间越长其风险越大，债券的票面利率也越高。（　　）

3.证券估价的一般原理是将证券投资未来带来的现金流量按投资者要求收益率进行折现。（　　）

4.债券的价值会随着市场利率的变化而变化，当市场利率上升时，债券价值会下降。（　　）

5.利率随时间上下波动，利率下降会导致流通在外的债券的价格下降。（　　）

6.债券当其票面利率大于市场利率时，债券发行价格就低于债券的面值。（　　）

7.在计算长期证券投资收益率时，应当考虑货币时间价值因素。（　　）

8.政府发行的债券有国家财力作后盾，其本金的安全性非常高，通常可将其视为无风险证券。（　　）

9.如果债券不是分期付息，而是到期时一次性还本付息，那么即使是平价发行债券，其到期实际收益率与票面利率也有可能不同。（　　）

10.当市场利率提高时，固定收益债券的价格会上升；反之当市场利率下降时，固定收益债券的价格会下降。（　　）

11.如果等风险的债券其市场利率不变，按年付息，那么随着时间向到期日靠近，溢价发行债券的价值会逐渐下降。（　　）

12.长期债券与短期债券相比，其投资风险和融资风险均很大。（　　）

13.普通股股东与公司债权人相比，要承担更大的风险，其报酬也有更大的不确定性。（　　）

14.与固定报酬证券相比，普通股能有效地降低购买力风险。（　　）

15.股票的价值是指其实际股利所得和资本利得所形成的现金流入量的现值。（　　）

16.优先股则是公司发行的求偿权介于债券和普通股之间的一种混合证券，债券的估值方法也可用于优先股估值。（　　）

17. 股票的价值是指其实际股利所得和资本利得所形成的现金流入量的现值。（ ）

18. 由于股票的价格受到多种因素的影响，从而使得股票投资具有较大的风险。（ ）

19. 股票投资的市场风险是无法避免的，不能用投资组合的方法来回避，只能通过相应的报酬率来补偿。（ ）

20. 任何投资都要求对承担的风险进行补偿，证券投资组合要求补偿的风险包括不可分散风险和可分散风险。（ ）

21. 投资组合的收益率不会低于所有单个资产中的最低收益率。（ ）

22. 投资组合的风险报酬是投资者因承担可分散风险而要求的，超过时间价值的那部分额外报酬。（ ）

23. 无论资产之间的相关系数的大小如何，投资组合的风险都不会高于所有单个资产中的最高风险。（ ）

24. 一般，随着资产组合中资产数目的增加资产组合的风险会逐渐降低，当资产组合的数目增加到一定程度时，组合风险降低到0。（ ）

25. 投资组合的收益率，为组合内各项目期望收益率的加权平均数。（ ）

26. 证券投资组合要求补偿的风险只是系统风险，而不要求对可分散风险进行补偿。（ ）

27. 市场的期望报酬是无风险资产的报酬率加上因市场组合的风险所需的补偿。（ ）

28. 两种完全正相关的股票组成的证券组合不能抵消任何风险。（ ）

29. 在证券的市场组合中，所有证券β系数的加权平均数等于1。（ ）

30. 平均风险股票的β系数为1.0，这意味着如果整个市场的风险报酬上升了10%，通常而言此类股票的风险报酬也将上升10%，如果整个市场的风险报酬下降了10%，该股票的风险报酬也将下降10%。（ ）

31. 把风险大、风险中等和风险低的证券放在一起进行组合的方法，比选择投资收益呈负相关变化的证券进行组合的方法更能有效地降低投资风险。（ ）

32. 经济危机、通货膨胀、经济衰退以及高利率通常被认为是可分散的市场风险。（ ）

33. 保守型投资策略的抗风险能力较强，而管理费用较弱，因而是一种理想的投资策略。（ ）

34. 被投资企业的财务风险可以通过多元化投资来分散。（ ）

35. 由于投资的目的不同，不同的投资者会选择不同的投资策略，进而选择不同的投资工具和投资对象。（ ）

四、名词解释

1. 证券
2. 证券投资
3. 内在价值
4. 证券投资收益

5.债券价值

6.股票价值

7.投资组合

8.资本资产定价模型

9.资本市场线

10.证券市场线

11.β系数

五、简答题

1.简述证券投资的目的。

2.债券投资的特点是什么?

3.股票投资的特点是什么?

4.证券投资的风险主要来自哪些方面，各自特点是什么?

5.简述投资组合达成风险分散的原理。

6.简述资本资产定价模型的内容。

7.简述证券投资组合的风险与收益如何度量。

8.请概述资本市场线与证券市场线有哪些区别和联系。

9.投资多元化分散的是什么风险?对证券投资决策的启示是什么?

六、计算分析题

1.某公司在2013年1月1日发行的新债券，每张面值1 000元，票面利率10%，5年到期，每年12月31日付息一次，债券按面值发行。

要求:

(1) 2013年1月1日该债券的到期收益率是多少?

(2) 假定2017年1月1日的市场利率下降到8%，那么此时债券的价值是多少?

(3) 假定2017年1月1日该债券的市价为900元，此时购买债券的到期收益率是多少?

(4) 假定2015年1月1日的市场利率为12%，债券市价为950元，你是否购买此债券?

2.某公司准备发行一种债券，票面金额为1 000元，票面利率为6%，期限为10年，本金按面值支付。发行时预计同类债券市场利率为10%。如果分别按以下几种情况来支付本金和利息:

(1) 每年年末付息一次，到期还本;

(2) 到期一次还本付息;

(3) 不支付利息，到期归还本金。

要求:计算发行时各种支付方式下的债券价值。

3.某国发行无期限的永久国债，票面金额为10 000元，票面利率为10%，发行时同类债券的市场利率为8%。

要求:计算该国无期限债券的价值。

4.某企业2017年1月1日购买A公司2015年1月1日发行的面值为1 000元、票面利率为5%、期限为10年、每年年末付息一次的债券。若此时市场利率为8%。

要求:

（1）计算该债券2017年1月1日的价值。

（2）若该债券此时的市价为850元，分析其是否值得购买。

5. 某公司2015年1月1日发行新债券，每张面值为1 000元，票面利率为10%，期限为5年，到期按面值还本。

要求：

（1）假定发行时市场利率是12%，公司到期一次还本付息，那么发行价低于多少时公司可能会取消该债券的发行计划？

（2）假定发行时市场利率为8%，公司每半年支付一次利息，则发行价格高于多少时，投资者不愿意认购？

（3）假定债券每年年末付息一次，2017年1月1日该债券的市场价格为1 050元，某投资者期望的投资报酬率是6%，他是否愿意购买？

6. 某公司拟进行股票投资，计划购买A、B、C三种股票，并分别设计了甲、乙两种投资组合。已知三种股票的β系数分别为1.2、1.0和0.8，它们在甲种投资组合下的投资比重为50%、30%和20%；乙种投资组合的风险收益率为3.4%。同期市场上所有股票的平均收益率为12%，无风险收益率为8%。

要求：

（1）根据A、B、C股票的β系数，分别评价这三种股票相对于市场投资组合而言的投资风险大小；

（2）按照资本资产定价模型计算A股票的必要收益率；

（3）计算甲种投资组合的β系数和风险收益率；

（4）计算乙种投资组合的β系数和必要收益率；

（5）比较甲、乙两种投资组合的β系数，评价它们的投资风险大小。

7. 某公司拟进行股票投资，计划购买A、B、C三种股票，并分别设计了甲、乙两种投资组合。已知三种股票的β系数分别为1.5、1.0和0.5，它们在甲种投资组合下的投资比重为50%、30%和20%；乙种投资组合的风险收益率为3.4%。同期市场上所有股票的平均收益率为12%，无风险收益率为8%。

要求：

（1）根据A、B、C股票的β系数，分别评价这三种股票相对于市场投资组合而言的投资风险大小。

（2）按照资本资产定价模型计算A股票的必要收益率。

（3）计算甲种投资组合的β系数和风险收益率。

（4）计算乙种投资组合的β系数和必要收益率。

（5）比较甲、乙两种投资组合的β系数，评价它们的投资风险大小。

8. 甲公司持有A、B、C三种股票，在由上述股票组成的证券投资组合中，各股票所占的比重分别为50%，30%和20%，其β系数分别为2.0，1.0和0.5。当前的市场收益率为15%，无风险收益率为10%。A股票当前每股市价为12元，刚收到上一年度派发的每股1.2元的现金股利，预计股利以后每年将增长8%。

要求：

（1）试计算以下指标。

①甲公司证券组合的β系数。

②甲公司证券组合的风险收益率（R_p）。

③甲公司证券组合的必要投资收益率（K）。

④投资A股票的必要投资收益率。

（2）利用股票估价模型分析当前出售A股票是否对甲公司有利。

9.假设短期国库券的利率为6%，市场组合收益率为10%。如果一项资产组合由25%的A公司股票和75%的B公司股票组成。A公司股票的β值为1.1，B公司股票的β值为1.25，那么该资产组合的风险溢价为多少？

第五章　筹资管理（上）

第一节　学习准备

学习目标

通过对本章内容的学习，要求学生了解筹资的目的和类型，掌握预测资金需要量的方法；熟悉筹资管理的程序与原则，筹资的渠道和方式及其相互关系；掌握股权类筹资和债务类筹资以及短期负债筹资的主要方式，特别是每种筹资方式的优点和缺点。

内容导航

第一节　筹资概述
第二节　资金需要量的预测
第三节　股权资本的筹集
第四节　债务资本的筹集
第五节　短期资金的筹集

内容框架

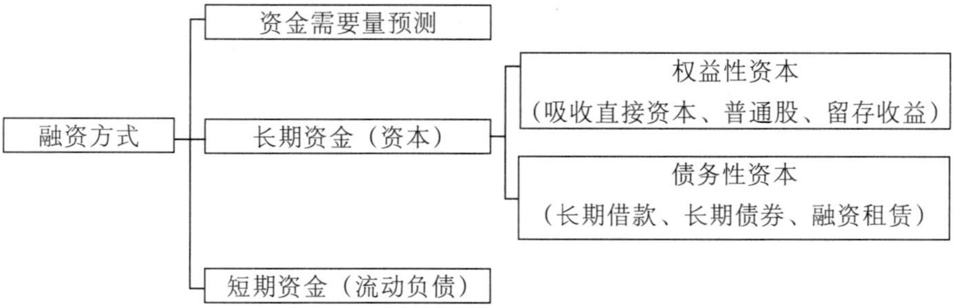

图5-1　内容框架图

重点与难点

1. 重点：股权类筹资和债务类筹资的主要方式。
2. 难点：资金需要量的预测；每种筹资方式的优点和缺点。

知识点

一、筹资概述

（一）筹资目的与类型

（二）筹资渠道与方式

1. 筹资渠道是指资金的来源方向与渠道。

2. 筹资方式是指可供企业在筹措资金时选用的具体筹资形式。

3. 二者关系：筹资渠道解决资金来源问题，筹资方式则解决筹资手段和方法问题；前者是客观存在的，后者是企业根据客观环境和企业实际情况主观选择的结果，它们之间存在着一定的对应关系。但不是一一对应的关系。

（三）筹资程序与原则

二、资金需要量的预测

资金需要量预测是指企业根据生产经营的需求，对未来所需资金的估计和推测。

（一）定性预测法

（二）趋势预测法

（三）销售百分比预测法

销售百分比法是首先假设销售与利润表和资产负债表存在稳定的百分比关系，依据预计销售额和相应的销售百分比来编制预计利润表和预计资产负债表，通过编制预计利润表来预测收入、费用和利润，以及留存收益这种内部资金来源；通过编制预计资产负债表来预测资产、负债和所有者权益，然后利用会计等式来确定融资需求量。

（四）线性回归分析法

线性回归分析法，是假定企业资金需要量与产销量之间有着线性关系，从而建立数学模型，然后根据有关历史数据，用回归直线方程来确定企业资金需要量的方法。

三、股权资本的筹集

股权资本又称自有资本、权益资本或所有者权益，是指投资者对企业净资产的所有权，包括投资者投入企业的资本金，以及持续经营中形成的经营积累如资本公积金、盈余公积金和未分配利润。股权资本通常采用吸收直接投资、发行股票和利用留存收益等方式来筹集。

（一）吸收直接投资

吸收直接投资是指企业以协议等形式吸收国家、其他企业、个人和外商等直接投入资本，形成企业资本金的一种筹资方式。

优点：属于企业自有资本，能提高企业的资信和借款能力；不仅可以取得现金，而且能直接获得所需的先进设备和技术，尽快形成生产经营能力；财务风险较低。

缺点：资本成本高；产权关系不够明晰，不利于产权交易；融资规模受限制。

（二）发行股票

1.股票的种类；

2.股票的特点；

3.发行普通股；

4.普通股上市；

5.对普通股筹资的评价。

股票作为一种所有权凭证，代表股东对发行公司净资产的所有权。股票具有永久性、流通性、风险性和参与性的特点。

优点：没有固定的股利负担；普通股股本没有固定的到期日，无须偿还，为永久性资本；利用普通股筹资风险小；发行普通股筹集自有资本能增强公司的信誉。

缺点：资本成本高；可能分散公司控制权；公司过度依赖普通股筹资，会被视为消极信号。

6.优先股融资

优先股常被看成是一种介于股票与债券之间的混合有价证券。

优点：不用还本，还可提前赎回，财务灵活性大；股利虽固定，但如果可累积的话，也很灵活；不会分散股东的控制权；固定股利具有财务杠杆的作用。

缺点：资本成本虽低于普通股，股利用税后净利支付，无抵税效应，但高于负债筹资的资本成本；限制比较多。

（三）企业内部积累融资

由于特定原因，企业将其实现利润的一部分甚至全部留下来，被称为保留盈余或留存收益。保留盈余实质是所有者向企业追加投资，因而对企业而言是一种融资活动。这种融资也称为内源融资或内部融资，是最便捷的一种筹资方式，是企业需要资金时的首选筹资方式。

四、债务资本的筹集

债务资本又称长期负债，是指企业所承担的能以货币计量、需以资产或劳务偿付的、使用期限在一年以上的长期债务资金。债务资本的筹资方式主要有向银行借款、发行债券、融资租赁等。

（一）向银行借款

1.银行借款的种类

按用途可分为：固定资产投资贷款（基本建设贷款）、更新改造贷款、科技开发和新产品试制贷款。

按贷款提供方分为：政策性银行贷款、商业银行贷款和其他银行贷款。

按有无抵押或担保可分为：抵押贷款、担保贷款和信用贷款。

按偿还方式可分为：到期一次偿还贷款和分期偿还贷款。

2.银行借款筹资的程序

3.与银行借款有关的信用条件

按照国际惯例，银行发放贷款时，往往涉及以下信用条款：信贷额度、周转信贷协定、补偿性余额、借款抵押、偿还条件、以实际交易为贷款条件等。

4.借款利息的支付方式：利随本清法、贴现法、加息法

5.银行借款筹资的评价

①优点：筹资速度快；成本较低；灵活性较强；具有财务杠杆效应；

②缺点：财务风险高；限制条款多；筹资数额有限。

（二）发行公司债券

1.公司债券与股票的区别

2.债券的基本要素

3.债券的种类

4.债券的发行

债券发行价格的决定因素：债券面值；票面利率；市场利率；债券期限。

债券发行价格的计算：

债券发行价格=各期利息的现值+到期偿还本金的现值

债券发行的三种形式：平价、溢价和折价。

5.债券的偿还

6.债券筹资的评价

优点：资本成本低；可利用财务杠杆；保障公司控制权；转移通货膨胀风险。

缺点：财务风险较高；限制条件多；筹资规模受限制。

（三）融资租赁

1.租赁的含义及种类：经营租赁；融资租赁（又可分为直接租赁、售后租赁和杠杆租赁）。

2.融资租赁的程序

3.融资租赁租金的构成

一般来说，租金通常包括租赁财产的购置成本（包括运费、保险费），租赁期间的利息费，引进设备的手续费，税收及租赁财产的陈旧风险费、管理费、维修费、保险费、营业费等。

4.融资租赁租金的计算

5.融资租赁的评价

优点：迅速获得所需资产；筹资限制少；免遭设备陈旧过时的风险；抵税效应。

缺点：成本较高；财务风险较高。

五、短期资金的筹集

企业在生产经营中资金周转的暂时短缺需要短期资金，短期资金主要用于投资现金、应收账款、存货和短期证券等流动资产。短期负债筹资所筹资金的可使用时间较短，一般不超过1年。短期负债筹资最主要的形式是商业信用和短期借款。

包括短期借款、商业信用和短期融资券。

（一）短期借款

1.种类：生产周转借款、临时借款、结算借款、卖方信贷。

2.基本程序：申请—审查—合同—取得借款。

3.信用条件：信贷限额、周转信贷协定、补偿性余额、借款抵押、其他承诺。

4.付息方法：收款法、贴现法、加息法。

5.短期借款筹资的评价：

优点：筹资方便，借款弹性较高。

缺点：资本成本较高，限制较多。

（二）商业信用

1.应付账款的成本：是指企业没有在折扣期内付款而付出的代价，是机会成本而非实际成本。公式为：

$$\text{放弃现金折扣成本}=\frac{\text{折扣百分比}}{1-\text{折扣百分比}}\times\frac{360}{\text{信用期}-\text{折扣期}}\times 100\%$$

2.利用现金折扣政策。

3.应付票据和预收账款。

4.商业信用筹资的评价：

优点：非常方便，限制很少，直接成本小。

缺点：期限较短，放弃现金折扣成本非常高，拖欠影响信誉。

Excel工具在本章的运用

用Excel计算债券的发行价格。

【例5-1】某公司拟发行两种期限不同的债券，甲债券的期限为5年，乙债券的期限为10年。两种债券面值均为1 000元，票面利率均为8%，每年年末付息一次，到期一次还本。当市场利率分别为3%、5%、8%、10%、12%的情况下，两种债券的价值是多少？

具体操作步骤如下：

（1）设计模型结构，如图5-2所示。

	A	B	C
1	基本数据		
2		甲债券	乙债券
3	债券面值（元）	1000	1000
4	票面利率	8%	8%
5	期限（年）	5	10

图 5-2　设计模型结构图

（2）计算甲债券的价值，在B8单元格中输入公式“=PV（B7，$B$5，-$B$3*$B$4，-$B$3）”，然后向右复制至单元格F8。

（3）计算乙债券价值，在B9单元格输入公式“=PV（B7，$C$5，-$C$3*$C$4，-$C$3）”，然后向右复制至单元格F9，结果如图5-3所示。

	A	B	C	D	E	F
1	基本数据					
2		甲债券	乙债券			
3	债券面值（元）	1000	1000			
4	票面利率	8%	8%			
5	期限（年）	5	10			
6	计算分析					
7	市场利率	3.00%	5.00%	8.00%	10.00%	12.00%
8	甲债券价值	1228.99	1129.88	1000.00	924.18	855.81
9	乙债券价值	1426.51	1231.65	1000.00	877.11	773.99

图 5-3　计算结果图

例题选解

【例 5-1】视频演示

一、单项选择题

1.在财务管理中，将资金划分为变动资金、不变资金和半变动资金，并据以预测企业未来资金需要量的方法称为（　　）。

A.定额预测法

B.比率预测法

C.资金习性预测法

D.成本习性预测法

〖正确答案〗C

〖答案解析〗资金习性预测法需要将资金划分为变动资金、不变资金和半变动资金，并据以预测企业未来资金需要量。

〖该题针对“资金习性预测法”知识点进行考核〗

2.甲企业本年度资金平均占用额为3 500万元，经分析，其中不合理部分为500万元。预计下一年度销售增长5%，资金周转加速2%，则下一年度资金需要量预计为（　　）万元。

A.3 000

B.3 087

C.3 150

D.3 213

〖正确答案〗B

〖答案解析〗资金需要量=（基期资金平均占用额−不合理资金占用额）×（1±预测期销售增减率）×（1−预测期资金周转速度增长率）=（3 500−500）×（1+5%）×（1−2%）=3 087（万元）。

〖该题针对“资金需要量预测的因素分析法”知识点进行考核〗

3.下列各项中，不属于普通股股东拥有的权利是（　　）。

A.优先认股权

B.收益优先分配权

C.股份转让权

D.剩余财产要求权

〖正确答案〗B

〖答案解析〗优先股的优先权利主要表现在股利分配优先权和分配剩余财产优先权上。因此，收益优先分配权不属于普通股股东拥有的权利。

〖该题针对“发行股票”知识点进行考核〗

4.与股票筹资方式相比，银行借款筹资的优点不包括（　　）。

A.筹资速度快

B.借款弹性大

C.使用限制少

D.筹资费用低

〖正确答案〗C

〖答案解析〗银行借款程序简便，对企业具有一定的灵活性，利息在税前开支，且筹资费用低，但银行借款要附加很多的约束性条款。

〖该题针对“银行借款筹资的特点”知识点进行考核〗

5.某公司计划按照“2/20，N/60”的信用条件从另一公司购入一批货物。由于资金调度的限制，该公司放弃了现金折扣。公司为此承担的信用成本率是（　　）。

A.2.00%

B.12.00%

C.12.24%

D.18.37%

〖正确答案〗D

〖答案解析〗放弃现金折扣的成本=2%÷（1−2%）×360÷（60−20）=18.37%。

〖该题针对“放弃现金折扣成本”知识点进行考核〗

二、多项选择题

1.相对于发行公司债券而言，发行普通股股票筹资的特点有（　　）。

A.财务风险小

B.限制条款少

C.筹资数额大

D.资本成本高

〖正确答案〗AD

〖答案解析〗发行普通股股票筹资无须到期还本付息，所以财务风险小，但由于股票投资的风险较大，收益具有不确定性，投资者就会要求较高的风险补偿。因此，股票筹资的资本成本较高。

〖该题针对“发行普通股”知识点进行考核〗

2.以下关于股票上市的目的说法中，正确的有（　　）。

A.股票上市可以使得资本大众化，分散风险

B.股票上市可以提高股票的变现力

C.股票上市便于提高公司的知名度

D.股票上市便于确定公司的价值

〖正确答案〗ABCD

〖答案解析〗股票上市的目的主要有：(1）资本大众化，分散风险。(2）提高股票变现力。(3）便于筹措资金。(4）提高公司知名度，以吸引更多顾客。(5）便于确定公司价值。

〖该题针对“股票上市的目的”知识点进行考核〗

3.与普通股筹资方式相比，属于留存收益的特点的有（　　）。

A.筹资数额有限

B.筹资费用高

C.不会稀释原有股东控制权

D.实际资金成本低

〖正确答案〗ACD

〖答案解析〗留存收益筹资不需要发生筹资费用。

〖该题针对“留存收益”知识点进行考核〗

4.按照国际惯例，大多数长期借款合同中，为了防止借款企业偿债能力下降，都严格限制借款企业租赁固定资产的规模，其目的是（　　）。

A.限制现金外流

B.避免或有负债

C.防止企业负担巨额租金以致削弱其偿债能力

D.防止企业摆脱对其资本支出和负债的约束

〖正确答案〗CD

〖答案解析〗一般性保护条款中也对借款企业租赁固定资产的规模有限制，其

目的在于防止企业负担巨额租金以致削弱其偿债能力，还在于防止企业以租赁资产的办法摆脱对其资本支出和负债的约束。

〖该题针对“长期借款的有关保护性条款”知识点进行考核〗

5.相对于利用银行借款购买设备而言，通过融资租赁方式取得设备的主要优点有（　　）。

A.延长资金融通的期限

B.限制条件较少

C.免遭设备陈旧过时的风险

D.资本成本低

〖正确答案〗ABC

〖答案解析〗融资租赁筹资的最主要缺点就是资本成本较高。所以，选项D是不正确的。

〖该题针对“融资租赁”知识点进行考核〗

三、判断题

1.股权筹资相比债务筹资而言，信息沟通与披露的成本较大。（　　）

〖正确答案〗√

〖答案解析〗股权筹资方式下，企业需要通过各种渠道和方式加强与投资者的关系管理，这使得信息沟通与披露的成本较大。

〖该题针对“股权筹资的特点”知识点进行考核〗

2.按照国际惯例，大多数长期借款合同中，为了防止借款企业偿债能力下降，都严格限制借款企业资本性支出规模，但不限制借款企业非经营性支出的规模。（　　）

〖正确答案〗×

〖答案解析〗一般性保护条款中也限制企业非经营性支出，如限制支付现金股利、购入股票和职工加薪的数额规模，以减少企业资金的过度外流。

〖该题针对“长期借款的保护性条款”知识点进行考核〗

3.在市场利率大于票面利率的情况下，债券的发行价格小于其面值。（　　）

〖正确答案〗√

〖答案解析〗债券的利息是按票面面值和票面利率固定计算的。市场利率大于票面利率时，债券投资人的收益比市场收益要低，为了协调债券购销双方在债券利息上的利益，就要调整发行价格。因此，当票面利率低于市场利率时，债券以折价发行。

〖该题针对“债券的发行价格”知识点进行考核〗

四、计算分析题

1.A企业2016年资产负债表（简表）见表5-1。

表5-1　　资产负债表（简表）

2016年12月31日　　单位：万元

资　产		负债与股东权益	
项　目	金　额	项　目	金　额
库存现金	40	应付账款	18
应收账款	100	应付票据	32
存货	100	短期借款	46
预付款项	15	长期负债	67
固定资产净值	65	股本	32
		资本公积	90
		留存收益	35
资产总计	320	负债与股东权益总计	320

根据上述资料可知，库存现金、应收账款、存货、固定资产净值、应付账款、应付费用等项目与销售收入变化成正比，其他资产、负债项目不随销售收入变动而变动。该企业2016年销售收入4 000万元，实现净利100万元，支付股利60万元。预测2017年度预计销售收入为5 000万元，销售净利润率增长10%，股利支付率保持上年水平。

要求：

（1）运用销售百分比法预测计划2017年度外部筹资需要量。

（2）假设其他条件不变，预测2017年度销售净利润率与上年相同，股利支付率比上年提高10%以稳定股价。如果从外部筹资25万元，你认为是否可行？

〖答案要点〗

（1）答案要点：

敏感资产项目销售百分比=（40+100+100+65）÷4 000=7.625%

敏感负债项目销售百分比=（18+32）÷4 000×100%=1.25%

2016年销售净利润率=100÷4 000×100%=2.5%

2017年度外部筹资需要量=（7.625%−1.25%）×（5 000−4 000）−5 000×2.5%×（1+10%）×（1−60%）

=63.75−55

=8.75（万元）

（2）答案要点：

2017年度外部筹资需要量=（7.625%−1.25%）×（5 000−4 000）−5000×2.5%×（1−70%）

=63.75−37.5

=26.25（万元）

∵外部筹资（25万元）小于外部筹资需求（26.25万元）。

∴不可行。

〖该题针对“销售百分比法预测外部筹资需求量”知识点进行考核〗

2.B公司发行5年期债券，面值1 000元，票面利率10%，每年付息一次。

要求：

（1）计算市场利率为8%时的债券发行价格；

（2）计算市场利率为12%时的债券发行价格。

〖答案要点〗

（1）答案要点：

债券发行价格=1 000×10%×（P/A，8%，5）+1 000×（P/F，8%，5）

=1 079.87（元）

（2）答案要点：

债券发行价格=1 000×10%×（P/A，12%，5）+1 000×（P/F，12%，5）

=927.88（元）

〖该题针对“债券的发行价格”知识点进行考核〗

3.某企业为扩大经营规模融资租入一台机床，该机床的市价为198万元，租期为10年，租赁公司的融资成本为20万元，租赁手续费为15万元。租赁公司要求的年报酬率为15%。

要求：

（1）确定租金总额。

（2）如果采用等额年金法，每年年初支付，则每期租金为多少？

（3）如果采用等额年金法，每年年末支付，则每期租金为多少？

〖答案要点〗

（1）答案要点：

租金总额=198+20+15=233（万元）

（2）答案要点：

233=A×（P/A，15%，10）×（1+15%）

反求A=40.37万元

（3）答案要点：

233=A×（P/A，15%，10）

A=46.43万元

〖该题针对“融资租赁的租金”知识点进行考核〗

第二节 本章练习题

一、单项选择题

1.按（　　）可以将筹资分为权益性筹资和债权性筹资两大类。

A.资金来源渠道　　　　B.资金使用时间的长短

C.资金的用途　　　　D.资金属性

2.关于直接筹资与间接筹资，表述正确的是（　　）。

A.发行股票属于间接筹资
B.融资租赁筹资方式属于直接筹资
C.间接筹资的筹资效率较低，筹资费用较高
D.间接筹资是目前我国中小企业最常用的筹资方式
3.下列属于企业间接筹资方式的是（　　）。
A.发行股票　B.银行贷款　C.发行债券　D.吸收直接投资
4.企业筹资按（　　）不同可分为内部筹资和外部筹资。
A.资金来源的范围　B.属性
C.是否借助银行等金融机构　D.期限
5.关于长期资本与短期资本，表述错误的是（　　）。
A.各种权益资本属于长期资本来源
B.短期资本是一种高成本、低风险的资本来源
C.利用商业信用形成的是短期资本
D.长期资本是一种高成本、低风险的资本来源
6.（　　）是企业依法筹集并长期拥有、自助调配运用的资金来源。
A.债权性筹资　B.内部筹资　C.权益性筹资　D.直接筹资
7.需要筹资的数量与投资所需要的数量达到平衡符合（　　）原则。
A.合理性　B.合法性　C.效益性　D.及时性
8.企业筹资与投资在效益上应当相互权衡符合（　　）原则
A.合理性　B.效益性　C.合法性　D.及时性
9.企业为增加对外投资而产生的追加筹资的动机为（　　）。
A.维持性筹资动机　B.扩张性筹资动机
C.调整性筹资动机　D混合性筹资动机
10.企业因优化现有资本结构的需要而产生的筹资动机是指（　　）。
A.扩张性筹资动机　B.维持性筹资动机
C.混合性筹资动机　D.调整性筹资动机
11.下列筹资方式形成债务资本的是（　　）。
A.吸收直接投资　B.发行股票
C.利用留存收益　D.融资租赁
12.通过销售百分比法预测的资金需要量是（　　）。
A.长期资本需要量　B.短期资本需要量
C.长期或短期资本需要量　D.长期和短期资本需要量
13.采用销售百分比法预测资金需要量时，下列项目中一般被视为不随销售收入的变动而变动的是（　　）。
A.货币资金　B.应付账款　C.存货　D.公司债券
14.在财务管理中，最终将资金划分为变动资金与不变资金两部分，并据以预测企业未来资金需要量的方法称为（　　）。

A.定性预测法　　B.比率预测法

C.资金习性预测法　　D.成本习性预测法

15.下列各项符合筹资原则的是（　　）。

A.为了保障资本及时到位，企业越早筹集到所需资金越好

B.为了减少企业的财务风险，企业应尽可能少利用负债资金

C.为了减少企业的财务风险，企业筹集资金越多越好

D.应综合考虑各种筹资方式的资本成本和筹资风险

16.相对于股票、留存收益筹资，吸收直接投资筹资最大的好处是（　　）。

A.能尽快形成生产能力　　B.有利于降低财务风险

C.有利于提高企业信誉度　　D.能扩大公司知名度

17.长期借款与长期债券筹资相比，其特点是（　　）。

A.利息可节税　　B.筹资费用大

C.筹资弹性大　　D.债务利率高

18.与股票筹资方式相比，银行借款筹资的优点不包括（　　）。

A.筹资速度快　　B.借款弹性大

C.使用限制少　　D.筹资费用低

19.相对于股票筹资，企业发行债券筹资的缺点是（　　）。

A.资本成本高　　B.不能产生财务杠杆作用

C.不利于股东控制权　　D.财务风险大

20.与长期借款筹资相比较，普通股筹资的优点是（　　）。

A.筹资速度快　　B.筹资风险小　　C.筹资成本低　　D.筹资弹性大

21.公司发行优先股筹资可以克服普通股筹资的不足，该不足是（　　）。

A.资本成本高　　B.容易分散公司控制权

C.财务风险高　　D.需到期还本付息

22.相对于发行股票，发行公司债券筹资的优点为（　　）。

A.筹资风险小　　B.限制条款少

C.筹资额度大　　D.资本成本低

23.下列不属于普通股融资特点的是（　　）。

A.没有固定股利负担　　B.没有固定到期日

C.筹资风险较大　　D.资本成本较高

24.对于债券和股票，以下说法中不正确的是（　　）。

A.债券的求偿权优先于股票

B.债券的投资风险小于股票

C.债券持有人不能参与公司决策，而普通股股东有权参与公司决策

D.债券的筹资成本高于股票的筹资成本

25.根据我国有关规定，股票不得（　　）。

A.平价发行　　B.时价发行　　C.溢价发行　　D.折价发行

26.发行股票所普遍采用的销售方式是（　　）。

A.自行销售方式　　B.委托销售方式

C.公开间接发行　　D.不公开直接发行

27.下列属于债券筹资缺点的是（　　）。

A.资本成本较高

B.筹资额受到一定的限制

C.不能发挥财务杠杆作用

D.需要完全公开公司的财务信息

28.根据《公司法》的规定，发行公司流通在外的债券累计总额不超过公司净资产的（　　）。

A.60%　　B.40%　　C.50%　　D.30%

29.若某债券采用半年付息的方式发行，且市场利率与票面利率一致，则其发行时的价值为（　　）。

A.大于票面价值　　B.低于票面价值　　C.等于票面价值　　D.无法计算

30.某周转信贷协议额度为500万元，利息率为5%，承诺费率为0.3%，借款企业年度内使用了300万元，则需向银行支付承诺费（　　）万元。

A.1.5　　B.0.9　　C.0.6　　D.15.6

31.某企业需要借入60万元资金，由于银行要求将贷款数额的20%作为补偿性余额，故企业需向银行申请的贷款数额应为（　　）万元。

A.60　　B.67.2　　C.72　　D.75

32.某企业按年利率10%向银行借款20万元，银行要求维持贷款限额15%的补偿性金额，那么企业实际承担的利率为（　　）。

A.10%　　B.12.76%　　C.11.76%　　D.9%

33.对于补偿性余额，说法正确的是（　　）。

A.补偿性余额的比例一般在20%左右

B.银行要求补偿性余额的目的是增加贷款收益

C.存在补偿性余额条件下的名义利率高于实际利率

D.存在补偿性余额条件下的实际利率高于名义利率

34.借款200万元，年利率10%，若银行要求保留20%的补偿性余额，则该借款的实际年利率为（　　）。

A.8.33%　　B.10%　　C.12.5%　　D.15%

35.某企业向银行借款500万元，期限1年，利率为8%。如按照贴现法付息，则该笔贷款的实际利率为（　　）。

A.8.70%　　B.7.41%　　C.8%　　D.8.80%

36.以下不属于商业信用筹资方式特点的说法是（　　）。

A.商业信用易于取得

B.商业信用期限较短

C.商业信用一般情况下成本较低

D.商业信用的取得需要办理正式筹资手续

37.商业信用筹资方式的资金只能是（　　）。

A.银行信贷资金　B.其他企业资金　C.民间资金　D.企业内部资金

38.下列属于短期借款缺点的是（　　）。

A.筹资成本高　B.筹资速度慢　C.财务风险较大　D.借款弹性差

39.下列各项中，属于商业信用的是（　　）。

A.商业银行贷款　B.应交税费　C.应付账款　D.融资租赁

40.按卖方提供的信用条件，买方利用商业信用筹资需考虑机会成本的是（　　）。

A.卖方不提供现金折扣

B.卖方提供现金折扣，买方采用支票立即付款

C.卖方提供现金折扣，买方接受折扣，在折扣期内付款

D.卖方提供现金折扣，买方放弃折扣，在信用期内付款

41.在信用条件为“2/10，N/30”时，如果企业不取得现金折扣，在第30天付清货款，则其机会成本为（　　）。

A.36.73%　B.37.63%　C.73.63%　D.63.73%

42.某企业按年利率10%从银行借款100万元，银行要求维持10%的补偿性余额，则其实际利率为（　　）。

A.10%　B.11%　C.11.11%　D.12%

43.某企业按“2/10，N/30”的条件购进商品10 000元，若放弃现金折扣，在第40天付款，则资金的机会成本为（　　）。

A.2%　B.36.73%　C.24.49%　D.35.73%

44.某企业欲购入价款20万元的材料，销货方的信用条件是“2/10，N/30”，若企业接受付现折扣并在第10天付款，则企业的免费信用额为（　　）万元。

A.20　B.0.4　C.19.6　D.4

45.某企业租入一台价款50万元的设备，租期6年，租金每年年初等额支付，年租赁费率10%，则年租金额应为（　　）万元。

A.11.48　B.10.44　C.13.19　D.9.17

46.出租方既出租某项资产，又以该项资产为担保借入资金的租赁方式是（　　）。

A.经营租赁　B.直接租赁　C.杠杆租赁　D.售后租回

47.关于商业信用筹资，表述正确的是（　　）。

A.企业任何时候都应该考虑资金时间价值，到信用期最后一天付款

B.企业放弃现金折扣不存在任何成本

C.利用商业信用筹资相对于其他筹资方式限制条件少，筹资更便利

D.放弃现金折扣的成本与信用期限的长短呈同方向变化

48. 利用商业信用筹资方式筹集的资金只能是（　　）。

A. 银行信贷资金　B. 居民个人资金　C. 其他企业资金　D. 企业自留资金

49. 某企业欲购一批15万元的货物，现有商家A和B。A的信用条件为“3/10，N/30”；B的信用条件为“2/20，N/30”。若该企业估计拖延付款，则应选择（　　）。

A. A供应商　B. B供应商　C. 任选一个　D. 无法确定

50. 企业采购一批商品，信用条件为“2/10，N/50”，则在第50天付款，放弃现金折扣的成本为（　　）。

A. 12.24%　B. 18%　C. 18.37%　D. 14.69%

二、多项选择题

1. 筹资管理应遵循的原则有（　　）。

A. 规模适当　B. 取得及时

C. 结构合理　D. 筹措合法

2. 目前我国企业的筹资渠道有（　　）。

A. 国家财政资金　B. 银行信贷资金

C. 其他企业资金　D. 吸收直接投资

3. 目前我国企业的筹资方式有（　　）。

A. 吸收直接投资　B. 银行资金

C. 发行股票　D. 发行债券

4. 企业利用发行债券方式可筹集的资金有（　　）。

A. 银行信贷资金　B. 非银行金融机构资金

C. 其他企业资金　D. 居民个人资金

5. 下列各项属于权益资本属性的有（　　）。

A. 其所有权属于企业所有者

B. 是企业依法取得并依约运用、按期偿还的资本

C. 财务风险较低

D. 被视为“永久性资本”

6. 关于债务资本，表述正确的有（　　）。

A. 是一种高成本、低风险的资本来源

B. 是企业依法取得并依约运用、按期偿还的资本

C. 体现了企业和债权人之间的债权债务关系

D. 是企业财务风险的主要根源

7. 负债经营被认为是一种精明的举动，因为负债具有的优点包括（　　）。

A. 负债可以取得节税利益

B. 负债在一定条件下可以使企业获得财务杠杆利益

C. 负债在任何条件下均可以使企业获得财务杠杆利益

D. 负债可以增强企业经营的灵活性

8.关于销售百分比法，下列表述正确的有（　　）。

A.销售百分比法是在预测期销售收入一定的条件下对外部筹资需求量的预测

B.销售百分比法通常认为应付债券、实收资本项目随销售额的增加而自动增加

C.销售百分比法假设企业部分资产与负债项目及销售收入之间存在稳定的百分比关系

D.销售百分比法通常认为应付账款、应付费用会随销售额的增加而减少

9.下列表达中，符合股票含义的有（　　）。

A.股票是有价证券　　B.股票是物权凭证

C.股票是书面凭证　　D.股票是所有权凭证

10.对企业而言，发行股票筹集资金的优点有（　　）。

A.增强公司的筹资能力　　B.降低公司的财务风险

C.降低公司的资金成本　　D.没有使用约束

11.以公开、间接方式发行股票的特点是（　　）。

A.发行范围广，容易募足资本　　B.股票变现性强，流通性好

C.有利于提高公司的知名度　　D.发行成本低

12.普通股筹资的特点有（　　）。

A.没有固定的利息负担　　B.筹资数量有限

C.资本成本较高　　D.能增强公司的信誉

13.普通股的特点包括（　　）。

A.普通股股东享有公司的经营权

B.公司解散清算时，普通股股东对公司剩余财产的请求权位于优先股之后

C.普通股股利分配在优先股之后进行，并依公司盈利情况而定

D.公司增发新股时，普通股股东具有优先认购权

14.以下关于股票上市的目的说法中，正确的有（　　）。

A.股票上市可以使得资本大众化，分散风险

B.股票上市可以提高股票变现力

C.股票上市便于提高公司知名度

D.股票上市便于确定公司价值

15.股票上市的优点在于（　　）。

A.便于筹措新的资金

B.提高股权的流动性和变现能力

C.有助于确定公司的价值

D.有利于提高公司决策效率

16.股票上市的不利之处是（　　）。

A.信息公开可能暴露公司的商业秘密

B.公开上市需要很高的费用

C.可能稀释控制权

D.降低股票的流动性

17.发行优先股筹资的主要优点有（　　）。

A.能提高企业信誉度　　B.股利支付既固定，又有一定弹性

C.筹资限制少　　D.没有固定到期日，不用还本

18.优先股的优先权主要表现在（　　）。

A.优先认股　　B.优先取得股息

C.优先分配剩余财产　　D.优先行使投票权

19.普通股与优先股的区别主要有（　　）。

A.二者在管理权上不同　　B.股息发放顺序不同

C.剩余财产求偿权不同　　D.股票价格不同

20.普通股与优先股的共同特征主要有（　　）。

A.需支付固定股息　　B.同属公司股本

C.股息从净利润中支付　　D.可参与公司重大决策

21.债券按发行主体的不同，可分为（　　）。

A.政府债券　　B.记名债券　　C.公司债券　　D. 金融债券

22.债券发行价格由两部分组成，即（　　）。

A.到期票面金额按市场利率折算的现值

B.到期票面金额按票面利率折算的现值

C.各期利息按市场利率折算的现值

D.各期利息按票面利率折算的现值

23.与股票相比，债券的特点包括（　　）。

A.债券代表一种债权关系　　B.债券的求偿权优先于股票

C.债券持有人无权参与企业决策　　D.债券投资的风险小于股票

24.公司债券筹资与普通股筹资相比较（　　）。

A.普通股的筹资风险相对较低

B.公司债券筹资的资本成本相对较高

C.普通股筹资可以利用财务杠杆的作用

D.公司债券利息可以税前列支，普通股股利必须是税后支付

25.关于银行借款，下列结论正确的有（　　）。

A.周转授信协议对银行具有法律约束力

B.采用定期等额偿还方式会提高贷款的实际利率

C.在收款法付息方式下，借款的名义利率等于其实际利率

D.借款的弹性好于债券

26.长期借款筹资的特点有（　　）。

A.筹资弹性大

B.筹资速度快

C.筹资成本低

D.限制性条款多，约束了企业生产经营和借款使用

27.与股票筹资方式相比，银行借款筹资的优点包括（ ）。

A.筹资速度快 B.借款弹性大

C.使用限制少 D.筹资费用低

28.融资租赁可细分为（ ）几种形式。

A.直接租赁 B.间接租赁 C.杠杆租赁 D.售后回租

29.融资租赁也可称为（ ）。

A.财务租赁 B.资本租赁 C.营业租赁 D.短期租赁

30.与经营租赁相比，融资租赁具有下列特点（ ）。

A.租赁期一般为租赁资产寿命的一半以上

B.租赁合同灵活

C.租赁期满后可将设备作价转让给承租人

D.租赁期内由出租人提供设备保养维修与服务

31.融资租赁的租金由以下项目构成（ ）。

A.设备价款 B.租赁手续费

C.租赁公司的融资成本 D.租赁公司的销售费用

32.融资租赁的优点包括（ ）。

A.能迅速获得所需资产

B.租赁能减少设备陈旧过时的风险

C.租赁集资限制较少

D.租金可在税前扣除，能减少所得税

33.融资租赁筹资的缺点有（ ）。

A.资本成本较高 B.财务风险很小

C.财务负担较重 D.对企业限制较大

34.信用借款利息支付方法有（ ）。

A.收款法 B.贴现法 C.补偿法 D.加息法

35.银行发放短期借款附带的信用条件主要有（ ）。

A.信贷限额 B.补偿性余额 C.借款抵押 D.周转信贷协定

36.补偿性余额的约束，使得借款企业所受的影响有（ ）。

A.减少了可用资金 B.提高了筹资成本

C.减少了应付利息 D.增加了应付利息

37.补偿性余额对借款企业的影响有（ ）。

A.减少了可用资金 B.提高了筹资成本

C.减少了应付利息 D.提高了实际利率

38.关于商业信用筹资的说法正确的有（ ）。

A.它属于自然性筹资 B.对企业限制较大

C.直接成本很小 D.偿还期很短

39.放弃现金折扣的成本大小与（　　）。

A.折扣率大小成反向变动　　B.信用期长短成反向变化

C.折扣率大小呈同向变动　　D.折扣期长短呈同向变化

40.放弃现金折扣成本等于（　　）。

A.［折扣百分比÷（1-折扣百分比）］×［360÷（信用期-折扣期）］

B.［折扣百分比÷（1-折扣百分比）］×（360÷放弃折扣延期付款天数）

C.［折扣百分比÷（1-折扣百分比）］×（360÷信用期）

D.［折扣百分比÷（1-折扣百分比）］×（360÷折扣期）

三、判断题

1.扩张性筹资动机是由于企业因扩大生产规模而需要增加资产的经营目的所形成的。（　　）

2.一定的筹资方式只适用于某一特定的筹资渠道，同一渠道的资金只能采取一种方式去取得。（　　）

3.如果说筹资渠道属于客观存在，那么筹资方式则属于企业的主观能动行为。（　　）

4.企业筹资活动要通过一定的渠道、采用一定的方式来完成。（　　）

5.一定的筹资方式只能适用于某一特定的筹资渠道。（　　）

6.债权性筹资是企业依法筹集、按期偿还本金和利息的资本来源。（　　）

7.从性质上看，资本金是投资者投入的资本，是主权资本，不同于债务资本。（　　）

8.相对于长期资本，短期资本是一种高成本、低风险的资本来源。（　　）

9.销售百分比法假定存货与销售之间存在着线性关系。（　　）

10.在销售百分比法中，敏感项目指的是那些随产品销售收入的变动而变动的项目。（　　）

11.定性预测法可以揭示资金需要量与有关因素之间的数量关系。（　　）

12.股利支付率越高，外部筹资需求量越小。（　　）

13.企业资产负债表上的所有项目均与销售额直接有关。（　　）

14.企业吸收投入资本的出资者以现金、实物资产、无形资产出资时，必须符合企业生产经营和科研开发的需要。（　　）

15.吸收投资有利于提高企业信誉度，但容易分散企业控制权。（　　）

16.利用公募方式发行股票，手续繁杂，但发行成本低。（　　）

17.在承销方式下，发行风险由承销机构承担。（　　）

18.我国《公司法》规定，股票发行价格可以等于票面金额，也可以超过票面金额，但不得低于票面金额。（　　）

19.优先股是一种具有双重性质的证券，它虽属自有资金，但却兼有债券性质。（　　）

20.优先股是介于普通股和债券之间的一种混合证券。（　　）

21. 优先股的优先权利表现在股利分配的优先权和优先认股权。（ ）

22. 对股东而言，优先股比普通股有更优厚的回报，有更大的吸引力。（ ）

23. 被少数股东所控制的企业，为了保证股东的绝对控制权，一般倾向于采用优先股或负债方式筹资，而尽量避免普通股筹资。（ ）

24. 从理论上来讲，债权人不得干涉企业利润分配的政策制定。（ ）

25. 在市场利率大于票面利率的情况下，债券的发行价格大于其面值。（ ）

26. 收益留用属于权益融资，可为债权人提供保障，增加企业的信用价值。（ ）

27. 一般来说，债券的市场利率越高，债券的发行价格越低；反之，发行价格就可能越高。（ ）

28. 债券的发行价格与股票的发行价格一样，只允许平价或溢价发行，不许折价发行。（ ）

29. 在债券面值与票面利率一定的情况下，市场利率越高，则债券的发行价格越低。（ ）

30. 企业与银行约定信贷限额后，如企业情况发生变化，银行不履行提供信贷限额内款项的义务，则银行应承担相应的法律责任。（ ）

31. 一般认为，补偿性余额使得名义借款额高于实际可使用借款额，从而名义借款利率大于实际借款利率。（ ）

32. 银行与企业签订的借款协议中规定补偿性余额，这是兼顾双方的利益确定的。（ ）

33. 实行补偿性余额有助于银行降低贷款风险，但提高了企业借款的实际利率。（ ）

34. 在借款利息采用贴现法支付的方式下，银行借款的实际利率会低于名义利率。（ ）

35. 在贴现法借款利息支付方式中，贷款的实际利率要高于名义利率。（ ）

36. 企业一般希望采取在贷款期内定期等额偿还的方式还款，因为这样可以减轻还款负担，同时降低实际贷款利率。（ ）

37. 商业信用是企业筹集短期资金的一种方式。（ ）

38. 商业信用筹资属于自然性融资，与商品买卖同时进行，商业信用筹资没有实际成本。（ ）

39. 在折扣率和折扣期一定的情况下，企业放弃现金折扣的成本随实际付款期成反方向变化。（ ）

40. 企业放弃付现折扣的成本与折扣期的长短成正方向变化，与折扣百分比的大小和信用期的长短成反方向变化。（ ）

41. 某企业计划购入原材料，供应商给出的付款条件是“1/20，N/50”。若银行短期借款的利率为10%，则企业应该在折扣期内支付货款。（ ）

42. 买方企业在规定的折扣期内享受折扣而获得的信用被称为有代价信用。（　　）

43. 通过延长付款期可以降低放弃现金折扣的成本，所以应尽量延长实际付款期。（　　）

四、名词解释

1. 筹资动机　　2. 筹资方式
3. 筹资渠道　　4. 资金需要量
5. 销售百分比法　　6. 外部融资需求债务筹资
7. 股权筹资　　8. 债务筹资

五、简答题

1. 简述企业筹资应遵循的基本原则。
2. 简述我国企业目前的融资渠道与融资方式以及相互配合的情况。
3. 简述债务筹资和权益筹资的区别。
4. 销售百分比法的基本原理是什么？如何计算？
5. 简述吸收直接投资的优缺点。
6. 简述企业发行普通股的动机及其优缺点。
7. 简述股票上市的优缺点。
8. 简述优先股与普通股的区别与联系。
9. 简述长期借款筹资的优缺点。
10. 简述发行债券筹资的优缺点。
11. 计算债券发行价格的基本原理是什么？如何计算？不同的还本付息方式对债券发行的价格有何影响？
12. 简述融资租赁筹资的各种类型。
13. 简述融资租赁的优缺点。
14. 简述短期资金筹资形式及其各自特点。

六、计算分析题

1. A公司向银行借入短期借款100万元，财务经理向你咨询以下问题：

（1）如采用利随本清法，则利息率为13%；如采用贴现法，则利息率为12%；如采用补偿性余额，则利息率降为10%，银行要求的补偿性余额比例为20%。问：公司应选择哪种支付方式？

（2）假设公司与银行商定的周转信贷额为160万元，承诺费率为1%。由于公司年度内只借了10 000万元，则公司应向银行支付多少承诺费？

如果采用补偿性余额方法借入款项，公司实际需要使用的资金是100万元，则公司应向银行借款的金额是多少？

（3）公司采用（1）中最有利的方式借入款项，假设目的是支付货款，此时卖方提供的信用条件为“1/10，N/30”。那么，公司是否应借入款项来支付货款？

2.B公司采用融资租赁方式于2017年租入一台设备，价款为200 000元，租期为4年，租赁年利率为10%。

要求：

（1）计算每年年末支付等额租金方式的应付租金；

（2）计算每年年初支付等额租金方式的应付租金；

（3）试分析二者的关系。

3.C公司计划购入500万元A种材料，销货方提供的信用条件为“2/20，N/60”。

要求：针对以下几种情况，为该公司是否享受现金折扣提供决策依据。

（1）公司现金不足，需从银行借入资金支付购货款，银行借款年利率为12%。

（2）公司有支付能力，但现有一个短期投资机会，预计投资报酬率为20%。

（3）公司资金短缺，暂不能取得银行借款，但预计信用期后30天能收到一笔款项，故延期付款至90天。该公司一贯重合同，守信用。

4.D企业购进某种原材料有两条渠道：甲供应商提供的信用条件为“1/10，N/30”，乙供应商提供的信用条件为“2/20，N/60”。

要求：

（1）若该企业现金不足，准备放弃现金折扣，那么应选择哪家供应商？

（2）若该企业有支付能力，应选择哪家供应商？

第六章　筹资管理（下）

第一节　学习准备

学习目标

通过对本章内容的学习，要求学生了解资本成本的含义，掌握资本成本估算的基本方法，熟悉三个杠杆的含义和度量，掌握资本结构的基本理论以及目标资本结构确定的基本思路和方法。

内容导航

内容框架

图6-1　内容框架图

重点与难点

1.重点：资本成本的财务含义和估算方法；杠杆的含义和度量；资本结构的基本理论以及最佳资本结构的确定。

2.难点：个别资本成本的估算；杠杆效应的财务含义；资本结构的决策。

知识点

一、资本成本的估算

（一）资本成本及其作用

通常意义上的资本成本主要指长期资本成本。

1.资本成本的概念。

2.资本成本的性质。

3.资本成本的种类：个别资本成本、加权平均资本成本和边际资本成本。

4.资本成本的作用：是选择筹资方式、进行资本结构决策和追加筹资决策的依据，是评价投资方案、进行投资决策的重要标准，是评价企业经营业绩的重要依据。

（二）资本成本的计量

为了便于分析筹资额的资本成本，通常不用绝对金额表示资本成本，而用资本成本率来表示。人们一般将资本成本率简称为资本成本。

资本成本计量的通用模型：

$$资本成本率=\frac{用资费}{筹资总额-筹资费}\times100\%=\frac{用费率}{1-筹资费率}\times100\%$$

1.个别资本成本

（1）长期债务资本成本

①长期借款的资本成本

长期借款的筹资额为借款本金；筹资费为借款时需支付给银行的手续费等；借款的利息在所得税前支付，能起到抵税的作用。因此，在分期付息、到期一次还本的情况下，长期借款成本可按下式确定：

$$K_L=[I\cdot(1-T)]\div[L\cdot(1-f)]$$

式中：K_L——长期借款成本；

L——长期借款本金；

f——筹资费率；

I——长期借款年利息（按借款本金与规定的年利息率计算）；

T——企业所得税税率。

②公司债券资本成本

公司债券的筹资额为债券发行价格，有等价、溢价和折价，与债券面值有时不一致；筹资费为债券发行费用，包括申请费、注册费、印刷费及推销费等；债券的利息是按其面值和票面利率计算并列入税前费用，具有抵税效用。因此，在债券分期付息、到期一次还本的情况下，债券成本可按下式确定：

$$K_B = [I\cdot(1-T)] \div [B\cdot(1-f)]$$

式中：K_B——债券资本成本；

B——债券筹资额（按发行价格确定）。

（2）权益资本成本

①优先股资本成本

优先股的股利通常是固定的，在所得税后支付，公司发行优先股也会发生筹资费用。

因此，优先股资本成本的测算公式是：

$$K_P=D\div P_0$$

式中：K_p——优先股资本成本；

D——优先股每股年股利；

P_0——优先股筹资净额，即发行价格扣除发行费用。

②普通股资本成本

相对于借款和债券等负债融资方式而言，普通股资本成本具有更大的不确定性。在实践中有以下几种方法：

方法一：股利折现模型

股利折现模型的基本形式是：

$$P = \sum_{t=1}^{\infty}\frac{D_t}{(1+K_c)^t}$$

式中：P——普通股融资净额，即发行价格扣除发行费用；

D_t——普通股第t年的股利；

K_c——折现率，即普通股资本成本。

运用该模型测算普通股资本成本，因具体的股利政策而有所不同。

如果公司采用固定股利政策，即每年分派现金股利D元，则普通股资本成本可按下式确定：

$$K_c=D\div P$$

如果公司采用固定增长股利政策，设股利增长率为G，则普通股资本成本可按下式确定：

$$K_c=(D_1\div P)+G$$

式中：D_1——普通股第1年预期每股股利。

方法二：资本资产定价模型

$$K_c=R_F+\beta\times(R_m-R_F)$$

式中：R_F——无风险报酬率；

R_m——市场平均风险股票的报酬率；

β——股票的贝塔系数；

K_c——股票的必要报酬率，即普通股资本成本。

方法三：风险溢价模型

风险溢价模型是指在企业发行的长期债券利率的基础上加上风险溢价率，便得到普通股的资本成本。

这种方法的理论依据是：相对于债券持有者，普通股股东承担较大的风险，理应得到比债券持有者更高的报酬率。实证研究表明，风险溢价率的变化范围约为1.5%～4.5%。

③留存收益的资本成本

留存收益也称保留盈余，是企业税后净利在扣除当年股利后形成的，它属于普通股股东所有。从表面上看，留存收益不发生现金流出，似乎不用计算其资本成本，其实不然。留存收益的资本成本是一种机会成本，体现为股东追加投资要求的报酬率。因此，留存收益也必须计算资本成本（用K_R表示），其计算方法与普通股相似，唯一的区别是留存收益不考虑筹资费用。

2.加权资本成本

加权平均资本成本是以个别资本在企业总资本中所占比重为权数，对各项个别资本成本进行加权平均而得的资本成本。

$$K_W=\sum(K_j \times W_j)$$

式中：K_W——加权平均资本成本；

K_j——第j种个别资本成本；

W_j——第j种个别资金占全部资本的比重。

在确定加权平均资本成本时，各种资本在全部资本中所占的比重（权数）起着重要作用。资本权数取决于各种资本价值按什么来确定，一般来说，企业各种资本的权数价值有三种选择：账面价值权数、市场价值权数和目标价值权数。

3.边际资本成本

边际资本成本本意是指资本每增加一个单位而增加的成本。

二、杠杆利益与风险的衡量

（一）与杠杆有关的几个财务概念

成本习性、边际贡献、息税前利润和普通股每股收益等。

1.总成本=固定成本+变动成本

$$Y=F+v \cdot x$$

式中：Y——总成本；

F——生产经营性固定成本；

v——单位产品变动成本；

x——产销量。

2.边际贡献

①边际贡献总额：M=S−V=x（p−v）；

②单位边际贡献：m=M/x=p−v；

③边际贡献率：m/=M/S=m/p；

④变动成本率：v/=V/S=v/p；

⑤边际贡献率+变动成本率=1。

式中：M——边际贡献总额；

m——单位边际贡献；

m′——边际贡献率；

v′——变动成本率；

S——销售收入总额；

V——变动成本总额；

p——单位产品售价。

3.息税前利润：EBIT=S−V−F=（p−v）x−F=M−F。

4.每股收益：EPS=［（EBIT−I）（1−T）−D_P］÷n=（S−V−F−I）÷n。

式中：D_P——优先股股利。

（二）经营杠杆与经营风险

经营杠杆（operating leverage），也称营业杠杆、营运杠杆。经营杠杆是指由于企业经营成本中存在固定成本而带来的对企业收益的影响。

1.经营杠杆利益与风险

2.经营杠杆系数（DOL）

$$DOL = \frac{\Delta EBIT/EBIT}{\Delta x/x} = \frac{x(P-v)}{x(P-v)-F} = \frac{S-V}{S-V-F} = \frac{M}{EBIT}$$

3.影响经营杠杆的主要因素除了固定成本以外，还有其他许多因素，主要有产品供求状况的变动、产品售价的变动、单位产品变动成本的变动。

（三）财务杠杆与财务风险

财务杠杆（financial leverage）是指由于筹集资本的成本率固定引起的普通股每股收益的波动幅度大于息税前利润的波动幅度。

1.产生财务杠杆效应的筹资方式有：银行借款、发行债券、发行优先股和融资租赁。

2.财务杠杆利益和风险。

3.财务杠杆系数（DFL）。

$$DFL = \frac{\Delta EPS/EPS}{\Delta EBIT/EBIT}$$

$$= \frac{x(P-v)-F}{x(P-v)-F-I-\frac{Dp}{1-T}}$$

$$= \frac{S-V-F}{S-V-F-I-\frac{Dp}{1-T}}$$

$$= \frac{EBIT}{EBIT-I-\frac{Dp}{1-T}}$$

4. 影响财务杠杆的主要因素：利率水平的变动、盈利能力的变化、资本供求的变化、负债率的变化等。

（四）复合杠杆与企业风险

复合杠杆（combined leverage），也称总杠杆或联合杠杆。它用来反映企业综合利用财务杠杆和经营杠杆给企业普通股股东收益带来的影响。

1. 总杠杆系数（DTL）

$$DTL = DOL \times DFL$$

$$= \frac{\Delta EPS/EPS}{\Delta x/x}$$

$$= \frac{x(P-v)}{x(P-v)-F-I-\frac{Dp}{1-T}}$$

$$= \frac{S-V}{S-V-F-I-\frac{Dp}{1-T}}$$

$$= \frac{M}{EBIT-I-\frac{Dp}{1-T}}$$

2. 运用：总杠杆的作用大于经营杠杆与财务杠杆的单独影响作用，而两种杠杆又可以有多种组合。

一般情况下，企业将总杠杆系数（即总风险）控制在一定范围内，这样经营杠杆系数较高（低）的企业可以在较低（高）的程度上利用财务杠杆。

三、资本结构决策

资本结构是企业融资的核心问题。

（一）资本结构的界定

广义的资本结构指全部资本的构成，是自有资本和债务资本的比例。狭义的资本结构是指自有资本与长期负债的比例关系，而将短期债务作为营运资本来进行管理。在企业各种资本结构中，最重要也最复杂的结构是长期债权资本与股权资本的比例。

1. 从属性上看资本结构：一类是股权资本（它体现企业的所有权属性），另一类是债权资本（它体现企业的债务属性）。

2. 从期限上看资本结构：一类是短期资本（主要是流动负债）；另一类是长期

资本（包括长期负债和股东权益）。

3.从价值基础上看资本结构：一是资本的账面价值结构（即按资本历史账面价值基础计量反映的资本结构）；二是资本的市场价值结构（即按资本现时市场价值基础计量反映的资本结构）；三是资本的目标价值结构（即按资本未来目标价值计量反映的资本结构）。

（二）资本结构理论

资本结构理论是关于公司资本结构、公司资本成本与公司价值三者之间关系的理论。它是现代企业财务理论的重要内容，也是资本结构决策的理论基础。从资本结构理论的产生和发展来看，主要有早期资本结构理论、MM资本结构理论和发展的资本结构理论。

（三）影响资本结构决策的因素

影响资本结构决策的因素：除资本成本、经营杠杆、财务杠杆等之外，还有以下因素：企业销售的增长情况、企业所有者和管理人员的态度、企业信用等级与债权人的态度、政府税收、利率水平的变动趋势、企业的财务状况、资产结构、行业因素与企业规模等。

（四）资本结构决策方法

企业资本结构决策就是要确定最佳资本结构。所谓最佳资本结构是指在适度财务风险的条件下，使企业加权平均资本成本最低，同时使企业价值最大的资本结构。确定企业的最佳资本结构，可以采用每股收益分析法、资本成本比较法和公司价值比较法等定量评价方法。

1.每股收益分析法

每股收益无差别点法就是在息税前利润的基础上，通过比较不同资本结构方案的普通股每股收益大小，来选择使每股收益（EPS）最大的资本结构作为最佳资本结构，也叫EBIT-EPS分析法。这种方法侧重于从资本的产出角度来分析资本结构。

具体应用时，需要引入不同筹资方案之间的临界点概念。所谓不同筹资方案之间的临界点是指每股收益（EPS）不受融资方式影响的企业息税前利润（EBIT）水平。EBIT与EPS之间的关系，可以用下式来表示：

$$EPS=[(EBIT-I)\times(1-T)-D_p]\div N$$

式中：I—负债的利息支出；

T—公司所得税率；

D_p—优先股股利；

N—普通股股数。

对于一套拥有债务和权益两种融资方式的备选方案，若以EPS_1代表负债融资，以EPS_2代表权益融资，则：

$$EPS_1=[(\overline{EBIT}-I_1)\times(1-T)-D_{p1}]\div N_1$$

$$EPS_2=[(\overline{EBIT}-I_2)\times(1-T)-D_{p2}]\div N_2$$

假设无差别点的息税前利润为$\overline{EBIT}$，则有以下等式：

$$[(\overline{EBIT}-I_1)\times(1-T)-D_{p1}]\div N_1=[(\overline{EBIT}-I_2)\times(1-T)-D_{p2}]\div N_2$$

企业管理人员可以根据上式计算出不同筹资方案间的无差别点，通过比较相同EBIT情况下的EPS数值大小，来选择最佳的筹资方案。

2.资本成本比较法

这种方法是在资本成本计量原理的基础上，通过计算和比较各种预设资本结构方案的加权平均资本成本，选择加权平均资本成本最低的那个方案所设定的资本结构为企业最佳资本结构。这种方法侧重于从资本投入的角度对资本结构进行优选分析评价。

3.公司价值比较法

这种方法是在充分反映公司财务风险的前提下，以公司价值的大小为标准，经过测算确定公司最佳资本结构的方法。与资本成本比较法和EBIT-EPS分析法相比，公司价值比较法充分考虑了公司的财务风险和资本成本等因素的影响，进行资本结构的决策以公司价值最大为标准，更符合公司价值最大化的财务目标，但其测算原理及测算过程较为复杂，通常用于资本规模较大的上市公司。

Excel工具在本章的运用

利用函数IF（　　）进行每股收益无差别法的资本结构决策。【例6-1】视频演示

函数IF（　　）的用途：执行逻辑判断，它可以根据逻辑表达式的真假，返回不同的结果，从而执行数值或公式的条件检测任务。

函数IF（　　）的表达式："=IF（A，B，C）"，意思是"如果A，那么B，否则C"。

【例6-1】某公司现有资本2 000万元，其中债务800万元，股东权益1 200万元。该公司计划扩大生产规模，拟通过增发普通股或长期借款的方式筹集所需资金500万元。现有A、B两个筹资方案可供选择。所得税税率为25%。具体资料如图6-2所示。

要求：采用每股收益无差别点法作出最优筹资方案的决策。

	A	B	C	D	E	F	G	H
1	已知条件							
2	现有资本结构				追加筹资方案			
3	股东权益	1200	普通股股数	120	方案A			
4	债务	800	债务利率	8%	股票筹资额	500	新增股份数	80
5	现有资本	2000			方案B			
6	所得税率	25%			债务筹资额	500	新增债务利率	9%

图6-2　A、B两方案资料

【具体操作步骤】

1.计算方案A在不同息税前利润下的每股收益。

在单元格B11中输入公式"=（B10-$B$4*$D$4）*（1-$B$6）/（$D$3+$H

$4）”，并将单元格B11向右复制到单元格H11。

2.计算方案B在不同息税前利润下的每股收益。

在单元格B12中输入公式“=（B10-$B$4*$D$4-$F$6*$H$6）*（1-$B$6）/$D$3”，并将单元格B12向右复制到单元格H12。

3.选取不同息税前利润对应的最优筹资方案。

在单元格B13中输入公式“=IF（B11>B12，“方案A”，“方案B”））”，并将单元格B13向右复制到单元格H13。

4.计算两方案的每股收益之差，并将其作为目标函数。

在单元格D15中输入公式：

“=（D16-B4×D4）×（1-B6）/（D3+H4）-（D16-B4*D4-F6*H6）*（1-B6）/D3”。

5.计算两方案的每股收益无差别点。

在工具菜单中选择单变量求解，系统弹出单变量求解对话框，在目标单元格中输入“D15”，在目标值中输入“0”，在可变单元格中输入“D16”，单击确定。

6.计算两方案无差别点的每股收益。

在单元格D17中输入公式“=（D16-B4×D4）×（1-B6）/（D3+H4）”。

具体结果如图6-3所示。

	A	B	C	D	E	F	G	H
1	已知条件							
2	现有资本结构				追加筹资方案			
3	股东权益	1200	普通股股数	120	方案A			
4	债务	800	债务利率	8%	股票筹资额	500	新增股份数	80
5	现有资本	2000			方案B			
6	所得税率	25%			债务筹资额	500	新增债务利率	9%
7								
8								
9	计算过程							
10	预计息税前利润	100	120	140	160	180	200	220
11	方案A每股利润	0.135	0.21	0.285	0.36	0.435	0.51	0.585
12	方案B每股利润	-0.06	0.07	0.19	0.32	0.44	0.57	0.69
13	最优筹资方案	方案A	方案A	方案A	方案A	方案B	方案B	方案B
14								
15	目标函数：方案A每股利润-方案B每股利润			0.17				
16	无差别点的息税前利润			107				
17	无差别点的每股利润			0.16				

图6-3　计算结果图

说明：图6-3中第10行的预计息税前利润是按照20万元递增设定的。

例题选解

一、单项选择题

1.A公司发行了期限5年的长期债券10 000万元，年利率为8%，每年年末付息一次，到期一次还本，债券发行费率为1.5%，企业所得税税率为25%，该债券的资本成本为（　　）。

A.6%

B.6.09%

C.8%

D.8.12%

〖正确答案〗B

〖答案解析〗该债券的资本成本=8%×（1−25%）÷（1−1.5%）=6.09%，因此选项B正确。

〖该题针对“长期债券的资本成本”知识点进行考核〗

2.B公司以1 100元的价格，溢价发行面值为1 000元、期限5年、票面年利率为7%的公司债券一批。每年年末付息一次，到期一次还本，发行费用率3%，所得税税率25%，按照贴现模式计算该批债券的资本成本率为（　　）。

A.4.55%

B.3.55%

C.3.87%

D.3.76%

〖正确答案〗D

〖答案解析〗

1 100×（1−3%）=1 000×7%×（1−25%）×（P/A，K_b，5）+1 000×（P/F，K_b，5）

1 067=52.5×（P/A，K_b，5）+1 000×（P/F，K_b，5）

（1）当K_b=4%时：

52.5×（P/A，4%，5）+1 000×（P/F，4%，5）=52.5×4.4518+1 000×0.8219=1 055.62

（2）当K_b=3%时：

52.5×（P/A，3%，5）+1 000×（P/F，3%，5）=52.5×4.5797+1 000×0.8626=1 103.03

（K_b−4%）÷（3%−4%）=（1 067−1 055.62）÷（1 103.03−1 055.62）

解得：K_b=3.76%

〖该题针对“考虑货币时间价值下长期债券的资本成本”知识点进行考核〗

3.C公司增发的普通股的市价为40元/股，筹资费用率为市价的6%，该公司每年股利固定为每股1.25元，则该普通股资本成本为（　　）。

A.3.13%

B.3.32%

C.3.31%

D.3.5%

〖正确答案〗B

〖答案解析〗该普通股资本成本=1.25÷［40×（1-6%）］=3.32%。

〖该题针对“普通股的资本成本”知识点进行考核〗

4.D公司发行普通股股票600万元，筹资费用率5%，上年每股现金股利与每股市价比率为14%，预计股利每年增长5%，所得税税率为25%，该公司年末留存50万元未分配利润用作发展之需，则该笔留存收益的成本为（　　）。

A.14.74%

B.19.7%

C.19%

D.20.47%

〖正确答案〗B

〖答案解析〗留存收益资本成本率=（预计第一期股利÷股票发行总额）+股利逐年增长率=14%×（1+5%）+5%=19.7%。

〖该题针对“留存收益的资本成本”知识点进行考核〗

5.E企业2017年的销售额为1 000万元，变动成本600万元，固定经营成本200万元，利息费用10万元，没有融资租赁和优先股，预计2018年息税前利润增长率为10%，则2018年的每股利润增长率为（　　）。

A.10%

B.10.5%

C.15%

D.12%

〖正确答案〗B

〖答案解析〗2018年财务杠杆系数=（1 000-600-200）÷（1 000-600-200-10）=1.05，因为财务杠杆系数=每股利润增长率÷息税前利润增长率=1.05，所以2018年的每股利润增长率=财务杠杆系数×息税前利润增长率=1.05×10%=10.5%。

〖该题针对“财务杠杆系数”知识点进行考核〗

6.下列关于最佳资本结构的表述中，错误的是（　　）。

A.最佳资本结构在理论上是存在的

B.资本结构优化的目标是提高企业价值

C.企业平均资本成本最低时资本结构最佳

D.企业的最佳资本结构应当长期固定不变

〖正确答案〗D

〖答案解析〗从理论上讲，最佳资本结构是存在的，但由于企业内部条件和外部环境的经常性变动，动态地保持最佳资本结构十分困难。

〖该题针对“最佳资本结构”知识点进行考核〗

二、多项选择题

1.资金成本在企业筹资决策中的作用包括（　　）。

A.是企业选择资金来源的基本依据

B.是企业选择筹资方式的参考标准

C.作为计算净现值指标的折现率使用

D.是确定最优资金结构的主要参数

〖正确答案〗ABD

〖答案解析〗资金成本在企业筹资决策中的作用包括：（1）是影响企业筹资总额的重要因素；（2）是企业选择资金来源的基本依据；（3）是企业选用筹资方式的参考标准；（4）是确定最优资金结构的主要参数。

资金成本在企业投资决策中的作用包括：（1）在计算投资评价的净现值指标时，常以资金成本作为折现率；（2）在利用内部收益率指标进行项目可行性评价时，一般以资金成本作为基准收益率。

〖该题针对“资金成本的作用”知识点进行考核〗

2.与权益筹资相比，债务筹资的特征包括（　　）。

A.债务筹资产生合同义务

B.归还债权人本息的请求权优于优先股股东的股利

C.提供债务资金的投资者，没有权利获得高于合同规定利息之外的任何收益

D.债务筹资的成本比权益筹资的成本高

〖正确答案〗ABC

〖答案解析〗债务筹资包括选项A、B、C三个特点，正是由于这三个特点，债权人承担的风险显著低于股东，所以其期望报酬率低于股东，即债务筹资的资本成本低于权益筹资。

〖该题针对“资金成本”知识点进行考核〗

3.在计算加权平均资本成本时，需要解决的两个主要问题包括（　　）。

A.确定每一种资本要素的成本

B.确定公司总资本结构中各要素的权重

C.各种筹资来源的手续费

D.各种外部环境的影响

〖正确答案〗AB

〖答案解析〗在计算资本成本时，需要解决的主要的问题有两个：（1）如何确定每一种资本要素的成本；（2）如何确定公司总资本结构中各要素的权重。

〖该题针对“加权平均资金成本”知识点进行考核〗

4.下列各项因素中，影响经营杠杆系数计算结果的有（　　）。

A.销售单价

B.销售数量

C.资本成本

D.所得税税率

〖正确答案〗AB

〖答案解析〗经营杠杆系数=基期边际贡献÷基期息税前利润=（基期息税前利润+基期固定成本）÷基期息税前利润=1+基期固定成本÷基期息税前利润，其中息税前利润=（单价-单位变动成本）×销量-固定成本，因此本题的正确答案为AB。

〖该题针对“经营杠杆系数”知识点进行考核〗

5.存在财务杠杆作用的筹资方式是（　　）。

A.发行优先股

B.发行债券

C.银行借款

D.杠杆租赁

〖正确答案〗ABCD

〖答案解析〗财务杠杆作用是由于财务性固定成本的存在，当息税前利润（EBIT）变动时，会导致每股收益（EPS）发生更大的变动。财务性固定成本是指由仅支付固定性资本成本（或者说，能产生财务杠杆效应）的筹资方式而所产生的。因此，可产生财务杠杆效应的筹资方式，不仅仅是举债（向银行借款和发行债券），还包括融资租赁和优先股融资，它们的共性是每期仅支付固定的资本成本。

〖该题针对“财务杠杆”知识点进行考核〗

6.只要企业同时存在（　　），就会存在总杠杆作用。

A.变动生产经营成本

B.固定性经营成本

C.固定性资本成本

D.变动制造费用

〖正确答案〗BC

〖答案解析〗总杠杆，是指由于固定经营成本和固定资本成本的共同存在而导致的普通股每股收益变动率大于产销业务量变动率的现象。只要企业同时存在固定性经营成本和固定性资本成本，就会存在总杠杆的作用。

〖该题针对“总杠杆”知识点进行考核〗

三、判断题

1.留存收益是企业资金的内部自我来源，无须发生筹资费用，将来也不会发生现金流出，因此，留存收益没有资本成本。（　　）

〖正确答案〗×

〖答案解析〗留存收益是企业税后净利在扣除当年股利后形成的，它属于普通股股东所有。从表面上看，留存收益不发生现金流出，似乎不用计算其资本成本，其实不然。留存收益的资本成本是一种机会成本，体现为股东追加投资要求的报酬率。因此，留存收益也必须计算资本成本，其计算方法与普通股相似，只是不考虑筹资费用。

〖该题针对“个别资本成本”知识点进行考核〗

2.在不考虑风险的情况下，利用每股收益无差别点进行企业资本结构分析时，当预计息税前利润低于每股收益无差别点时，采用低财务杠杆筹资方式比采用高财务杠杆筹资方式有利。（ ）

〖正确答案〗√

〖答案解析〗每股收益无差别点的决策规则是：当预计息税前利润高于每股收益无差别点时，采用高财务杠杆筹资方式比采用低财务杠杆筹资方式有利；当预计息税前利润低于每股收益无差别点时，采用低财务杠杆筹资方式比采用高财务杠杆筹资方式有利；当预计息税前利润等于每股收益无差别点时，两种筹资方式下的每股收益相同。

〖该题针对“每股收益无差别点”知识点进行考核〗

3.合理安排长期债权资本与股权资本的比例关系是企业筹资管理的核心问题之一。（ ）

〖正确答案〗×

〖答案解析〗资本结构是企业融资的核心问题。广义的资本结构指全部资本的构成，是自有资本和债务资本的比例。狭义的资本结构是指自有资本与长期负债的比例关系，而将短期债务作为营运资本来进行管理。在企业各种资本结构中，最重要也最复杂的结构是长期债权资本与股权资本的比例。

〖该题针对“资本结构”知识点进行考核〗

四、计算分析题

1. A企业计划筹集资金1 000万元，所得税税率为33%。有关资料如下：

（1）向银行借款100万元，借款年利率为7%，手续费2%。

（2）溢价发行债券，债券面值为140万元，溢价发行价格为150万元，票面利率为9%，期限为5年，每年支付一次利息，其筹资费率为3%。

（3）发行优先股250万元，预计年股利率为12%，筹资费率为4%。

（4）发行普通股400万元，每股发行价格10元，筹资费率6%。预计第1年每股股利1.2元，以后每年按8%递增。

（5）其余所需资金通过留存收益取得。

要求：

（1）计算个别资本成本；

（2）计算加权平均资本成本。

〖答案要点〗

（1）答案要点：

银行借款成本=7%×（1−33%）÷（1−2%）=4.79%

债券成本=140×9%×（1−33%）÷［150×（1−3%）］=5.8%

优先股成本=12%÷（1−4%）=12.5%

普通股成本=1.2÷［10×（1−6%）］+8%=20.77%

留存收益成本=1.2÷10+8%=20%

（2）答案要点：

K_W=100÷1 000×4.79%+150÷1 000×5.8%+250÷1 000×12.5%+400÷1 000×20.77%

+100÷1 000×20%

=14.78%

2.B公司计划发行一批期限为5年的债券。每张债券面值为800元，票面利率为8%，每年年末付利息一次，发行时的市场利率为10%。

要求：

（1）确定B公司债券的发行价格；

（2）如果按上述价格发行债券，其发行费率为5%，所得税率为25%，试计算B债券的资本成本。

〖答案要点〗

（1）答案要点：

债券发行价格=800×8%×（P/A，10%，5）+800×（P/F，10%，5）

=739.42（元）

（2）答案要点：

债券资本成本=［800×8%×（1-25%）］÷［739.42×（1-5%）］

=6.83%

3.C公司原有资本1 000万元，其中债务资本400万元（每年负担利息30万元），普通股资本600万元（发行普通股12万股，每股面值50元），企业所得税税率为30%。由于扩大业务，需追加筹资300万元，其筹资方式有三个：一是全部发行普通股，即增发6万股，每股面值50元。二是全部按面值发行债券，债券利率为10%。三是发行优先股300万元，股息率为12%。

要求：

（1）分别计算普通股筹资与债券筹资以及普通股筹资与优先股筹资每股利润无差别点的息税前利润；

（2）假设扩大业务后的息税前利润为300万元，确定公司应当采用哪种筹资方式？

〖答案要点〗

（1）答案要点：

①普通股筹资与债券筹资的每股收益无差别点：

（EBIT-30）×（1-30%）÷（12+6）=（EBIT-30-300×10%）×（1-30%）÷12

求得：EBIT=120万元

②普通股筹资与优先股筹资的每股收益无差别点：

（EBIT-30）×（1-30%）÷（12+6）=［（EBIT-30）×（1-30%）-300×12%］÷12

求得：EBIT=184.29万元

（2）答案要点：

扩大业务后各种筹资方式的每股利润分别为：

增发普通股：每股利润=（300−30）×（1−30%）÷（12+6）=10.5（元/股）

增发债券：每股利润=（300−30−300×10%）×（1−30%）÷12=14（元/股）

发行优先股：每股利润=［（300−30）×（1−30%）−300×12%］÷12=12.75（元/股）

∵ 增发债券的每股利润最大，

∴ 应当选择债券筹资方式。

第二节 本章练习题

一、单项选择题

1.资本成本在企业筹资决策中的作用不包括（ ）。

A.是企业选择资本来源的基本依据

B.是企业选择筹资方式的参考标准

C.作为计算净现值指标的折现率使用

D.是确定最优资本结构的主要参数

2.从资本成本的本质与应用价值看，资本成本属于（ ）。

A.实际发生的成本　　B.标准成本

C.沉没成本　　D.机会成本

3.在计算个别资本成本时，需要考虑所得税抵减作用的筹资方式是（ ）。

A.发行债券　　B.留存收益

C.发行优先股　　D.发行普通股

4.企业向银行借款100万元，年利息率10%，手续费率2%，所得税率25%，则银行借款成本为（ ）。

A.8.15%　　B.10.2%　　C.12万元　　D.6.86%

5.某企业发行5年期债券，债券面值为1 000元，票面利率为10%，每年付息一次，发行价为1 100元，筹资费率为3%，所得税税率为30%，则该债券的资本成本为（ ）。

A.9.37%　　B.6.56%　　C.7.36%　　D.6.66%

6.某公司按面值发行1 000万元优先股，筹资费率为3%，年股利率为11%，所得税率为25%。则该优先股成本为（ ）。

A.8%　　B.7.37%　　C.11%　　D.11.34%

7.某企业发行新股，已知每股市价为55元，本年每股股利为5元，股利的固定年增长率为10%，则发行新股的资本成本为（ ）。

A.10%　　B.11%　　C.21%　　D.20%

8.某公司普通股当前市价为每股25元，拟按当前市价增发新股100万股，增发第1年年末预计每股股利为2.5元，以后每年股利增长率为6%，则该公司本次增发普通股的资本成本为（ ）。

A.17%　　B.15%　　C.16%　　D.18%

9. 某公司普通股目前的股价为10元/股，筹资费率为6%，刚刚支付的每股股利为2元，股利固定增长率为2%，则该企业利用留存收益的资本成本为（　　）。

A.22.4%　　B.22%　　C.23.7%　　D.23.28%

10. 下列筹资方式中不发生筹资费用的是（　　）。

A.吸收直接投资　　B.发行普通股　　C.发行优先股　　D.收益留存

11. 以下筹资方式中，资本成本最高的是（　　）。

A.普通股筹资　　B.短期借款筹资　　C.长期借款筹资　　D.债券筹资

12. 下列筹资方式中，通常资本成本最低的是（　　）。

A.债务成本　　B.融资租赁　　C.发行股票　　D.留存收益

13. 根据风险收益对等原则，在一般情况下，各筹资方式资本成本由小到大依次为（　　）。

A.银行借款、企业债券、普通股

B.普通股、银行借款、企业债券

C.企业债券、银行借款、普通股

D.普通股、企业债券、银行借款

14. 某企业的产权比率为0.6，债务平均税前资本成本为15.15%，权益资本成本为20%，所得税税率为25%，则加权平均资本成本为（　　）。

A.16.76%　　B.15.76%　　C.18.76%　　D.17.76%

15. 某公司负债和权益筹资额的比例为2:5，加权平均资本成本率为12%。若资本成本和资本结构不变，则当发行100万元长期债券时，筹资总额分界点为（　　）。

A.100万元　　B.200万元　　C.350万元　　D.1 200万元

16. A公司本年息税前利润为150 000元，每股收益为6元，不存在优先股，下一年财务杠杆系数为1.67，息税前利润为200 000元，则下年每股收益为（　　）元。

A.9.35　　B.9.34　　C.9.36　　D.9.38

17. 产生经营杠杆作用的主要原因是（　　）。

A.经营成本中固定成本总额不变

B.经营成本中单位变动成本不变

C.资本结构中债务利息费用不变

D.产销规模不变

18. 某企业的经营杠杆系数为4，计划息税前利润增长率达到40%，假定其他因素不变，则预计的销售增长率为（　　）。

A.40%　　B.30%　　C.20%　　D.10%

19. 下列关于经营杠杆系数的说法，正确的是（　　）。

A.在产销量的相关范围内，提高固定成本总额，能够降低企业的经营风险

B.在相关范围内，产销量上升，经营风险加大

C.在相关范围内，经营杠杆系数与产销量成反方向变动

D.对某一特定企业而言，经营杠杆系数是固定的，不随产销量的变动而变动

20.在固定成本不变的情况下，销售额与经营杠杆系数的关系是（　　）。

A.经营杠杆系数的大小与销售额的大小成正方向同比例变化

B.经营杠杆系数的大小与销售额的大小成反方向同比例变化

C.销售额越大，经营杠杆系数越大

D.销售额越大，经营杠杆系数越小

21.关于经营杠杆系数，下列说法正确的是（　　）。

A.在其他因素一定时，产销量越小，经营杠杆系数也越小

B.在其他因素一定时，经营性固定成本越大，经营杠杆系数越小

C.当经营性固定成本趋近于0时，经营杠杆系数趋近于1

D.经营杠杆系数越大，反映企业的总风险越大

22. Z公司2016年的财务杠杆系数为2，息税前利润的计划增长率为20%，假定其他因素不变，则该年普通股每股收益的增长率为（　　）。

A.50%　　B.30%　　C.20%　　D.40%

23.降低经营杠杆系数，从而降低企业经营风险的途径是（　　）。

A.提高资产负债率　B.提高权益乘数

C.减少销量　D.节约经营性固定成本开支

24.某公司2015年息税前利润为600万元，实际利息费用为100万元，则该公司2016年的财务杠杆系数为（　　）。

A.0.83　　B.1.2　　C.2　　D.6

25.不存在财务杠杆作用的筹资方式是（　　）。

A.银行借款　　B.发行债券　　C.发行优先股　　D.发行普通股

26.只要企业的边际贡献大于息税前利润，则经营杠杆系数必然（　　）。

A.大于1　B.与固定成本成反比

C.与销售量成反比　D.与企业的风险成反比

27.某企业财务杠杆系数为2，息税前利润为20万元，则利息费用为（　　）万元。

A.14　　B.8　　C.5　　D.10

28.具有固定性资本成本性质的债务资金在资金总额中所占的比重越大，企业的财务杠杆系数会（　　）。

A.越大　　B.越小　　C.不变　　D.不确定

29.下列关于财务杠杆的表述，正确的是（　　）。

A.财务杠杆越高，抵税的价值越高

B.如果企业的融资结构中包括负债和普通股，则在其他条件不变的情况下，提高公司所得税税率，财务杠杆系数不变

C.企业对财务杠杆的控制力要弱于对经营杠杆的控制力

D.资本结构发生变动通常不会改变企业的财务杠杆系数

30.在经营杠杆系数为3、财务杠杆系数为2的情况下，若下期销售增长10%，则下期息税前利润会比基期增长（　　）。

A.10%　　B.20%　　C.30%　　D.60%

31.某公司年营业收入为500万元，变动成本率为40%，经营杠杆系数为1.5，财务杠杆系数为2。如果固定成本增加50万元，那么总杠杆系数将变为（　　）。

A.7　　B.5　　C.6　　D.8

32.某公司的经营杠杆系数为1.8，财务杠杆系数为1.5，则该公司销售额每增长1倍，就会造成每股收益增加（　　）倍。

A.3.3　　B.4.3　　C.0.3　　D.2.7

33.下列说法错误的是（　　）。

A.拥有大量固定资产的企业主要通过长期负债和发行股票筹集资金

B.资产适用于抵押贷款的公司举债额较多

C.信用评级机构降低企业的信用等级会提高企业的资本成本

D.以技术研究开发为主的公司负债往往很多

34.当财务杠杆系数为1时，下列表述正确的是（　　）。

A.息税前利润增长率为零　　B.息税前利润为零

C.利息与优先股股息为零　　D.固定成本为零

35.降低财务风险的主要措施是（　　）。

A.降低固定成本总额　　B.合理安排资本结构，适度负债

C.降低变动成本总额　　D.提高获利能力

36.财务杠杆说明（　　）。

A.增加息税前利润对每股利润的影响

B.企业经营风险的大小

C.销售收入的增加对每股利润的影响

D.可通过扩大销售影响息税前利润

37.财务杠杆利益是指（　　）。

A.提高债务比例导致的所得税降低

B.利用现金折扣获取的利益

C.利用债务筹资给企业带来的额外收益

D.降低债务比例所节约的利息费用

38.一般情况下，下列关于杠杆系数的说法，正确的是（　　）。

A.经营杠杆系数越小，总杠杆系数就越大

B.财务杠杆系数越大，总杠杆系数就越小

C.总杠杆系数越大，经营杠杆系数不一定越大

D.总杠杆系数越大，财务杠杆系数就越大

39.利用每股收益分析法进行资本结构决策时，选择筹资方案的主要依据是筹

资方案（　　）的大小。

A.综合资本成本　　B.每股收益

C.筹资风险　　D.企业总价值

40.C公司年营业收入为500万元，边际贡献率为60%，经营杠杆系数为1.5，财务杠杆系数为2。如果固定成本增加50万元，那么总杠杆系数将变为（　　）。

A.2.4　　B.3　　C.6　　D.8

41.只要企业存在固定成本，当企业息税前利润大于零时，经营杠杆系数（　　）。

A.与销售量成正比　　B.与固定成本成反比

C.与风险成反比　　D.恒大于1

42.利用资本成本比较法进行资本结构决策时，应选择（　　）为相对最优的资本结构。

A.加权平均资本成本最小的融资方案

B.边际资本成本最小的融资方案

C.债务资本成本最小的融资方案

D.算数平均资本成本最小的融资方案

43.资本结构理论是基于研究（　　）而提出的。

A.负债对企业总价值的影响

B.权益资本对企业总价值的影响

C.负债与权益资本比例变化对企业总价值的影响

D.资本成本对企业总价值的影响

44.要使资本结构达到最佳，应使（　　）最低。

A.综合资本成本率　　B.边际资本成本率

C.债务资本成本率　　D.自有资本成本率

45.通过调整资本结构，可以（　　）。

A.降低经营风险　　B.影响财务风险

C.提高经营风险　　D.不影响财务风险

46.下列资本结构的调整，不影响债务成本的事项是（　　）。

A.利用税后留存归还债务，以降低债务比重

B.将可转换债券转换为普通股

C.以公积金转增资本

D.筹集权益资本，提前偿还长期债务

47.每股利润无差异点是指两种筹资方案下，普通股每股利润相等时的（　　）。

A.筹资总额　　B.成本总额　　C.资本结构　　D.息税前利润

二、多项选择题

1.下列关于资本成本的说法，正确的有（　　）。

A.资本成本的本质是企业为筹集和使用资金而实际付出的代价

B.企业的加权平均资本成本由资本市场和企业经营者共同决定

C.资本成本的计算主要以年度的相对比率为计量单位
D.资本成本可以视为项目投资或使用资金的机会成本
2.决定资本成本高低的因素有（　　）。
A.资金供求关系变化
B.预期通货膨胀率的高低
C.证券市场价格的波动程度
D.企业风险的大小
3.影响资本成本的外部因素包括（　　）。
A.利率　　B.市场风险溢价
C.投资政策　　D.税率
4.下列各项中，影响资本结构的内部因素有（　　）。
A.利率　　B.行业特征
C.管理层偏好　　D.成长性
5.从企业内部看，影响资本结构的因素有（　　）等。
A.企业管理人员的偏好
B.企业的资本成本水平
C.企业的获利能力
D.企业的现金流量状况
6.下列个别资本成本中，属于权益资本成本的有（　　）。
A.优先股成本　　B.长期债券成本
C.普通股成本　　D.留存收益成本
7.下列项目中，属于资金成本中筹资费用内容的是（　　）。
A.借款手续费　　B.债券发行费
C.债券利息　　D.股票的发行费
8.在计算下列各项资金的筹资成本时，需要考虑筹资费用的有（　　）。
A.普通股　　B.债券　　C.长期借款　　D.留存收益
9.在个别资本成本中，需考虑所得税因素的有（　　）。
A.债券成本　　B.银行借款成本　　C.优先股成本　　D.普通股成本
10.普通股成本的确定方法有（　　）。
A.股利增长模型法
B.资本资产定价模型法
C.债券收益加风险报酬率法
D.数理统计法
11.优先股资本成本高于债券资本成本的原因是（　　）。
A.优先股有筹资费而债券无筹资费
B.优先股的股利率比债券的利息率高
C.优先股股利不能抵税

D.优先股股东的求偿权位于债券持有人之后

12.关于留存收益的成本，正确的说法有（　　）。

A.其不存在成本

B.其成本是一种机会成本

C.其成本计算不考虑筹资费用

D.其成本相当于股东投资某种股票所要求的必要收益率

13.下列公式成立的有（　　）。

A.销售额×（1-变动成本率）=边际贡献

B.边际贡献+固定成本=息税前利润

C.利润总额+利息=息税前利润

D.息税前利润-利息-优先股股利-所得税=净利润

14.加权平均资金成本的权数，可有三种选择（　　）。

A.票面价值　　B.账面价值　　C.重置价值　　D.市场价值

15.影响企业加权平均资本成本的因素有（　　）。

A.资本结构　　B.个别资本成本高低

C.筹资总额　　D.筹资期限长短

16.下列各项中，影响经营杠杆系数的有（　　）。

A.产品销售数量　　B.产品销售价格

C.固定成本　　D.利息费用

17.当企业息税前利润大于零时，只要企业存在固定经营成本，那么经营杠杆系数必（　　）。

A.恒大于1　　B.与销售量成反比

C.与固定成本成反比　　D.与风险成反比

18.关于经营杠杆系数，下列说法正确的有（　　）。

A.其他因素不变时，固定成本越大，经营杠杆系数越大

B.当固定成本趋于0时，经营杠杆系数趋于1

C.在其他因素一定的条件下，产销量越大，经营杠杆系数越大

D.息税前利润的变动率相当于每股利润的变动率的倍数

19.下列关于经营杠杆系数的表述，正确的有（　　）。

A.如果生产单一产品，经营杠杆系数和安全边际率互为倒数

B.盈亏临界点销售量越小，经营杠杆系数越大

C.边际贡献与固定成本相等时，经营杠杆系数趋近于无穷大

D.经营杠杆系数表示经营风险程度

20.下列各项中，导致经营风险下降的有（　　）。

A.产品销售数量提高　　B.产品销售价格下降

C.固定成本下降　　D.利息费用下降

21.关于财务杠杆系数，以下说法正确的有（　　）。

A.在资本总额、息税前利润不变的情况下，负债资本比率越高，财务杠杆系数越高
B.财务杠杆系数表示的是息税前利润增长引起每股利润增长的幅度
C.若企业负债资本为零，则财务杠杆系数为零
D.较高的财务杠杆系数既可能使每股利润得到较大幅度的提高，也可能使每股收益得到较大幅度的下降
22.下列筹资活动中，会加大企业财务杠杆作用的有（　　）。
A.增发普通股　　B.增发优先股　　C.增发公司债券　　D.增加银行借款
23.下列关于财务杠杆的论述中，正确的有（　　）。
A.在比率不变的情况下，财务杠杆系数越高，每股收益增长越快
B.财务杠杆利益指利用债务筹资给企业自有资金带来的额外收益
C.财务杠杆系数反映财务杠杆的作用程度
D.财务杠杆系数越大，财务风险越大
24.下列有关财务杠杆的表述，正确的有（　　）。
A.财务杠杆系数越高，每股收益也越高
B.财务杠杆效益是指利用债务筹资给企业自有资金带来的额外收益
C.财务杠杆与财务风险无关
D.财务杠杆系数越大，财务风险越大
25.每股收益无差别点法的决策原则是（　　）。
A.如果预期的息税前利润大于每股收益无差别点的息税前利润，则运用负债筹资方式
B.如果预期的息税前利润小于每股收益无差别点的息税前利润，则运用负债筹资方式
C.如果预期的息税前利润小于每股收益无差别点的息税前利润，则运用权益筹资方式
D.如果预期的息税前利润大于每股收益无差别点的息税前利润，则运用权益筹资方式
26.下列筹资活动中，会减弱企业财务杠杆作用的有（　　）。
A.增发普通股　　B.增发优先股　　C.增发公司债券　　D.增加银行借款
27.下列关于财务杠杆的表述，正确的有（　　）。
A.财务杠杆越高，抵税的价值越高
B.如果企业的融资结构中包括负债和普通股，则在其他条件不变的情况下，提高公司所得税税率，财务杠杆系数不变
C.企业对财务杠杆的控制力要弱于对经营杠杆的控制力
D.资本结构发生变动通常会改变企业的财务杠杆系数
28.在边际贡献大于固定成本的情况下，下列措施有利于降低企业总杠杆系数的有（　　）。

A.增加产品销量　B.提高产品单价

C.提高资产负债率　D.节约固定成本支出

29.融资决策中的总杠杆具有的性质包括（　　）。

A.总杠杆能够起到财务杠杆和经营杠杆的综合作用

B.总杠杆能够表达企业边际贡献与税前盈余的比率

C.总杠杆能够估计出销售额变动对每股收益的影响

D.总杠杆系数越大，企业经营风险越大

30.在边际贡献超过固定成本的情况下，下列措施有利于降低企业总风险的有（　　）。

A.增加产品销量　B.提高产品单价

C.提高产权比率　D.减少固定成本支出

31.下列关于联合杠杆的描述中，正确的有（　　）。

A.用来估计销售量变动对息税前利润的影响

B.用来估计营业收入变动对每股收益造成的影响

C.揭示经营杠杆与财务杠杆之间的相互关系

D.为达到某一个既定的总杠杆系数，经营杠杆和财务杠杆可以有很多不同的组合

32.总杠杆系数（　　）。

A.为每股收益变动率相当于销售量变动率的倍数

B.等于财务杠杆系数与经营杠杆系数的乘积

C.反映息税前利润随业务量变动的剧烈程度

D.反映每股收益随息税前利润变动的剧烈程度

33.关于总杠杆系数，下列说法正确的是（　　）。

A.反映普通股每股利润变动率与息税前利润变动率之间的比率

B.反映销售变动对普通股每股利润的影响

C.总杠杆系数越大，企业的风险越大

D.总杠杆系数等于经营杠杆系数与财务杠杆系数之和

34.下列各项中，同总杠杆系数成正比例变动的是（　　）。

A.经营杠杆系数　B.财务杠杆系数

C.每股利润变动率　D.产销量变动率

35.下列各项中，反映联合杠杆作用的有（　　）

A.说明普通股每股收益的变动幅度

B.预测普通股每股收益

C.衡量企业的总体风险

D.说明企业的财务状况

36.下列表述正确的是（　　）。

A.经营杠杆反映销售变动对息税前利润的作用

B.若经营性固定成本为零，经营杠杆系数为1

C.财务杠杆总会大于经营杠杆

D.优先股股利也具有财务杠杆作用

37.资本结构决策的每股收益分析法体现的目标包括（　　）。

A.股东权益最大化　　B.股票价值最大化

C.公司价值最大化　　D.利润最大化

38.若不考虑财务风险，下列关于利用每股收益无差别点进行企业资本结构分析的表述，正确的有（　　）。

A.当预计EBIT高于每股收益无差别点时，采用权益筹资方式比采用负债筹资方式有利

B.当预计EBIT高于每股收益无差别点时，采用负债筹资方式比采用权益筹资方式有利

C.当预计EBIT低于每股收益无差别点时，采用负债筹资方式比采用权益筹资方式有利

D.当预计EBIT等于每股收益无差别点时，两种筹资方式的每股收益相同

39.企业资金结构最佳时，应该（　　）。

A.企业价值最大　　B.每股利润最大

C.财务风险最小　　D.综合资金成本最低

40.下列资本结构观点中，属于早期的资本结构理论的有（　　）。

A.净收益观点　　B.代理成本理论

C.净营业收益观点　　D.传统折中观点

41.将息税前利润和每股利润联系起来，分析资金结构与每股利润之间的关系，进而确定合理的资金结构的方法，称为（　　）。

A.每股利润无差别点法　　B.因素分析法

C.比较资金成本法　　D.EBIT-EPS分析法

42.资金结构中的负债比例对企业有重要影响，表现在（　　）。

A.负债比例影响财务杠杆作用大小

B.适度负债有利于降低企业资金成本

C.负债有利于提高企业净利润

D.负债比例反映企业财务风险的大小

43.资本结构的决策方法包括（　　）。

A.资本成本比较法　　B.每股收益无差别点法

C.企业价值比较法　　D.利润最大化决策法

44.下列关于最佳资本结构的表述，不正确的有（　　）。

A.最佳资本结构是使企业筹资能力最强的资本结构

B.最佳资本结构是加权平均资本成本最低、企业价值最大的资本结构

C.当每股收益最高时的资本结构是最佳资本结构

D. 当财务风险最小时的资本结构是最佳资本结构

45. 资本结构中的负债比例对企业有重要影响，表现在（　　）。

A. 负债比例影响财务杠杆作用的大小

B. 适度负债有利于降低企业资本成本

C. 负债有利于提高企业净利润

D. 负债比例反映企业财务风险的大小

46. 在确定企业资本结构时，处理正确的有（　　）。

A. 如果企业的销售不稳定，一般应较多筹措权益资本

B. 为了保证原有股东的绝对控制权，一般应尽量避免普通股筹资

C. 若预期市场利率会上升，则企业应尽量利用短期负债

D. 一般而言，成长性好的企业要比成长性差的企业负债水平低

三、判断题

1. 资本成本的决策既会影响企业的筹资决策，也会影响投资决策。（　　）

2. 资本成本包括筹资费用和用资费用两部分，其中筹资费用是资本成本的主要内容。（　　）

3. 资本成本从内容上包括筹资费用和用资费用两部分，两者都需要定期支付。（　　）

4. 资本成本一般用资本成本率表示，它是筹资费用加用资费用，两者之和与筹资总额的百分比。（　　）

5. 资本成本是市场经济条件下，资本所有权和使用权相分离的产物。（　　）

6. 资本成本是投资人对投入资本所要求的最低收益率，也是判断投资项目是否可行的取舍率。（　　）

7. 在计算债券成本时，债券筹资额应按发行价确定，而不应按面值确定。（　　）

8. 债券资本成本中的利息在税前支付，具有抵税效应。（　　）

9. 当考虑货币时间价值时，债务的资本成本就是使债务的现金流入现值等于现金流出现值的贴现率。（　　）

10. 负债资本成本一般低于权益资本成本。（　　）

11. 发行股票筹资的成本比借款筹资的成本低。（　　）

12. 长期借款由于借款期限长、风险大，因此借款成本也较高。（　　）

13. 发行普通股筹资没有固定的股息负担，因此资本成本较低。（　　）

14. 一般来说，在所有资本来源中，普通股的资本成本最高。（　　）

15. 在市场经济环境中，多方面因素的综合作用决定着企业资本成本的高低，其中包括利率、市场风险、税率、资本结构、股利政策和投资政策等。（　　）

16. 通常情况下，发行普通股筹资要考虑筹资费用，因此其资本成本要高于留存收益的资本成本。（　　）

17. 留存收益的成本是一种机会成本，它相当于股东投资于某种股票要求的收

益率，但不必考虑筹资费用。　（　）

18. 考虑货币时间价值因素时，债券资本成本与借款资本成本的计算步骤完全相同，所不同的只是债券筹资额可能大于或小于面值，而借款筹资额一般按借款本金计算。　（　）

19. 在个别资本成本一定的情况下，综合资本成本取决于资本总额。　（　）

20. 计算加权平均资本成本时，可以有三种权数，即账面价值权数、市场价值权数和目标价值权数，其中账面价值权数既方便又可靠。　（　）

21. 关于加权平均资本成本计算，需要知道每种资本要素的权重，理想的做法是按照以市场价值计量的目标资本结构的比例计量每种资本要素的权重。　（　）

22. 边际资本成本是指资本每增加一个单位而增加的成本，边际资本成本为零时，资本结构最佳。　（　）

23. 边际资本成本的计算需要采用加权平均法，其权数通常应为市场价值权数。
（　）

24. 企业一般可以通过增加销售金额、降低产品单位变动成本、降低固定成本比重等措施使经营风险降低。　（　）

25. 关于经营杠杆系数，在相关范围内，产销量上升，经营风险加大。　（　）

26. 在其他因素不变的情况下，固定成本越高，经营杠杆系数越大，经营风险越小。　（　）

27. 当销售额达到盈亏临界点时，经营杠杆系数趋近于无穷大。　（　）

28. 优先股是一种可以利用的财务杠杆。　（　）

29. 在企业各种资金来源中，凡是需支付固定性资本成本的资金都能产生财务杠杆作用。　（　）

30. 若企业的负债筹资为零且无优先股，则财务杠杆系数为1。　（　）

31. 财务杠杆系数为2，若预计息税前利润增长3%，则每股收益预计增长6%。
（　）

32. 由于经营杠杆的作用，当息税前盈余下降时，普通股每股盈余会下降得更快。　（　）

33. 营业杠杆影响息税前利润，财务杠杆影响息税后利润。　（　）

34. 财务杠杆系数是由企业资本结构决定的，财务杠杆系数越大，财务风险越大。　（　）

35. 由于财务杠杆作用，当息税前利润下降时，普通股每股收益将下降得更快。
（　）

36. 忽略优先股因素，若企业无负债，则没有财务杠杆效应，其财务杠杆系数等于零。（　）

37. 只要在企业的筹资方式中有固定财务支出的债务和优先股，就存在财务杠杆作用。　（　）

38. 某企业借入资本和权益资本的比例为1∶1，则该企业没有风险，因为经营

风险和财务风险可以相互抵消。 ( )

39.减少产品销售量会增大经营风险；提高资产负债率与经营风险无关，只影响财务风险。 ( )

40.以公积金转增资本是所有者权益内的此增彼减，不会影响债务比重，所以不会影响债务成本。 ( )

41.在其他因素不变的情况下，复合杠杆系数越大，公司特别风险越大。 ( )

42.总杠杆系数反映每股收益随销售量变动的剧烈程度。 ( )

43.资本成本是企业确定资本结构应考虑的重要因素，不同的资本结构会给企业带来不同的风险和成本。 ( )

44.使用资本成本比较法时，难以区别不同融资方案之间的财务风险因素差异。 ( )

45.每股利润无差别点法只考虑了资本结构对每股利润的影响，并假定每股利润最大，股票价格也最高，但是不考虑资本结构对风险的影响。 ( )

46.负债资金较多、资本结构不健全的企业在选择筹资渠道时，往往将净利润作为筹资的第一选择渠道，以降低筹资的外在成本。 ( )

47.最优资本结构是指在一定条件下使企业加权平均资本成本最低、企业价值最大的资本结构。 ( )

48.在资本成本决策中，每股收益无差别点法没有考虑风险因素。 ( )

49.在资本成本决策中，在公司价值比较法确定的最佳资本结构下，公司资本成本最低。 ( )

50.在每股收益无差别点法中，每股收益最大时，企业价值最大。 ( )

51.根据每股收益无差别点，可以分析判断在什么样的EBIT水平下每股收益高。例如，当预计EBIT高于每股收益无差别点时，采用负债筹资方式可以获得较高的每股收益。 ( )

52.无税的MM理论认为企业价值与资本结构无关。 ( )

53.一般而言，成长性好的企业因其快速发展，对外部资金需求量比较大，因此要比成长性差的类似企业的负债水平高。 ( )

54.使用每股利润无差别点法进行最佳资本结构的判断时考虑了风险的因素。 ( )

55.在不考虑风险的情况下，当息税前利润大于每股利润无差别点时，企业增加负债筹资比增加股权资本筹资更为有利。 ( )

56.被少数股东控制的企业，为了保证少数股东的绝对控制权，一般倾向于采用优先股或负债方式筹集资本，而尽量避免普通股筹资。 ( )

57.最优资本结构是使企业筹资能力最强，财务风险最小的资本结构。 ( )

58.企业最优资本结构是指在一定条件下使企业负债资本成本最低的资本结构。 ( )

四、名词解释

1.资本成本
2.个别资本成本
3.加权平均资本成本
4.边际资本成本
5.固定成本
6.经营杠杆
7.财务杠杆
8.财务性固定成本
9.复合杠杆
10.资本结构
11.传统理论
12.MM理论
13.比较资本成本法
14.每股收益无差别点
15.最优资本结构
16.比较公司价值法

五、简答题

1.简述资本成本在财务管理中的作用。

2.资本成本构成的内容有哪些?

3.影响企业资本结构的因素有哪些?

4.简述债务资本成本较低的原因。

5.简述普通股资本成本较高的原因。

6.什么是加权平均资本成本？各种资本的权数有哪些确定方法？各有何优缺点?

7.简述杠杆的基本原理及其与风险的关系。

8.影响经营杠杆系数的因素有哪些？如何降低经营风险?

9.影响财务杠杆系数的因素有哪些？ 如何降低财务风险?

10.影响复合杠杆系数的因素有哪些？ 如何通过杠杆组合控制公司特别风险?

11.研究资本结构的意义有哪些?

12.什么是最优资本结构？为什么?

13.资本结构理论的基本观点有哪些?

14.简述资本成本比较法的基本原理和决策规则。

15.简述EBIT—EPS分析法的基本原理和决策规则。

16.简述比较公司价值法的基本原理和决策规则。

六、计算分析题

1.A公司发行面值为1 000元的10年期债券，票面利率为8%，每年年末计付一次息，到期一次还本。若公司按当前市价850元发行新债券，发行成本为市价的4%。所得税率为40%。

要求：

（1）在不考虑资金时间价值的情况下，计算该债券的资本成本。

（2）在考虑资金时间价值的情况下，计算该债券的资本成本。

2.B公司发行普通股800万元，发行价为8元/股，筹资费率为6%，第1年预期每股股利为0.8元，以后各年均增长2%；该公司股票的β系数等于1.2，无风险利率为8%，市场上所有股票的平均收益率为12%；该公司股票的风险溢价为4%。

要求：根据上述资料，分别使用股利折现模型、资本资产定价模型以及风险溢价模型计算普通股的资金成本。

3.C公司计划投资甲项目。其资金来源情况如下：

（1）向银行借款300万元，年利率为4%，手续费为4万元；

（2）发行债券500万元，债券面值为100元，发行价为102元，年利率为6%，发行手续费率为2%；

（3）发行优先股200万元，年利率为10%，发行手续费率为4%；

（4）发行普通股600万元，每股面值10元，每股市价15元，每股股利2.40元，以后每年增长5%，手续费率为4%；

（5）企业留用利润400万元；

（6）该投资项目的计划年投资收益为248万元，企业所得税税率为33%。

要求：作出是否筹资的决策。

4.D企业拥有资金500万元，其中，普通股300万元，银行借款200万元。该公司计划筹集新的资金，并维持目前的资本结构不变。随筹资额增加，各种筹资方式的个别资本成本变化见表6-1。

表6-1 **资本成本变化表**

筹资方式	新筹资额	个别资本成本
向银行借款	30万元以内 30万元—80万元 80万元以上	8% 9% 10%
发行普通股	60万元以内 60万元以上	14% 16%

要求：

（1）计算各筹资总额的分界点；

（2）计算各筹资总额范围内边际资本成本。

5.E公司目前拥有资金2 000万元，其中：长期借款800万元，年利率10%；普通股1 200万元，发行价格20元，目前价格也为20元。去年支付的每股股利为2元，预计股利增长率为5%。企业所得税率为33%。

该公司计划追加筹集资金100万元，现有有两种筹资方案可供选择：

方案1：增加长期借款100万元，借款利率上升到12%。

方案2：增发普通股40 000股，发行价为每股25元。

要求：

（1）计算该公司追加筹资前的加权平均资金成本；

（2）用比较资金成本法作出最佳筹资方案的决策。

6.F公司资产总额为5 000万元，资产负债率为40%，负债平均利息率为5%，全部固定成本和费用为300万元，净利润为750万元，公司适用的所得税税率为

25%。

要求：

（1）计算税前利润、息税前利润、经营性固定成本、边际贡献；

（2）计算DOL、DFL、DTL；

（3）当销售收入增长10%时，预计公司息税前利润是多少？

（4）当销售收入增长15%时，预计公司每股收益增长率为多少？

（5）若公司期望每股收益增长20%，那么销售收入应该增长多少？

7.F公司年销售额100万元，变动成本率70%，全部固定成本和利息费用20万元。资产总额50万元，资产负债率40%，负债的年均利率8%，所得税税率25%。

该公司拟改变经营计划，需追加投资40万元。投资后公司每年将增加经营性固定成本5万元，销售额增加20%，变动成本率下降到60%。

要求：

（1）计算公司目前情况下的三个杠杆系数（财务杠杆系数、经营杠杆系数、总杠杆系数，下同）；

（2）在所需资金以追加实收资本取得的情况下，计算三个杠杆系数；

（3）在所需资金以10%的利率借入的情况下，计算三个杠杆系数；

（4）假设以降低复合风险作为改进经营计划的标准，确定该公司应选择何种追加筹资方案。

8.G公司2016年年末资金情况如下：（1）债券400万元，年利率8%。（2）优先股200万元，年股利率12%。（3）普通股50万股，每股面值20元，每股股利3元，并且每年增长6%。

该公司计划2019年增资400万元，其中：（1）债券200万元，年利率10%；（2）普通股200万元，发行后每股市价为25元，每股股利为3.20元，每年增长6%。

手续费忽略不计，企业所得税税率为30%。

要求：计算增资前后的资金加权平均成本，并说明财务状况是否有所改善。

9.H公司现有公司债券600万元，年利率为12%；普通股100万股，股本总额为1 000万元。该公司计划增资，有甲、乙两备选方案：

甲方案：增发普通股50万股，每股发行价格15元；乙方案：平价发行债券750万元，年利率为12%。该公司所得税率为25%。预计增资后均可使公司年息税前利润达到400万元。

要求：

（1）利用EBIT-EPS分析法选择较优方案；

（2）测算甲乙两种方案增资后的每股利润。

10.K公司现有1 000万元债务，利率为8%；普通股380万股，每股面值2元；年息税前利润为580万元。该公司计划2019年投产400万元的生产线项目，预期投产后每年增加息税前利润220万元。备选的筹资方案有3个：

方案A：按10%的利率发行债券（平价发行）；

方案B：按面值发行股利率为12%的优先股；

方案C：按20元/股的价格增发普通股。

该公司适用的所得税税率为25%。证券发行费忽略不计。

要求：

（1）计算按不同方案筹资后的普通股每股收益。

（2）计算增发普通股和债券筹资、增发普通股和优先股筹资的每股收益无差别点。

（3）计算筹资前的财务杠杆系数和按三个方案筹资后的财务杠杆系数。

（4）根据以上计算结果分析，该公司应选择哪一种筹资方式？说明理由。

（5）如果新生产线可新增息税前利润450万元，在不考虑财务风险的情况下，K公司应选择哪一种筹资方式？

第七章　营运资本管理

第一节　学习准备

学习目标

通过对本章内容的学习，要求学生认识营运资本管理的意义，了解企业持有现金、应收账款和存货的动机与成本，掌握对现金、应收账款和存货管理的方法，能够根据公司具体情况灵活制定营运资本投资策略与融资策略。

内容导航

第一节　营运资本管理概述
第二节　现金管理
第三节　应收账款管理
第四节　存货管理
第五节　营运资本管理策略

内容框架

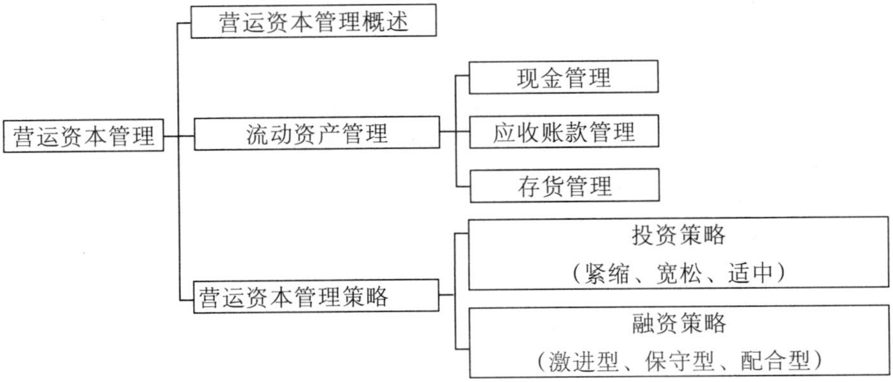

图7-1　内容框架图

重点与难点

1.重点：营运资本管理的内涵和意义，企业持有现金、应收账款和存货的动机与成本，现金、应收账款和存货管理的方法，营运资本投资策略与融资策略。

2.难点：现金最佳持有量的确定，信用政策的决策，经济进货批量的决策。

知识点

一、营运资本管理概述

（一）营运资本的概念

营运资本又称营运资金或流动资金，有广义和狭义之分。广义的营运资本是总营运资本，狭义的营运资本是净营运资本。

（二）营运资本的分类

1.流动资产的分类

在财务会计中，流动资产一般按组成要素分类，分为现金、有价证券、应收账款、预付账款和存货等。

在财务管理中，流动资产一般按时间分类，分为永久性流动资产和临时性流动资产。

2.流动负债的分类

在财务会计中，流动负债是按其存在形式分类的，主要包括短期借款、应付短期债券、应付票据、应付账款、预收账款、其他应付款以及应计费用等。

在财务管理中，流动负债一般是按其是否具有自然属性分类的，分为自然性融资和协议性融资两个部分。

（三）营运资本管理的意义

流动资产是企业平稳经营的重要基础；流动负债是企业外部融资的重要来源；流动资产与流动负债的匹配是资产负债管理的重要组成部分。

（四）营运资本管理的内容

营运资本管理主要包括对营运资本各项目的管理，即流动资产项目：现金管理、应收账款管理和存货管理；流动负债项目：短期融资管理。

（五）营运资本管理的要求

合理预测流动资产的需要量与用量，建立和完善企业内部资金管理责任制，合理组织和筹措资金。

二、现金管理

（一）现金持有动机

1.交易性动机。企业为了满足交易性需要和日常的经营活动，必须持有一定量的现金。企业持有现金的数额，一般与企业的销售水平呈现出一种正比例关系，企业销售扩大，销售额增加，所需要的现金余额也随之增加。

2.预防性动机。维护企业的正常经营活动，管理当局不能不考虑非正常的、意外事件发生所需要的现金支持。一般来讲，企业应付紧急情况所持有的现金余额主要取决于企业的风险偏好、举债能力和对现金流的预测程度三方面因素。

3.投机性动机。投机活动是企业捕捉商机的很有效的手段，投机性的资本运作也是确保企业获取额外收益的一种理想选择。为满足投机性需要的现金储备是企业确定现金余额时所需要考虑的次要因素，其持有量的大小往往与金融市场的投资机会和企业管理当局的风险偏好有关。

（二）持有现金的成本构成

1.管理成本。管理成本并非与现金储存量在一定的范围内有直接关系，它是处于相对不变的一项开支，即管理成本是固定成本。

2.机会成本。机会成本是指由于持有现金而丧失了用这部分现金去投资获利的机会而造成的损失。机会成本与持有现金量密切相关，持有的现金量越大，机会成本就越大，反之亦然。

3.转换成本。转换成本是指把现金与有价证券相互转换时发生的交易费用。转换成本与交易额与交易次数密切相关，从Baumol模型的角度讲是决策中的相关成本。

4.短缺成本。短缺成本是指由于现金储备不足影响企业正常经营而造成的损失短缺成本与现金存量成反比，现金持有量越多，产生的短缺成本越少。

（三）最佳现金持有量的确定

1.现金周转期模型

最佳现金持有量=预计年现金总量÷现金周转率

现金周转率=360天÷现金周转期

现金周转期=存货周转期+应收账款周转期-应付账款周转期

2.成本分析模型

成本分析模型的基本原理是寻求计算储存现金的相关成本总和最低的现金存量。相关成本是指与储备现金的总量直接相关的成本，包括管理成本、机会成本和短缺成本。

3.存货模型

存货模型，也称Baumol模型，主要是依据存货管理中计算存货经济批量的数学模型来确定最佳现金储量。在存货模型下的相关成本仅为机会成本与转换成本。

机会成本与转换成本的关系表现为，现金的储备量越大，机会成本增加，但由于短期证券转换现金的次数减少，转换成本也就随之减少；相反，现金储备量越小，机会成本减少，而转换成本会随之增加。

则可得：$Q=\sqrt{\frac{2SD}{C}}$

（四）现金日常管理

1.库存现金管理

2.银行存款管理

3.现金综合管理

三、应收账款管理

（一）应收账款持有动机

1.扩大销售

企业采用赊销最基本的动机就是为了竞争的需要，占领更多的市场份额，扩大销售。

2.减少存货

扩大销售与减少存货实质上是相辅相成的，销售量上去了，存货量自然也会下降。

（二）应收账款持有成本构成

1.机会成本

应收账款的机会成本取决于应收账款资金占用额和平均投资收益率的大小，计算公式为：

机会成本=应收账款资金占用额×投资收益率

=应收账款平均余额×变动成本率×投资收益率

=年赊销额÷应收账款周转率×变动成本率×投资收益率

2.管理成本

应收账款管理成本主要包括对客户信用的调查费用、分析评价费用、收账费用等项内容。在一定范围内，管理成本应视为一项固定费用。

3.坏账成本

坏账成本的大小与应收账款数额、企业的信用政策有关。

坏账成本=年赊销额×预计坏账损失率

（三）应收账款信用政策决策

1.信用政策内容

（1）信用标准

信用标准是指企业同意向客户提供商业信用而提出的基本要求。信用标准通常以客户信用等级和预计坏账损失率作为判别标准。坏账损失率越高，信用等级越低，要求的信用标准就高；坏账损失率越低，信用等级越高，要求的信用标准就越低。

（2）信用条件

信用条件是企业为了鼓励客户尽快付款而给客户提出的付款要求。信用条件一般包括信用期限、现金折扣期限和现金折扣率。信用条件的表达方式一般为：“2/10，1/20，N/30”。

（3）收账政策

收账政策是指客户违反信用条件时企业采取的措施和收账策略。一般而言，收账政策主要包括以下几个方面：收账计划、收账程序、收账策略。

2.信用政策决策

信用政策的决策应当在权衡收益与成本的原则下做出选择，即将信用政策方案所产生的收益与相应的成本加以比较，来选择最有利的方案。

（1）计算信用政策收益

信用政策收益=年赊销量×（单价-单位变动成本）

=年赊销额×（1-变动成本率）

=年赊销量×单位边际贡献

如果在有现金折扣的条件下，信用政策的收益还应当减掉现金折扣额。

（2）计算信用政策成本

信用政策成本=机会成本+管理成本+坏账成本

（3）计算信用政策净收益

信用政策净收益=信用政策收益-信用政策成本

（四）应收账款日常管理

1.应收账款追踪分析

2.应收账款账龄分析

3.建立应收账款坏账准备制度

四、存货管理

（一）存货储备的动因

（1）满足经营需要

确保经营过程的正常进行，是储备存货的基本动机。

（2）增加经营弹性

生产和销售过程不可能总处于一个均衡的状态，保持一定量的存货，就可根据市场需要调整生产与经营规模，增加经营过程的弹性。

（3）取得价格优惠需要

批量采购存货，可能会得到供货方的优惠，企业可能为了取得价格优惠而增加存货量，这样做可以在不影响资本成本的情况下，满足企业对价格优惠的需求。

（二）存货储备的成本

（1）取得成本

取得成本是为取得存货直接发生的成本支出，包括订货成本和购置成本。

订货成本=F_1+（D/Q）·K

取得成本=F_1+（D/Q）·K+DU

（2）储存成本

储存成本是指为储备存货发生的费用开支，它分为固定储存成本与变动储存成本。储存成本可用公式表示如下：

$TC_c=F_2+K_c\cdot Q/2$

（3）缺货成本

缺货成本实质上是一种机会成本，它是指由于存货短缺，使得生产或经营过程中断而造成的损失。

（三）存货决策

存货决策的核心是确定每次进货的最佳进货量、进货时间以及年进货次数。确定存货经济批量是企业存货决策的重要内容。

1.经济进货批量基本模型

（1）经济批量基本模型的假设条件

①企业每天存货消耗量相等，即库存量呈线形递减状；

②存货全年需求总量、单价、单位储存成本和每次订货成本均为已知数；

③存货无中断供应的风险，不必考虑保险库存；

④每次订货量一次性到货，并能及时补充存货；

⑤企业资金充足，不会出现因资金短缺而影响进货的情况。

（2）最佳经济批量的确定

$$Q=\sqrt{\frac{2KD}{K_C}}$$

每年的最佳订货次数N的计算公式为：

$N=D/Q$

最佳订货周期t的计算公式为：

$T=360/N$

经济进货批量所需资金I的计算公式为：

$I=Q/2\times U$

存货总成本TC的计算公式为：

$$T_C=\sqrt{2KDK_C}$$

2.经济进货批量的扩展模型

（1）订货提前期

基本模型考虑的是货源能随时补充时的存货量，但在实际工作中，需要考虑在存货用完之前提前订货的问题。这样就增加了存量，称为再订货点，用R表示。如果用L表示交货时间，用d表示存货平均日耗用量，则：$R=L\cdot d$。

（2）存货陆续供应和使用

基本模型有集中到货假设，事实上在实际工作中往往表现为陆续入库，再陆续转移。如果考虑到这种情况，基本模型就应作如下修改：设每天的入库量为P，则订货量Q全部入库的时间为Q/P，通常称之为送货期；用d表示每日耗用量，送货期的平均存货量为：

$1/2（Q-Q/P\cdot d）$

与订货批量有关的总成本：

$$TC_{(Q)}=D/Q\cdot K+1/2（Q-Q/P\cdot d）K_c$$
$$=D/Q\cdot K+Q/2（1-d/P）K_c$$

由上式推算，可得在此条件下的经济进货批量计算公式为：

$$Q=\sqrt{\frac{2DK}{Kc}\times\frac{P}{P-d}}$$

陆续供货经济进货批量的总成本为：

$$T_C=\sqrt{2KDK_c\times(1-d/p)}$$

（3）存货保险储备

在实际工作中为了保证生产经营活动的正常进行，就需要考虑存货的安全储备。但因为增加了安全储备会导致储存成本增加，在考虑安全储备时，应选择与此相关的总成本最小的方案。如果用$TC_{(a,b)}$表示与此相关的总成本，用TC_s表示缺货成本，用TC_b表示安全储备，可得与此相关的总成本公式：

$$TC_{(a,b)}=TC_s+TC_b$$

若以K_u表示单位缺货成本，S表示一次订货的缺货量，N为订货次数，B为安全储备量，K_c表示单位储存成本，与此相关的总成本可用如下公式表示：

$$TC_{(a,b)}=K_u\cdot S\cdot N+B\cdot K_c$$

（四）存货的日常控制

1.归口分级控制法

归口分级控制是传统的存货日常管理的基本方法。顾名思义，归口分级管理就是按存货归属的部门，按资金控制的级别进行控制，实质上是一种强化经济责任制的做法。

2.ABC控制法

ABC控制法是一种把企业的存货按照一定的标准与方法区分为重点存货与一般存货，针对不同的存货施以不同的管理。

（1）ABC分类标准

存货分类的标准一般按资金的占用额和品种数量进行划分，划分标准如下：

A类：金额占存货总金额70%以上，品种数量只占10%的商品；

B类：金额占存货总金额的20%左右，品种数量占存货量的20%左右的商品；

C类：金额占存货总金额的10%，品种数量占到存货总量的70%以上的商品。

（2）ABC管理原则

A类商品品种少，但资金的投入量极大，应作为日常控制的重点，在管理方面，应按品种严格控制，逐项核定经济进货批量，经常检查并掌握库存动态，对每种存货的收、发、存都要做详细记录、定期盘点，努力加速资金的周转速度。

C类商品品种繁多，但资金投入量极少，不必花费太多精力去管理，其管理质量无关大局，只需按总额控制。

B类商品介于A类与C类之间，可作为一般控制的商品，适当顾及，按类控制。

3.适时制存货管理（JIT）

适时制存货管理是通过均衡生产来实现零库存是JIT的核心内容。它要求企业生产线上的每一道工序完工后立刻有新的原材料进入该道工序。

五、营运资本管理策略

（一）营运资本投资策略

1.适中的营运资本投资策略

采用这种策略，企业流动资产占总资产的比例比较适中，流动资产在保证正常需要的情况下，再适当增加一定的保险储备。

2.紧缩的营运资本投资策略

采用这种策略，企业流动资产占总资产的比例相对较少，流动资产一般只能满足正常需要，不安排或只安排很少的保险储备。

3.宽松的营运资本投资策略

采用这种策略，企业流动资产占总资产的比例相对较大，除正常需要量及基本保险储备量外，再增加一定的额外储备量。

（二）营运资本融资策略

1.配合型融资策略

采用该策略，融资来源的到期日与资本占用的期限长短相匹配，即临时性流动资产所需资本以流动负债即短期资本来筹集，而永久性流动资产（指企业经常占用的一部分最低的产品和原材料储备）、固定资产、无形资产等长期资产所需资本则由长期负债、自有资本等长期资本筹集。

2.激进型融资策略

采用该策略，临时性流动资产和一部分永久性流动资产由流动负债即短期资本来筹集，其余的长期资产则由长期资本来筹集。更加极端的表现是，有的企业所有的永久性流动资产乃至一部分固定资产所需资本也由流动负债即短期资本来筹集。在这种情况下，短期融资过度利用流动负债即短期资本占全部资产的比例大大提高。

3.保守型融资策略

采用该策略，全部长期资产以及部分临时性流动资产所需资本均由长期资本来筹集，其余部分临时性流动资产由短期资本来筹集。在这种情况下，短期融资的使用以及流动负债占全部资产比例均被限制在一个较低的水平上。

Excel工具在本章的运用

一、相关函数

（一）SQRT函数

功能：返回正平方根，EXCEL语法为“SQRT（NUMBER）”，其中，“NUMBER”为要计算平方根的参数，如果参数“NUMBER”为负值，则函数“SQRT”会返回错误值“#NUM!”。

（二）规划求解

功能：借助“规划求解”，可求得工作表上某个单元格（被称为目标单元格）中公式（公式：单元格中的一系列值、单元格引用、名称或运算符的组合，可生成新的值，公式总是以等号开始）的最优值。

二、用Excel进行经济订货批量分析

【例7-1】某企业全年需要某材料4 000千克，每次订货费用为20元，每次订货量为200千克，单位原材料的年储存成本为3元/千克，请用Excel设计经济订货批量的模型。

具体操作步骤如下：

1.建立存货的经济订货批量基本分析模型，如图7-2所示。

	A	B
1	经济订货批量基本模型	
2	全年材料需要量（千克）	4000
3	每次订货量（千克）	200
4	单位储存成本（元）	3
5	每次订货成本（元）	20
6	计算分析	
7	订货次数	20
8	订货成本(元)	400
9	储存成本(元)	300
10	总成本(元)	700

图7-2　基本分析模型图

2.在“A13：A18”中分别输入每次订货量，从100变化到600，运用模拟运算表完成基本数据计算，如图7-3所示。

	A	B	C	D
1	经济订货批量基本模型			
2	全年材料需要量（千克）	4000		
3	每次订货量（千克）	200		
4	单位储存成本（元）	3		
5	每次订货成本（元）	20		
6	计算分析			
7	订货次数	20		
8	订货成本	400		
9	储存成本	300		
10	总成本	700		
11	每次订货量	总成本(元)	订货成本(元)	储存成本(元)
12		700	400	300
13	100	950	800	150
14	200	700	400	300
15	300	717	267	450
16	400	800	200	600
17	500	910	160	750
18	600	1033	133	900

图7-3　模拟运算表分析模型图

模拟运算表如图7-4所示。

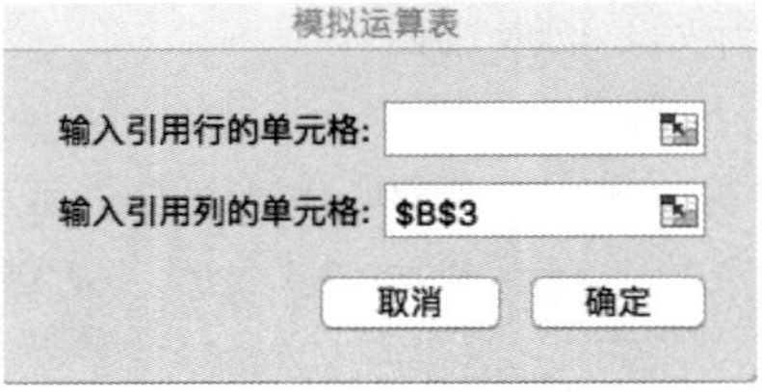

图 7-4　模拟运算表参数图

3.运用规划求解工具求经济订货批量。选中B10单元格，调用“规划求解”工具，系统弹出“规划求解参数”对话框，将目标单元格设置为“$B$10”，在“等于”区域中选中“最小值”，将可变单元各设置为“$B$3”，然后添加约束条件，如图7-5所示。在图7-6所示的界面，单击“求解”按钮，即可求出最优经济批量。规划求解结果如图7-7所示。

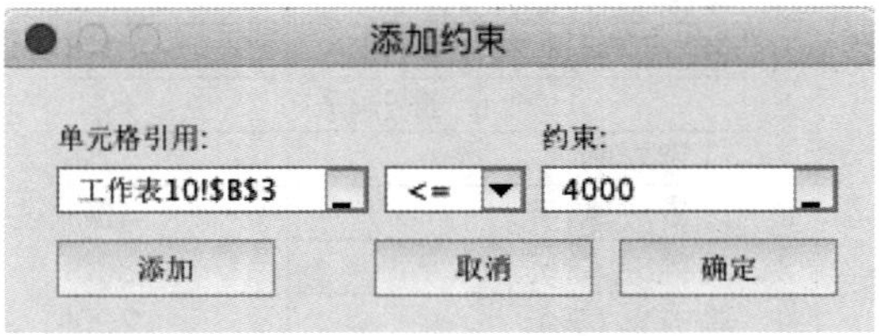

图 7-5　规划求解添加约束条件图

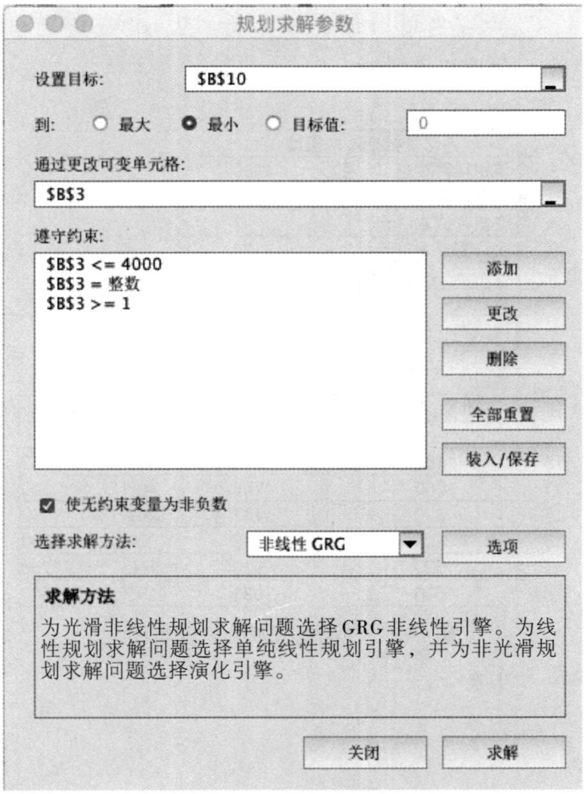

图 7-6　规划求解图

	A	B	C	D
1	经济订货批量基本模型			
2	全年材料需要量（千克）	4000		
3	每次订货量（千克）	231		
4	单位储存成本（元）	3		
5	每次订货成本（元）	20		
6	计算分析			
7	订货次数	17.32		
8	订货成本	346.32		
9	储存成本	346.50		
10	总成本	692.82		
11	每次订货量	总成本(元)	订货成本(元)	储存成本(元)
12		692.82	346.32	346.50
13	100	950	800	150
14	200	700	400	300
15	300	717	267	450
16	400	800	200	600
17	500	910	160	750
18	600	1033	133	900

图7-7　规划求解结果图

例题选解

一、单项选择题

1.企业持有现金的动机中不包括（　　）。

A.交易性动机

B.预防性动机

C.投机性动机

D.投资性动机

【例7-1】视频演示　【例7-2】视频演示

〖正确答案〗D

〖答案解析〗企业持有一定量的现金是为满足三个动机：交易性动机、预防性动机、投机性动机。

〖该题针对“持有现金的动机”知识点进行考核〗

2.运用成本分析模型计算最佳现金持有量时，下列公式中正确的是（　　）。

A.最佳现金持有量=min（管理成本+机会成本+转换成本）

B.最佳现金持有量=min（管理成本+机会成本+短缺成本）

C.最佳现金持有量=min（机会成本+经营成本+转换成本）

D.最佳现金持有量=min（机会成本+经营成本+短缺成本）

〖正确答案〗B

〖答案解析〗在成本分析模型下，最佳现金持有量是管理成本、机会成本和短缺成本三者之和的最小值。所以，本题的答案为选项B。

〖该题针对“确定最佳现金持有量的成本分析模型”知识点进行考核〗

3. 某公司存货周转期为160天，应收账款周转期为90天，应付款周转期为100天，则该公司现金周转期为（　　）天。

A.30

B.60

C.150

D.260

〖正确答案〗C

〖答案解析〗现金周转期=160+90−100=150（天）。

〖该题针对“确定最佳现金持有量的现金周转期模型”知识点进行考核〗

4. 某企业预计下一年度销售净额为1 800万元，应收账款周转天数为90天（一年按360天计算），变动成本率为60%，资本成本为10%，则应收账款的机会成本是（　　）。

A.27

B.45

C.108

D.180

〖正确答案〗A

〖答案解析〗应收账款机会成本=1 800÷360×90×60%×10%=27（万元）。

〖该题针对“应收账款机会成本”知识点进行考核〗

5. 下列项目中，不属于信用条件的是（　　）。

A. 信用期限

B. 信用额度

C. 折扣期限

D. 现金折扣

〖正确答案〗B

〖答案解析〗信用条件是为鼓励客户提前付款而提出的基本要求，包括信用期限、折扣期限和现金折扣。

〖该题针对“应收账款信用条件”知识点进行考核〗

6. 企业保持高水平的现金和有价证券、高水平的应收账款和高水平的存货，则应该采取（　　）的营运资本投资策略。

A. 紧缩

B. 宽松

C. 适中

D. 保守

〖正确答案〗B

〖答案解析〗在宽松的营运资本投资策略下，企业通常会维持高水平的流动资产与销售收入比率。也就是说，企业保持高水平的现金和有价证券、高水平的应收账款和高水平的存货。

〖该题针对“应收账款信用条件”知识点进行考核〗

二、多项选择题

1.企业基于预防性动机而持有现金数额的大小（　　）。

A.与企业现金流量的可预测性成反比

B.与企业借款能力成反比

C.与企业业务交易量成反比

D.与企业偿债能力成正比

〖正确答案〗AB

〖答案解析〗预防性需要是指企业持有现金以防发生意外支付。现金流量的不确定性越大，预防性现金的数额也越大；此外预防性现金数额还与企业的借款能力有关。

〖该题针对“现金持有动机”知识点进行考核〗

2.下列各项关于现金周转期的表述中，正确的有（　　）。

A.减缓支付应付账款可以缩短现金周转期

B.产品生产周期的延长会缩短现金周转期

C.现金周转期一般短于存货周转期与应收账款周转期之和

D.现金周转期是介于公司支付现金与收到现金之间的时间段

〖正确答案〗ACD

〖答案解析〗现金周转期，就是指介于公司支付现金与收到现金之间的时间段，也就是存货周转期与应收账款周转期之和减去应付账款周转期。因此，选项C、D是正确的。如果要缩短现金周转期，则可以从以下方面着手：加快制造与销售产成品的速度来减少存货周转期；加速应收账款的回收来减少应收账款周转期；减缓支付应付账款来延长应付账款周转期。因此选项A是正确的，选项B是错误的。

〖该题针对“确定最佳现金持有量的现金周转模型”知识点进行考核〗

3.企业如果延长信用期间，可能导致的结果有（　　）。

A.扩大当期销售规模

B.延长平均收账期

C.增加坏账损失

D.增加收账费用

〖正确答案〗ABCD

〖答案解析〗通常，延长信用期可以在一定程度上扩大销售量，从而增加毛利。但是不适当地延长信用期限，会给企业带来不良后果：一是使平均收账期延长，占用在应收账款上的资金相应增加，引起机会成本增加；二是引起坏账损失和收账费用的增加。所以本题的答案是选项ABCD。

4.企业信用政策包括（　　）。

A.信用标准
B.信用条件
C.信用期限
D.收账政策
〖正确答案〗ABD
〖答案解析〗信用政策是企业为客户提供商业信用所提出的基本要求，主要包括信用标准、信用条件和收账政策三方面内容。
〖该题针对“信用政策”知识点进行考核〗
5.下列成本费用中，一般属于存货变动储存成本的有（　　）。
A.库存商品保险费
B.存货资金应计利息
C.存货毁损和变质损失
D.仓库折旧费
〖正确答案〗ABC
〖答案解析〗储存成本也分为固定成本和变动成本。固定成本与存货数量的多少无关，如仓库折旧、仓库职工的固定工资等。变动成本与存货的数量有关，如存货资金的应计利息、存货的破损和变质损失、存货的保险费用等。
〖该题针对“存货的成本”知识点进行考核〗
6.下列关于营运资本筹资策略的说法正确的有（　　）。
A.筹资匹配原则，不仅适用于流动资金筹集，也适用于长期资本筹资，具有普遍适用性
B.激进型筹资政策的特点是：短期金融负债不但融通临时性流动资产的资金需要，还解决部分长期性资产的资金需要
C.激进型筹资政策是一种收益性和风险性均较低的营运资本筹集政策
D.在保守型筹资政策下，（长期负债+自发性负债+权益资本）的金额大于永久性资产
〖正确答案〗ABD
〖答案解析〗激进型筹资政策是一种收益性和风险性均较高的营运资本筹集政策，保守型筹资政策是一种收益性和风险性均较低的营运资本筹集政策。
〖该题针对“营运资本筹资策略”知识点进行考核〗
三、判断题
1.在随机模型下，当现金余额在最高控制线和最低控制线之间波动时，表明企业现金持有量处于合理区域，无须调整。（　　）
〖正确答案〗√
〖答案解析〗在随机模型下，当企业现金余额在上限和下限之间波动时，表明企业现金持有量处于合理的水平，无须进行调整。
〖该题针对“确定最佳现金持有量的随机模型”知识点进行考核〗

2.企业采用严格的信用标准，虽然会增加应收账款的机会成本，但能扩大商品销售额，从而给企业带来更多的收益。（　）

〖正确答案〗×

〖答案解析〗如果企业执行的信用标准过于严格，可能会降低对符合可接受信用风险标准客户的赊销额。因此会限制企业的销售机会，会减少商品销售额，从而减少应收账款的机会成本。所以本题的说法是错误的。

〖该题针对“信用政策决策”知识点进行考核〗

3.“5C”评估法中的“能力”是指客户的财务状况和资本实力。（　）

〖正确答案〗×

〖答案解析〗“5C”评估法中的“能力”是指客户的偿还货款的能力；客户的财务状况和资本实力是“资本”。

〖该题针对“信用标准”知识点进行考核〗

4.缺货成本是一种机会成本，在存货决策的基本模型中需要考虑。（　）

〖正确答案〗×

〖答案解析〗缺货成本是企业在存货短缺的时候引起的生产中断、销售不畅等间接成本，它不是一种机会成本，在存货决策的基本模型中不予考虑。

〖该题针对“存货决策的鲍曼模型”知识点进行考核〗

5.根据期限匹配融资战略，固定资产比重较大的上市公司主要应通过长期负债和发行股票筹集资金。（　）

〖正确答案〗√

〖答案解析〗在期限匹配融资策略中，永久性流动资产和固定资产以长期融资方式（长期负债或权益）来融资，临时性流动资产用短期融资方式来融通。因此，固定资产比重较大的上市公司主要应通过长期负债和发行股票筹集资金，本题的说法是正确的。

〖该题针对“营运资本的融资策略”知识点进行考核〗

四、计算分析题

1.某企业现有A、B、C三种现金持有方案，有关成本资料见表7-1。

表7-1　**现金持有方案成本资料表**　金额单位：元

项目	A	B	C
现金持有量	20 000	60 000	80 000
机会成本率	10%	10%	10%
管理费用	4 000	4 000	4 000
短缺成本	6 600	2 400	0

要求：用成本分析模式作出该企业现金最佳持有量的决策。

〖答案要点〗

测算三种现金持有量方案相关成本，见表7-2。

表7-2 **现金持有量方案相关成本测算表** 金额单位：元

方案	机会成本	管理费用	短缺成本	相关总成本
A	2 000*	4 000	6 600	12 600
B	6 000**	4 000	2 400	12 400
C	8 000	4 000	0	12 000

注意：（1）*代表2 000=20 000×10%；

（2）**代表6 000=60 000×10%；

（3）***代表8 000=80 000×10%；

因为C方案的相关总成本最低，所以C方案（现金持有量80 000元）最优。

〖该题针对“现金最佳余额确定的成本分析模式”知识点进行考核〗

2.A公司的原料购买和产品销售均采用信用方式，其应收账款的平均收账天数为90天，应付账款的平均付款天数为65天，从原料购买到产成品销售的天数为95天。

要求：

（1）计算该公司的现金周转期。

（2）计算该公司的现金周转次数。

（3）若该公司的现金年度需求总量为270万元，试计算最佳现金余额。

〖答案要点〗

（1）答案要点：

现金周转期=90+95−65=120（天）

（2）答案要点：

现金周转次数=360÷120=3（次）

（3）答案要点：

最佳现金余额=270÷3=90（万元）

〖该题针对“现金最佳余额确定的周转期模式”知识点进行考核〗

3.练习现金最佳余额确定的存货模式。

B企业的现金收支状况比较稳定，预计全年（按360天计算）需用现金100 000元，现金与有价证券的转换成本为每次200元，有价证券的年收益率为10%。

要求：

（1）计算最佳现金持有量。

（2）计算最佳现金持有量下的相关总成本。

（3）计算最佳现金持有量下的转换成本和机会成本。

（4）计算最佳现金持有量下的有价证券年变现次数。

（5）计算最佳现金持有量下的有价证券交易间隔期。

〖答案要点〗

（1）答案要点：

最佳现金持有量 $Q^*=\sqrt{\dfrac{2\times 200\times 100\,000}{10\%}}=20\,000$（元）

（2）答案要点：

最佳现金持有量下的相关总成本 TC（Q^*）$=\sqrt{2\times 200\times 100\,000\times 10\%}=2\,000$（元）

（3）答案要点：

最佳现金持有量下的转换成本=100 000÷20 000×200=1 000（元）

最佳现金持有量下的机会成本=20 000÷2×10%=1 000（元）

（4）答案要点：

最佳现金持有量下的有价证券年变现次数 N=100 000÷20 000=5（次）

（5）答案要点：

最佳现金持有量下的有价证券交易间隔期 t=360÷5=72（天）

〖该题针对“现金最佳余额确定的存货模式”知识点进行考核〗

4.C 公司认为目前的信用政策（N/45）过于严厉，不利于扩大销售，正在研究修改现行的信用政策。现有 A 和 B 两个放宽信用政策的备选方案，有关数据见表 7–3。

表 7–3　**备选方案数据表**

项　目	现行政策	A 方案	B 方案
信用政策	N/45	N/60	2/10，N/120
年销售额（万元/年）	2 400	2 600	2 700
收账费用（万元/年）	40	20	10
收账期（天）	45	60	30% 的客户 10 天内付款；其余客户 120 天内付款
坏账损失率	2%	2.5%	3%

已知 C 公司的变动成本率为 80%，假设投资要求的最低报酬率为 15%。

要求：试作出应收账款最优信用政策的决策。

〖答案要点〗

测算现行信用政策以及 A 和 B 两个信用政策的信用净收益，见表 7–4。

由表 7–4 可以看出，A 方案信用净收益最高，所以应改变现行的信用政策，并采纳 A 方案。

表7-4 **信用净收益测算表** 金额单位：万元

项　目	现行信用政策	A方案	B方案
年销售额	2 400	2 600	2 700
（1）边际收益	2 400×（1−80%）=480	2 600×（1−80%）=520	2 700×（1−80%）=540
①机会成本	2400÷360×45×80%×15%=36	2 600÷360×60×80%×15%=52	2 700÷360×87×80%×15%=78.3 平均收账天数=10×30%+120×70%=87（天）
②坏账损失成本	2 400×2%=48	2 600×2.5%=65	2 700×3%=81
③收账成本	40	20	10
④现金折扣成本			2 700×30%×2%=16.2
（2）信用成本=①+②+③+④	36+48+40=124	52+65+20=137	78.3+81+10+16.2=186.5
（3）信用净收益=（1）−（2）	480−124=356	520−137=383	540−186.5=354.5

〖该题针对“应收账款信用政策的决策”知识点进行考核〗

5.D公司预计全年耗用甲材料6 000千克，单位采购成本为15元，单位储存成本为9元，平均每次进货费用为30元，假设该材料不存在缺货情况。

要求：计算以下指标：

（1）甲材料的经济进货批量；

（2）经济进货批量下的总成本；

（3）经济进货批量的平均占用资金量；

（4）年度最佳进货批次；

（5）最佳进货周期。

〖答案要点〗

（1）答案要点：

甲材料的经济订货批量：$Q=\sqrt{\dfrac{2\times 6\,000\times 30}{9}}=200$（千克）

（2）答案要点：

经济订货量下的总成本：$TC=\sqrt{2\times 6\,000\times 30\times 9}=1\,800\sqrt{2\times 6\,000\times 30\times 9}$（元）

（3）答案要点：

经济订货量的平均占用资金：I=200÷2×15$\frac{200 \times 15}{2}$=1 500（元）

（4）答案要点：

年度最佳订货次数 $N = \frac{6\,000}{2\,00} = 30$（次）

（5）答案要点：

最佳进货周期=360÷30=12（天）

〖该题针对“存货经济批量基本模型”知识点进行考核〗

第二节 本章练习题

一、单项选择题

1.营运资本有总营运资本和净营运资本两个概念，当财务管理人员谈到营运资本时通常是指（　　）。

A.流动资产　　B.流动负债　　C.净营运资本　　D.总营运资本

2.营运资本管理的重要性在于（　　）。

A.营运资本占企业全部资本的比重超过50%，关系企业平稳生产经营

B.流动资产和流动负债匹配直接关系到企业的短期偿债能力

C.流动负债融资占企业融资总额的比重较大

D.营运资本表现为企业投入的净流动资金

3.在下列各项中，不属于流动资产特点的是（　　）。

A.资金占用形态经常变动

B.数量的变动性

C.变现能力较强

D.投资的集中性和收回的分散性

4.现金作为一种资产，它的（　　）。

A.流动性弱、盈利性弱　　B.流动性弱、盈利性强

C.流动性强、盈利性弱　　D.流动性强、盈利性强

5.企业持有现金主要是为了满足（　　）。

A.交易性、预防性、收益性的需要

B.交易性、投机性、收益性的需要

C.交易性、预防性、投机性的需要

D.投机性、预防性、收益性的需要

6.企业为应付紧急情况而需保持一定的现金余额，在确定时不需考虑的因素是（　　）。

A.企业临时举债能力的强弱

B.企业愿意承担风险的程度

C.企业销售水平的高低

D.企业对现金流量预测的可靠性的大小

7.在各种持有现金的动机中，属于应付未来现金流入和流出随机变动的动机是（　　）。

A.交易性动机　　B.预防性动机　　C.投机性动机　　D.投资性动机

8.在下列项目中，属于持有现金机会成本的是（　　）。

A.现金管理人员的工资　　B.现金管理措施费用

C.现金被盗的损失　　D.现金的再投资收益

9.现金管理的成本分析模式考虑的相关成本有（　　）。

A.管理成本、机会成本、转换成本

B.管理成本、机会成本、短缺成本

C.机会成本、转换成本、短缺成本

D.管理成本、转换成本、短缺成本

10.现金管理的存货模式下的相关成本是（　　）。

A.机会成本和转换成本　　B.管理成本和机会成本

C.转换成本和短缺成本　　D.机会成本和短缺成本

11.已知应收账款周转期为70天，应付账款周转期为30天，存货周转期为80天，则现金周转期为（　　）天。

A.100　　B.120　　C.150　　D.180

12.在现金需要量既定的前提下，同现金持有量成反比的成本是（　　）。

A.收账成本　　B.转换成本　　C.管理成本　　D.机会成本

13.某公司全年需要现金60万元，现金与有价证券每次交易成本为300元，有价证券的年利率为10%。则该公司有价证券全年交易次数应为（　　）。

A.6次　　B.10次　　C.20次　　D.30次

14.某公司根据存货模型确定的最佳现金持有量为100 000元，有价证券的年利率为10%。在最佳现金持有量下，该公司与现金持有量相关的现金使用总成本为（　　）元。

A.5 000　　B.10 000　　C.15 000　　D.20 000

15.某公司持有的有价证券的年利率为6%，每次的固定转换成本为45元，公司的现金最低余额为2 500元。根据历史资料分析，现金余额波动的方差为28 800元，如果公司现有现金21 200元，则根据随机模式应将其中的（　　）元投资于有价证券。

A.7 900　　B.13 300　　C.18 700　　D.19 400

16.下列各项中，不属于现金支出管理措施的是（　　）。

A.推迟支付应付款　　B.企业社会责任

C.以汇票代替支票　　D.争取现金收支同步

17.企业为了使其所持有的交易性现金余额降到最低，相对来说较好的策略是（　　）。

A.使用现金浮游量　　B.力争现金流出与现金流入同步

C.加速收款　　D.推迟应付款的支付

18.在资信分析的“5C”分析法中，资本是指（　　）。

A.顾客的财务实力和财务状况，表明顾客可能偿还债务的背景

B.顾客拒付款项或无力支付款项时能被用作抵押的资产

C.影响顾客付款能力的经济条件

D.顾客流动资产的数量和质量以及流动负债的比例

19.应收账款信用政策具体内容包括（　　）。

A.信用标准、信用期限、现金折扣率

B.信用期限和现金折扣率

C.信用标准、信用调查、信用评估

D.信用标准、信用条件、收账政策

20.信用标准是指客户获取企业所提供的商业信用所应具备的基本要求与条件，通常用（　　）来表示。

A.预期坏账损失率　　B.信用评估得分

C.信用调查得分　　D.客户的信誉和偿债能力

21.在下列各项中，企业制定信用标准时，可以不予考虑的因素是（　　）。

A.同行业竞争对手的情况　　B.企业自身的资信程度

C.客户的资信程度　　D.企业承担违约风险的能力

22.信用标准通常用预期的（　　）来衡量。

A.现金折扣率　　B.机会成本率　　C.投资报酬率　　D.坏账损失率

23.给定的信用条件为“1/10，N/40”，则其含义为（　　）。

A.付款期限为10天，现金折扣率为1%，信用期限为40天

B.信用期限为10天，现金折扣率为1/10

C.如果在10天内付款，可享受1%的现金折扣，否则应在40天内按全额付款

D.如果在10天内付款，可享受10%的现金折扣，否则应在40天内按全额付清

24.下列对信用期限的叙述中正确的是（　　）。

A.信用期限越长，企业坏账风险越小

B.信用期限越长，表明客户享受的信用条件越优越

C.延长信用期限，不利于销售收入的扩大

D.信用期限越长，应收账款的机会成本越低

25.企业在进行应收账款管理时，除需合理确定信用标准和信用条件外，还要合理确定（　　）。

A.收账政策　　B.现金折扣期限　　C.现金折扣比率　　D.信用期限

26.在应收账款的有关成本中，与应收账款数量成正比的是（　　）。

A.机会成本　B.收账成本　C.管理成本　D.转换成本

27.因资金占用在应收账款上而放弃的其他方面的收益，称为应收账款的（　　）。

A.管理成本　B.坏账成本　C.短缺成本　D.机会成本

28.某企业规定的信用条件为："3/10，1/20，N/30"，一客户从该企业购入原价为10 000元的原材料，并于第18天付款，则该客户实际支付的货款为（　　）。

A.1 000元　B.7 700元　C.9 900元　D.9 000元

29.企业的预计销售额将由3 600万元变为7 200万元，收账期为60天，若该企业的变动成本率为60%，资本成本率为16%，假设固定成本水平保持不变，则该企业的应收账款占用资金将增加（　　）万元。

A.36　B.57.6　C.96　D.360

30.某企业预计年赊销额为600万元，应收账款周转期为30天，则该企业的应收账款平均余额是（　　）万元。

A.20　B.30　C.40　D.50

31.年赊销额200万元，变动成本率70%，平均收账天数36天，资本成本10%，则应收账款机会成本是（　　）万元。

A.0.6　B.1.4　C.2　D.3.6

32.存货管理的目的不包括（　　）。

A.控制存货水平　B.降低存货成本

C.缩短存货期限　D.追求较低的存货购买价格

33.经济订货批量是指（　　）。

A.订货成本最低的进货批量　B.储存成本最低的进货批量

C.缺货成本最低的进货批量　D.存货相关总成本最低的进货批量

34.存货经济批量的基本模型所依据的假设不包括（　　）。

A.存货集中到货　B.一定时期的存货需求量能够确定

C.存货进价稳定　D.允许缺货

35.在存货决策经济订货批量基本模型中，相关的成本是（　　）。

A.缺货成本　B.订货成本

C.储存成本　D.变动订货成本和变动储存成本

36.在下列订货成本中属于变动性成本的是（　　）。

A.采购人员的计时工资　B.采购部门的管理费用

C.订货开支的差旅费　D.专设采购机构的基本开支

37.存货经济进货批量模式所应考虑的成本因素是（　　）。

A.订货成本和储存成本　B.购置成本和储存成本

C.订购成本、储存成本和缺货成本　D.订货成本、购置成本和储存成本

38.有数量折扣的经济进货批量模式下，决策相关成本是（　　）。

A.订货成本和储存成本　B.储存成本和缺货成本

C.订货成本、购置成本和储存成本　　D.订购费用、储存成本和缺货成本

39.存货采购价格为10元，全年需求总量为5 000千克，每次订货成本为50元，单位存储成本为2元，按基本模式所确定的经济进货批量为500千克。则相应的存货平均占用资金为（　　）。

A.5 000元　　B.2 500元　　C.1 000元　　D.500元

40.某企业全年需用甲材料240吨，每次的进货成本为40元，每吨材料的年储存成本为12元，则每年最佳进货次数为（　　）次。

A.3　　B.4　　C.6　　D.9

41.在允许缺货的情况下，经济订货批量是使相关的（　　）的进货批量。

A.订货成本与储存成本之和最小

B.订货成本等于储存成本

C.订货成本、储存成本与缺货成本之和最小

D.订货成本等于储存成本与缺货成本之和

42.对存货进行ABC分类所依据得最基本标准是（　　）。

A.数量标准　　B重量标准　　C.金额标准　　D.数量和金额标准

43.对存货实行ABC分类控制管理下，ABC三类存货的品种数量比重大致为（　　）。

A.0.7；0.2；0.1　　B.0.1；0.2；0.7

C.0.6；0.3；0.1　　D.0.1；0.3；0.6

44.在对存货实行ABC分类控制管理的情况下，（　　）存货种类最少但价值量比重最大。

A.A类　　B.B类　　C.C类　　D.不一定

二、多项选择题

1.持有现金的动机包括（　　）。

A.投资性动机　　B.交易性动机　　C.预防性动机　　D.投机性动机

2.预防性现金持有量的多少主要取决于（　　）。

A.企业临时举债能力的强弱

B.企业愿意承担风险的程度

C.企业对现金流量预测的可靠程度

D.企业的经营规模

3.确定最佳现金余额的常见模式有（　　）。

A.成本分析模式　　B.存货模式　　C.现金周转期模式　D.随机模式

4.现金管理的成本分析模式中主要考虑的成本有（　　）。

A.管理成本　　B.机会成本　　C.短缺成本　　D.转换成本

5.为了提高现金的使用效率，企业应当（　　）。

A.加速收款并尽可能推迟付款

B.尽可能使用支票付款

C.使用现金浮游量

D.力争现金流入与现金流出同步

6.企业持有应收账款的成本有（　　）。

A.机会成本　　B.管理成本　　C.坏账成本　　D.短缺成本

7.对客户进行信用调查时，其目的是为进行客户信用评估提供基本详实的信用资料，其主要来源有（　　）。

A.对客户进行直接调查

B.索要银行或者信用机构出具的客户信用证明

C.直接询问企业

D.对客户与现金企业的往来记录进行调查

8.企业采用“5C”评估法对客户进行资信评估时，应当考虑的因素包括（　　）。

A.经济状况　　B.信用品质　　C.资本和抵押品　　D.偿付能力

9.影响应收账款机会成本的因素有（　　）。

A.应收账款管理费用　　B.应收账款占用资金

C.销售成本率　　D.资本成本率

10.企业信用政策包括（　　）。

A.信用标准　　B.信用条件　　C.信用期限　　D.收账政策

11.年赊销额540为万元，信用条件为“2/10，N/40”，下列表述正确的有（　　）。

A.若客户享受折扣，则赊销企业的应收账款平均余额为15万元

B.若客户放弃折扣，则赊销企业的应收账款平均余额为60万元

C.若客户享受折扣，则客户实际付款为432万元

D.若客户放弃折扣，则客户放弃折扣的成本率为24.49%

12.信用标准过高的可能结果包括（　　）。

A.丧失很多销售机会　　B.降低违约风险

C.扩大市场占有率　　D.减少坏账费用

13.现金折扣政策的目的在于（　　）。

A.吸引顾客为享受优惠而提前付款　　B.减轻企业税负

C.缩短企业平均收款期　　D.扩大销售量

14.关于应收账款，下列公式成立的是（　　）。

A.应收账款周转期=应收账款周转次数/360

B.应收账款平均余额=平均日赊销额×平均收账天数

C.应收账款机会成本=维持赊销业务所需资金×资本成本率

D.维持赊销业务所需资金=应收账款平均余额×变动成本率

15.企业应采取的应收账款日常管理措施包括（　　）。

A.进行应收账款追踪分析　　B.进行应收账款账龄分析

C.进行应收账款收现率分析　　D.进行应收账款坏账准备制度

16.企业储备存货的动机包括（　　）。
A.取得价格优惠的需要　　B.增加资产的流动性
C.保证生成经营需要　　D.增加经营弹性
17.存货管理的成本包括（　　）。
A.订货成本　　B.采购成本　　C.存储成本　　D.缺货成本
18.存货经济批量基本模式的假设条件中包括（　　）。
A.企业一定时期的进货总量可以较为准确地预测
B.不允许出现缺货
C.存货的耗用或销售比较均衡
D.存货的价格稳定，且不存在数量折扣
19.下列各项目中，与存货基本经济订货批量模型无关的有（　　）。
A.储存变动成本　　B.订货提前期
C.年度计划进货总量　　D.存货单价
20.在确定存货经济订货批量时，下列表述中正确的有（　　）。
A.经济订货批量是指使存货的相关总成本最低的进货批量
B.变动订货成本和变动储存成本成反方向变化
C.变动储存成本的高低与每次进货批量成正比
D.变动订货成本的高低与每次进货批量成反比
21.建立存货合理保险储备的目的有（　　）。
A.过量使用存货时保证供应
B.在进货延迟时保证供应
C.使存货的缺货成本和储存成本之和最小
D.降低存货的储存成本
22.确定再订货点时需要考虑的因素有（　　）。
A.交货时间　　B.存货的平均需用量
C.保险储备量　　D.存货的平均供应量
23.对存货进行管理和控制的方法有（　　）。
A.存货归口分级管理　　B.适时制存货管理法
C.ABC分类管理法　　D.紧缩的存货管理法
24.下列关于ABC分类管理的叙述中，正确的有（　　）。
A.A类存货数量占70%以上，但金额却只占到存货金额的10%
B.B类存货数量和金额都只占20%
C.C类存货的数量占到70%，但金额却只占到存货金额的10%
D.A类存货数量只占10%，但金额却占到存货金额的70%
25.在稳健型筹资策略下，临时性流动资产的资金来源可以是（　　）。
A.临时性负债　　B.非流动负债　　C.自然性负债　　D.权益资本
26.下列关于营运资本策略的表述，正确的有（　　）。

A.采用激进型筹资策略时，企业的风险和收益均较高

B.如果企业处在季节性低谷，除了自然性负债没有其他流动负债，那么其所采用的应是配合性的筹资策略

C.采用配合性筹资策略最符合股东财富最大化的目标

D.采用稳健性筹资策略，企业的变现能力比率最高

三、判断题

1.由于现金的盈利性很弱，企业不宜保留过多现金。（ ）

2.企业为满足交易性动机所持有的现金余额主要取决于企业的生产经营规模。（ ）

3.在正常业务活动现金需要量的基础上，追加一定数量的现金余额以应付未来现金流入和流出的随机波动，这是出于预防性动机。（ ）

4.成本分析模型确定最佳现金持有量时只考虑机会成本和短缺成本。（ ）

5.因为现金的管理成本是相对固定的，所以在确定现金最佳余额时，可以不考虑它的影响。（ ）

6.在现金持有量的随机模式控制中，现金余额波动越大的企业，越需要关注有价证券投资的流动性。（ ）

7.现金管理的基本目标是加速现金回收，减缓现金支出。（ ）

8.确定客户的信用等级是企业制定信用标准的重要依据之一。（ ）

9.信用标准是客户享受企业商业信用应具备的基本要求和条件，一般用预计坏账损失率表示。（ ）

10.企业的信用标准严格，给予客户的信用期限很短，使得应收账款周转率很高，将有利于增加企业的利润。（ ）

11.在确定信用标准时，只要提供商业信用增加的成本低于扩大销售增加的利益，企业就可以进一步提供商业信用。（ ）

12.延长信用期间，会增加企业的营业额；缩短信用期间，会减少企业的费用，因此企业需认真研究确定适当的信用期间。（ ）

13.一般而言，信用期限越长，应收账款的机会成本、管理成本和坏账成本的和也越大。（ ）

14.应收账款机会成本在很大程度上取决于企业维持赊销业务所需要的资金量的多少。（ ）

15.应收账款的收账费用与坏账损失成反比关系，企业应不断加大收账费用，以使坏账损失降到最低。（ ）

16.赊销是扩大销售的有力手段之一，在其他因素一定的前提下，企业应尽可能放宽信用条件，增加赊销量。（ ）

17.企业花费的收账费用越多，坏账损失就一定越少。（ ）

18.收账费用与坏账损失之间成反向变动的关系，发生的收账费用越多，坏账损失就越小。因此，企业应不断增加收账费用，以便将坏账损失降低至

最小。（ ）

19.存货经济订货量基本模型中考虑的相关成本包括订货成本、储存成本和机会成本。（ ）

20.存货经济批量是指能使一定时期内存货订货成本达到最低的进货数量。（ ）

21.能够使企业存货的相关总成本之和最低的进货批量，便是经济订货批量。（ ）

22.存货的经济订货批量大小与订货提前期的长短没有关系。（ ）

23.缺货成本是一种机会成本，在存货决策的基本模型中需要考虑。（ ）

24.变动订货成本与企业每次订货的数量无关。（ ）

25.一般说来，在企业的生产和销售计划已经确定的情况下，存货量的大小取决于进货量。（ ）

26.在存货的ABC控制法下，应当重点管理的是品种数量较少但金额较大的存货。（ ）

27.ABC分类管理方法是按照存货的品种、规格和数量进行存货分类的。（ ）

28.稳健型融资政策的特点是临时性流动负债不仅要满足临时性流动资产的需要，还要满足部分永久性流动资产的需要，是一种低风险、低收益的融资政策。（ ）

29.激进型融资政策的特点是临时性流动负债不仅要满足临时性流动资产的需要，还要满足部分永久性流动资产和固定资产的需要，是一种高风险、高收益的融资政策。（ ）

四、名词解释

1.营运资本
2.现金持有动机
3.现金持有成本
4.证券转换成本
5.现金周转模式
6.信用标准
7.信用条件
8.信用政策
9.收账政策
10.经济订货批量
11.储存成本
12.订货成本
13.再订货点
14.营运资本投资策略
15.营运资本筹资策略
16.临时性流动资产
17.永久性流动资产

五、简答题

1.简述营运资本的内涵。

2.简述营运资本管理的意义和要求。

3.简述现金管理的动机、目标和内容。

4.简述现金日常管理控制的措施。

5.简述应收账款的功能和成本。

6.什么是5C评估法？

7. 简述存货的功能与成本。

8.简述存货ABC分类管理的步骤。

9.简述营运资本的投资策略，其特征是什么？

10.简述营运资本的融资策略，其特征是什么？

六、计算分析题

1.A公司有四种现金持有量方案，各方案得有关成本资料见表7–5。

表7–5 **现金持有量方案表** 金额单位：元

方案	甲	乙	丙	丁
现金持有量	15 000	25 000	35 000	45 000
机会成本率	10%	10%	10%	10%
管理成本	30 000	30 000	30 000	30 000
短缺成本	8 500	4 000	3 500	0

要求：计算各方案现金持有量的相关总成本，并作出该企业的现金最佳持有量的决策。

2.B公司现金收支状况比较稳定，预计全年现金需要量为250 000元，现金与有价证券的转换成本为每次500元，有价证券年利率为10%。

要求：

（1）最佳现金持有量；

（2）最佳持有现金量下的相关总成本、转换成本和机会成本、有价证券的交易次数、有价证券的交易间隔期。

3.C公司有价证券的年收益率为7.2%，每次的固定转换成本为230.4元，公司认为任何时候其现金余额均不能低于10 000元，又根据以往经验测算出现金每日余额波动的标准差为500元。该公司当前持有现金27 500元。

要求：

（1）计算该公司的现金最优目标控制线。

（2）计算该公司的现金控制上限。

（3）计算该公司当前应当投资于有价证券的金额。

4.D企业预测的年度赊销收入净额为100 000元，应收账款周转期为90天，变动成本率为70%，资金成本率为10%。

要求：计算该公司应收账款的机会成本。

5.E公司目前年赊销收入为30万元，信用条件为“N/30”。变动成本率为70%，有价证券收益率为12%，该企业为扩大销售收入拟定了A、B两个信用条件方案：

A方案：信用条件“N/60”，预计赊销收入将增加8万元，坏账损失率4%，预计收账费用为2万元。

B方案：信用条件“1/30、N/60”，预计赊销收入将增加14万元，坏账损失率为5%。估计有80%客户（按赊销额计算）会利用折扣，预计收账费用为2.4万元。

要求：确定该公司应选择哪一信用条件方案。

6.F公司在现行的信用标准下，年赊销额为120万元，应收账款平均收账天数为30天，坏账损失率为2%，年收账费用支出5万元。该公司拟将信用标准放宽，预计年赊销额可以达到180万元，应收账款平均收账天数为45天，坏账损失率为3%，年收账费用支出将增加2万元。设该企业所销产品的变动成本率为70%，资本成本率为10%。

要求：分析评价该公司可否放宽信用标准。

7.已知G公司与存货有关的信息如下：

（1）年需求数量为60 000单位（假设每年360天）。

（2）购买价格为每单位200元。

（3）单位存货储存成本为60元。

（4）订货成本为每次500元。

要求：

（1）计算经济订货批量。

（2）计算经济订货批量下存货占用资金的数量。

（3）计算经济订货批量下的存货相关总成本。

（4）计算最佳订货次数。

（5）最佳订货周期。

8.H公司平均每天消耗甲材料30千克，预计每天最大消耗量为50千克。甲材料从发出订单到货物验收完毕平均需要10天，预计最长需要13天。

要求：计算甲材料的订货点。

第八章　收益分配与股利政策

第一节　学习准备

学习目标

通过对本章内容的学习，要求学生熟悉企业收益分配原则和收益分配顺序，掌握股利理论、影响股利政策的因素和股利支付的主要形式，熟练掌握股利政策的各种类型。

内容导航

第一节　收益分配概述
第二节　股利理论
第三节　股利政策及其选择
第四节　股票股利、股票分割与股票回购

内容框架

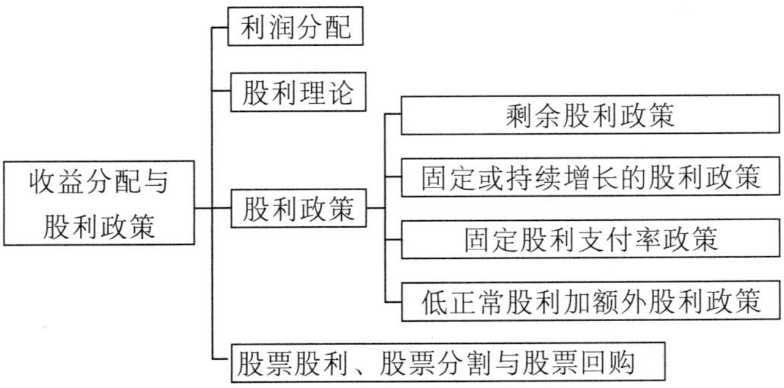

图 8-1　内容框架图

重点与难点

1. 重点：股利理论、影响股利政策的因素和股利支付的主要形式，股利政策的各种类型。

2.难点：股利政策的评价和适用。

知识点

一、收益分配概述

收益分配主要是指对企业净收益的分配，其中最主要的是确定股利的支付比率，即用多少盈余发放股利，多少盈余为公司所留用（称为内部筹资），因为这会对公司股票的价格产生影响。

（一）收益分配的原则：依法分配原则、分配与积累并重原则、兼顾各方利益原则、投资与收益对等原则。

（二）收益分配的顺序

弥补以前年度亏损→提取法定盈余公积金→提取任意盈余公积金→向投资者分配利润或股利。

（三）股利支付的程序

（四）股利支付的形式：现金股利、财产股利、负债股利和股票股利。

二、股利理论

（一）股利无关论（完全市场理论）

（二）股利相关论

1.“在手之鸟”理论

2.信号传递理论

3.税差理论

4.代理理论

5.客户效应理论

三、股利政策

（一）影响股利政策的因素

1.法律因素：包括资本保全限制、企业积累限制、净利润限制、无力偿付限制和超额累计利润限制等。

2.股东因素：包括控制权考虑、避税考虑、稳定收入考虑和逃避风险考虑等。

3.公司因素：包括盈余的稳定性、资产的流动性、举债能力、投资机会、资本成本和偿债需要等。

4.其他限制：包括债务合同约束和通货膨胀等。

（二）股利政策

1.剩余股利政策

剩余股利政策是指公司在有良好的投资机会时，根据目标资本结构，测算出投资所需的权益资本额，先从盈余中留用，然后将剩余的盈余作为股利来分配，即净利润首先满足公司的资金需求，如果还有剩余，就派发股利；如果没有，则不派发股利。

优点：留存收益优先保证再投资的需要，有助于降低再投资的资本成本，保持最佳的资本结构，实现企业价值的长期最大化。

缺点：若完全遵照执行剩余股利政策，股利发放额就会每年随着投资机会和盈利水平的波动而波动。在盈利水平不变的前提下，股利发放额与投资机会的多寡成反方向变动，而在投资机会维持不变的情况下，股利发放额将与公司盈利呈同方向波动。

剩余股利政策不利于投资者安排收入与支出，也不利于公司树立良好的形象，一般适用于公司初创阶段。

2.固定或稳定增长的股利政策

固定或稳定增长的股利政策是指公司将每年派发的股利额固定在某一特定水平或是在此基础上维持某一固定比率逐年稳定增长。公司只有在确信未来盈余不会发生逆转时才会宣布实施固定或稳定增长的股利政策。

优点：（1）由于股利政策本身的信息含量，稳定的股利向市场传递着公司正常发展的信息，有利于树立公司的良好形象，增强投资者对公司的信心，稳定股票的价格。（2）稳定的股利额有助于投资者安排股利收入和支出，有利于吸引那些打算进行长期投资并对股利有很高依赖性的股东。（3）稳定的股利政策可能会不符合剩余股利理论，但考虑到股票市场会受多种因素影响（包括股东的心理状态和其他要求），为了将股利维持在稳定的水平上，即使推迟某些投资方案或暂时偏离目标资本结构，也可能比降低股利或股利增长率更为有利。

缺点：股利的支付与企业的盈利相脱节，即不论公司盈利多少，均要支付固定的或按固定比率增长的股利，这可能会导致企业资金紧缺，财务状况恶化。此外，在企业无利可分的情况下，若依然实施固定或稳定增长的股利政策，也是违反《公司法》的行为。因此，采用固定或稳定增长的股利政策，要求公司对未来的盈利和支付能力能作出准确的判断。

一般来说，公司确定的固定股利额不宜太高，以免陷入无力支付的被动局面。固定或稳定增长的股利政策通常适用于经营比较稳定或正处于成长期的企业，而且很难被长期采用。

3.固定股利支付率政策

固定股利支付率政策是指公司将每年净利润的某一固定百分比作为股利分派给股东。

优点：（1）采用固定股利支付率政策，股利与公司盈余紧密地配合，体现了“多盈多分、少盈少分、无盈不分”的股利分配原则。（2）由于公司的获利能力在年度间是经常变动的，因此，每年的股利也应当随着公司收益的变动而变动。采用固定股利支付率政策，公司每年按固定的比例从税后利润中支付现金股利，从企业的支付能力的角度看，这是一种稳定的股利政策。

缺点：(1) 大多数公司每年的收益很难保持稳定不变，导致年度间的股利额波动较大，由于股利的信号传递作用，波动的股利很容易给投资者带来经营状况不稳定、投资风险较大的不良印象，成为公司的不利因素。(2) 容易使公司面临较大的财务压力。这是因为公司实现的盈利多，并不能代表公司有足够的现金流用来支付较多的股利额。(3) 合适的固定股利支付率的确定难度比较大。

由于公司每年面临的投资机会、筹资渠道都不同，而这些都可以影响到公司的股利分派，所以，一成不变地奉行固定股利支付率政策的公司在实际生活中并不多见，固定股利支付率政策只是比较适用于那些处于稳定发展且财务状况也比较稳定的公司。

4. 低正常股利加额外股利政策

低正常股利加额外股利政策，是指公司事先设定一个较低的正常股利额，每年除了按正常股利额向股东发放股利外，还在公司盈余较多、资金较为充裕的年份向股东发放额外股利。

优点：(1) 赋予公司较大的灵活性，使公司在股利发放上留有余地，并具有较大的财务弹性。公司可根据每年的具体情况，选择不同的股利发放水平，以稳定和提高股价，进而实现公司价值的最大化。(2) 使那些依靠股利度日的股东每年至少可以得到虽然较低但比较稳定的股利收入，从而吸引住这部分股东。

缺点：(1) 由于年份之间公司盈利的波动使得额外股利不断变化，造成分派的股利不同，容易给投资者留下收益不稳定的感觉。(2) 当公司在较长时间持续发放额外股利后，可能会被股东误认为“正常股利”，一旦取消，传递出的信号可能会使股东认为这是公司财务状况恶化的表现，进而导致股价下跌。

相对来说，对那些盈利随着经济周期而波动较大的公司或者盈利与现金流量很不稳定时，低正常股利加额外股利政策也许是一种不错的选择。

(三) 股利政策的选择

股利政策的选择和公司所处的发展阶段相联系。

四、股票股利、股票分割与股票回购

(一) 股票股利

公司以增发股票的方式所支付的股利。

1. 股票股利的含义及其影响

2. 股票股利的意义

(二) 股票分割

股票分割是将面额较高的股票转换成面额较低的股票的行为。

1. 股票分割的含义及其影响

2. 股票分割的目的

3. 股票股利和股票分割的不同点和相同点

(三) 股票回购

股票回购是上市公司出资将其发行在外的普通股以一定价格购买回来予以注销或作为库存股的一种资本运作方式。

1.股票回购的含义及方式

2.股票回购的意义

3.股票回购对公司的影响

例题选解

一、单项选择题

1.公司对净利润分配，首先应进行的是（　　）。

A.提取法定盈余公积金　　B.弥补以前年度亏损

C.提取任意盈余公积金　　D.向股东（投资者）分配股利（利润）

〖正确答案〗B

〖答案解析〗企业在提取法定公积金之前，应先用当年利润弥补以前年度亏损。企业年度亏损可以用下一年度的税前利润弥补；下一年度利润不足弥补的，可以在五年之内用税前利润连续弥补，连续五年未弥补的亏损则用税后利润弥补。其中，以税后利润弥补亏损可以用当年实现的净利润，也可以用盈余公积转入。

〖该题针对“收入与分配管理”知识点进行考核〗

2.按照我国《公司法》的规定，关于公积金的提取和使用，下列说法不正确的是（　　）。

A.法定公积金可以用于弥补公司亏损

B.公司分配当年税后利润时应当按照10%的比例提取法定公积金

C.当法定公积金累计额达到公司注册资本的50%时，不能再继续提取

D.任意公积金的提取由股东会根据需要决定

〖正确答案〗C

〖答案解析〗当法定公积金累计额达到公司注册资本的50%时，可不再继续提取，并不是不能继续提取。

〖该题针对“利润分配”知识点进行考核〗

3.股利的支付可减少管理层可支配的自由现金流量，在一定程度上抑制了管理层的过度投资或在职消费行为。这种观点体现的股利理论是（　　）。

A.股利无关理论　　B.信号传递理论

C.“在手之鸟”理论　　D.代理理论

〖正确答案〗D

〖答案解析〗代理理论认为股利政策有助于缓解管理者与股东之间的代理冲突。股利的支付能够有效地降低代理成本。首先，股利的支付减少了管理者对自由现金流量的支配权，这在一定程度上可以抑制公司管理者的过度投资或在职消费行为(所以选项D的说法正确)，从而保护外部投资者的利益；其次，较多的现金股利发放，减少了内容融资，导致公司进入资本市场寻求外部融资，从而公司将接受资本市场上更多的、更严格的监督，这样便能通过资本市场的监督减少代理成本。

〖该题针对“股利理论”知识点进行考核〗

4.公司制定股利分配政策时，需要考虑股东的要求。下列股东中往往希望公司采取低股利政策的是（　　）。

A.以股利为主要收入来源的股东　　B.收入较低的股东

C.中小股东　　D.控股股东

〖正确答案〗D

〖答案解析〗公司支付较高的股利，就会导致留存盈余减少，这又意味着将来发行新股的可能性加大，而发行新股必然稀释公司的控制权，因此控股股东为了防止控制权稀释，宁肯不分配股利。

〖该题针对“制定股利分配政策应考虑的因素”知识点进行考核〗

5.如果不考虑股票交易成本，下列股利理论中，认为少发股利较好的是（　　）。

A.税差理论　　B.“在手之鸟”理论

C.客户效应理论　　D.股利无关论

〖正确答案〗A

〖答案解析〗税差理论认为，由于现金股利税率与资本利得税率存在差别（前者高于后者），如果不考虑股票交易成本，企业应采取低现金股利比率的分配政策，使股东在未来实现资本利得的过程中享有税收节省。

〖该题针对“股利理论”知识点进行考核〗

6.关于股利分配政策，下列说法不正确的是（　　）。

A.剩余股利分配政策能充分利用筹资成本最低的资金资源，保持理想的资本结构

B.固定或持续增长的股利政策有利于公司股票价格的稳定

C.固定股利支付率政策体现了风险投资与风险收益的对等

D.低正常股利加额外股利政策不利于股价的稳定和上涨

〖正确答案〗D

〖答案解析〗低正常股利加额外股利政策能够增强股东对公司的信心，有利于稳定股票价格。

〖该题针对“股利政策”知识点进行考核〗

7.某公司现有发行在外的普通股100万股，每股面额1元，资本公积100万元，未分配利润800万元，股票市价20元；若按10%的比例发放股票股利并按市价折算，那么公司报表列示的资本公积将为（　　）万元。

A.100　　B.190　　C.290　　D.300

〖正确答案〗C

〖答案解析〗“未分配利润”按市价减少200万元（20×100×10%）；“股本”按面值增加10万元（1×100×10%）；“资本公积”按市价与面值的差额增加190万元（200−10）。资本公积的报表列示数额=190+100=290（万元）。

〖该题针对“股票股利”知识点进行考核〗

二、多项选择题

1.下列做法中遵循了利润分配的基本原则的有（　　）。

A.缴纳所得税后的净利润，企业对此有权自主分配

B.企业在分配中不能侵蚀资本

C.企业必须在利润分配之前偿清所有债权人的到期债务

D.企业分配利润的时候必须兼顾投资者、经营者、职工等多方面的利益

〖正确答案〗ABCD

〖答案解析〗缴纳所得税后的净利润，企业对此有权自主分配，属于依法分配原则；企业在分配中不能侵蚀资本，属于资本保全原则；企业必须在利润分配之前偿清所有债权人的债务，属于充分保护债权人利益原则；企业分配利润的时候必须兼顾投资者、经营者、职工等多方面的利益，属于多方及长短期利益兼顾原则。

〖该题针对“利润分配原则”知识点进行考核〗

2.法定公积金的作用主要表现在（　　）。

A.扩大公司生产经营　　B.转增资本

C.弥补亏损　　D.职工福利

〖正确答案〗ABC

〖答案解析〗法定公积金可用于弥补公司亏损，扩大公司生产经营或者转为增加公司资本。

〖该题针对“利润分配程序”知识点进行考核〗

3.下列股利支付方式中，目前在我国公司实务中很少使用但并非法律所禁止的有（　　）。

A.现金股利　　B.财产股利　　C.负债股利　　D.股票股利

〖正确答案〗BC

〖答案解析〗常见的股利支付方式包括现金股利、财产股利、负债股利和股票股利。其中，财产股利和负债股利实际上是现金股利的替代。这两种股利方式目前在我国公司实务中很少使用，但并非法律所禁止。

〖该题针对“股利支付的程序和方式”知识点进行考核〗

4.处于初创阶段的公司，一般不宜采用的股利分配政策有（　　）。

A.固定股利政策　　B.剩余股利政策

C.固定股利支付率政策　　D.稳定增长股利政策

〖正确答案〗ACD

〖答案解析〗剩余股利政策不利于投资者安排收入与支出，也不利于公司树立良好的形象，一般适用于公司初创阶段；固定或稳定增长的股利政策通常适用于经营比较稳定或正处于成长期的企业，且很难被长期采用；固定股利支付率政策只是比较适用于那些处于稳定发展并且财务状态也比较稳定的公司。因此本题的正确答案是ACD。

〖该题针对“股利支付的程序和方式”知识点进行考核〗

三、判断题

1. 计提法定公积金的基数为可供分配的利润。（　）

〖正确答案〗×

〖答案解析〗计提法定公积金的基数不一定为可供分配的利润，如果年初不存在累计亏损，并且本年净利润大于0，则计提法定公积金的基数是本年的净利润；只有在年初存在累计亏损，并且可供分配的利润大于0的情况下，计提法定公积金的基数才为可供分配的利润。

〖该题针对"利润分配的程序"知识点进行考核〗

2. 发放股票股利不会对公司的资产总额、负债总额及所有者权益总额产生影响，但会发生资金在各所有者权益项目间的再分配。（　）

〖正确答案〗√

〖答案解析〗发放股票股利不会对公司的资产总额、负债总额及所有者权益总额产生影响，但会引起未分配利润的减少和股本及资本公积的增加，即会发生资金在各所有者权益项目间的再分配。

〖该题针对"股利支付的程序和方式"知识点进行考核〗

3. 剩余股利政策不利于投资者安排收入与支出，也不利于公司树立良好的形象，一般适用于公司成熟阶段。（　）

〖正确答案〗×

〖答案解析〗剩余股利政策不利于投资者安排收入与支出，也不利于公司树立良好的形象，一般适用于公司初创阶段。

〖该题针对"股利政策"知识点进行考核〗

4. 正处于通货膨胀时期的公司会采取低股利政策。（　）

〖正确答案〗√

〖答案解析〗正处于通货膨胀时期的公司、公司偿债能力较差、公司的举债能力较弱都会采取低股利政策。

〖该题针对"股利政策"知识点进行考核〗

四、计算分析题

1. 假定A公司2013年盈余为110万元，某股东持有10 000股普通股（占总股数的1%），目前每股价格为22元。股票股利发放率为10%，假设市盈率不变。

要求：

（1）计算A公司的市盈率；

（2）计算发放股票股利之后的每股收益；

（3）计算发放股票股利之后的每股价格；

（4）计算发放股票股利之后该股东持股总价值。

〖答案要点〗

（1）答案要点：

发放股票股利之前普通股股数=10 000÷1%=100（万股）

每股盈余=110÷100=1.1（元）

市盈率=22÷1.1=20

（2）答案要点：

发放股票股利之后的普通股股数=100×（1+10%）=110（万股）

每股收益=110÷110=1（元）

（3）答案要点：

已知市盈率为20，则：

每股市价=20×1=20（元）

（4）答案要点：

该股东持有的股数=10 000×（1+10%）=1.1（万股）

该股东持股总价值=1.1×20=22（万元）

〖该题针对“股票股利”知识点进行考核〗

2.B公司本年实现的净利润为200万元，年初未分配利润为600万元，年末公司讨论决定股利分配的数额。上年实现净利润为180万元，分配的股利为108万元。

要求：计算并回答下列问题：

（1）若公司采用固定股利政策，公司本年应发放多少股利？

（2）若公司采用固定股利支付率政策，公司本年应发放多少股利？

（3）若公司采用低正常股利加额外股利政策，规定每股正常股利为0.1元，按净利润超过正常股利部分的30%发放额外股利，该公司普通股股数为500万股，公司本年应发放多少股利？

〖答案要点〗

（1）答案要点：

本年发放的股利=上年发放的股利=108万元

（2）答案要点：

固定股利支付率=108÷180×100%=60%

本年发放的股利=200×60%=120（万元）

（3）答案要点：

正常股利=500×0.1=50（万元）

额外股利=（200−50）×30%=45（万元）

本年发放的股利=50+45=95（万元）

〖该题针对“股利政策”知识点进行考核〗

第二节 本章练习题

一、单项选择题

1.股份制企业用公积金向股东分配股利后，留存的法定盈余公积金不得低于注册资本的（　　）。

A.50%　　B.35%　　C.25%　　D.10%

2.在影响资本收益分配政策的法律因素中，目前我国相关法规尚未作出规定的是（　　）。

A.资本保全约束　　B.资本累积约束

C.偿债能力约束　　D.超额累积利润约束

3.法律上之所以限制超额累积利润，原因是（　　）。

A.避免损害少数股东权益　　B.避免资本结构失调

C.避免股东避税　　D.避免经营者从中牟利

4.下列（　　）项目不能用于分配股利。

A.盈余公积金　　B.资本公积金　　C.税后利润　　D.上年未分配利润

5.资本保全约束要求企业发放的股利或投资分红不得来源于（　　）。

A.当期利润　　B.留存收益　　C.未分配利润　　D.股本或原始投资

6.股份有限公司为了控制向投资者分配利润的水平以及调整各年利润分配的波动，应提取（　　）。

A.资本公积金　　B.公益金　　C.法定公积金　　D.任意公积金

7.在利润分配的基本原则中，（　　）是正确处理投资者利益关系的关键。

A.依法分配原则　　B.兼顾各方面利益原则

C.分配与积累并重原则　　D.投资与收益对等原则

8.法定盈余公积金达到注册资本的（　　）时，可以不再提取。

A.55%　　B.50%　　C.35%　　D.25%

9.按照我国《公司法》的规定，关于公积金的提取和使用，下列说法不正确的是（　　）。

A.法定公积金可以用于弥补公司亏损

B.公司分配当年税后利润时应当按照10%的比例提取法定公积金

C.当法定公积金累计额达到公司注册资本的50%时，不能再继续提取

D.任意公积金的提取由股东会根据需要决定

10.股利政策涉及面很广，其中最主要的是确定（　　）。

A.股利支付日期　　B.股利支付方式

C.股利支付比率　　D.股利政策

11.在通货膨胀时期，企业采取的收益分配政策是（　　）。

A.没有变化　　B. 比较宽松　　C.往往偏紧　　D.时松时紧

12.下列表述不正确的是（　　）。

A.企业收益分配政策从根本上讲是净利润分配政策

B.股东对避税的考虑不会影响公司股利政策

C.盈余稳定的公司在收益分配上往往会“多分少留”

D.债务合同的限制会影响企业收益分配政策

13.最常见，也是最易被投资者接受的股利支付方式为（　　）。

A.现金股利　B.股票股利　C.财产股利　D.负债股利

14.公司董事会将有权领取股利的股东有资格登记的截止日称为（　　）。

A.股利宣告日　B.股利支付日

C.股权登记日　D.除息日

15.（　　）之后的股票交易，股票交易价格会有所下降。

A.股利宣告日　B.除息日（或除权日）

C.股权登记日　D.股利支付日

16.认为在完全资本市场的条件下，股利完全取决于投资项目需用盈余后的剩余，投资者对于盈利的留存或发放股利毫无偏好的股利理论是（　　）。

A.代理理论　B.信号传递理论

C.MM理论　D.税收效应理论

17.当公司盈余较低时，最有可能造成公司财务状况恶化的股利政策是（　　）。

A.剩余股利政策　B.固定或持续增长股利政策

C.固定股利支付率政策　D.低正常股利加额外股利政策

18.下列说法不正确的是（　　）。

A.处于经营收缩阶段的公司，由于资金短缺，多采取低股利政策

B.在通货膨胀时期，公司股利政策往往偏紧

C.盈余不稳定的公司一般采取低股利政策

D.举债能力弱的公司往往采取较紧的股利政策

19.主要依靠股利维持生活的股东最赞成的公司股利政策是（　　）。

A.剩余股利政策　B.固定或持续增长股利政策

C.固定股利支付率政策　D.低正常股利加额外股利政策

20.关于股利分配政策，下列说法不正确的是（　　）。

A.剩余股利分配政策能充分利用筹资成本最低的资金资源，保持理想的资本结构

B.固定或持续增长的股利政策有利于公司股票价格的稳定

C.固定股利支付率政策体现了风险投资与风险收益的对等

D.低正常股利加额外股利政策不利于股价的稳定和上涨

21.在企业的净利润与现金流量不够稳定时，采用（　　）对企业和股东都是有利的。

A.剩余股利政策　B.固定或持续增长股利政策

C.固定股利支付率政策　D.低正常股利加额外股利政策

22.下列各项中，有利于投资者合理安排收入和支出，但股利支付与公司盈利相脱节的股利政策是（　　）。

A.剩余股利政策　B.固定或持续增长股利政策

C.固定股利支付率政策　D.低正常股利加额外股利政策

23.造成股利波动较大，给投资者以公司不稳定的感觉，对于稳定股票价格不

利的股利分配政策是（　　）。

A.剩余股利政策　　B.固定或持续增长股利政策

C.固定股利支付率政策　　D.低正常股利加额外股利政策

24.能够保持股利与利润间的一定比例关系，体现风险投资与风险收益对等的收益分配政策是（　　）。

A.剩余股利政策　　B.固定或持续增长股利政策

C.固定股利支付率政策　　D.低正常股利加额外股利政策

25.某公司目标资本结构为负债占40%、权益占60%，本年可供分配的净利润为300万元，未来投资需要资金200万元，若采用剩余股利政策，本年应向股东支付的股利为（　　）万元。

A.120　　B.180　　C.100　　D.150

26.能够使企业的股利分配具有较大灵活性的收益分配政策是（　　）。

A.剩余股利政策　　B.固定或持续增长股利政策

C.固定股利支付率政策　　D.低正常股利加额外股利政策

27.（　　）适用于经营比较稳定或正处于成长期、信誉一般的公司。

A.剩余股利政策　　B.固定或持续增长股利政策

C.固定股利支付率政策　　D.低正常股利加额外股利政策

28.（　　）有利于优化资本结构，降低综合资本成本，实现企业价值的长期最大化。

A.剩余股利政策　　B.固定或持续增长股利政策

C.固定股利支付率政策　　D.低正常股利加额外股利政策

29.上市公司按照剩余股利政策发放股利的好处是（　　）。

A.有利于公司合理安排资本结构

B.有利于投资者安排收入与支出

C.有利于公司稳定股票的市场价格

D.有利于公司树立良好的形象

30.相对于其他股利政策而言，既可以维持股利的稳定性，又有利于优化资本结构的股利政策是（　　）。

A.剩余股利政策　　B.固定或持续增长股利政策

C.固定股利支付率政策　　D.低正常股利加额外股利政策

31.主要依靠股利维持生活的股东和养老基金管理人最不赞成的公司股利政策是（　　）。

A.剩余股利政策　　B.固定或持续增长股利政策

C.固定股利支付率政策　　D.低正常股利加额外股利政策

32.下列各项股利分配政策中，能保持股利与利润间的一定比例关系，体现风险投资与风险收益的对等关系的是（　　）。

A.剩余股利政策　　B.固定或持续增长股利政策

C.固定股利支付率政策　　　　D.低正常股利加额外股利政策

33.下列关于股票股利和股票分割的说法正确的是（　　）。

A.股票股利和股票分割都能保持股东持股比例不变，股票市场价值总额不变

B.股票股利和股票分割都能保持股票面值不变

C.股票股利和股票分割都属于股利支付方式

D.股票股利和股票分割都能保持所有者权益的结构不变

34.公司以股票形式发放股利，可能带来的结果是（　　）。

A.引起公司资产减少　　　　B.引起公司负债减少

C.引起股东权益内部结构变化　　　　D.引起股东权益与负债同时变化

35.股票股利的优点不包括（　　）。

A.可将现金留存在公司里，用于追加投资

B.股东乐于接受

C.扩大股东权益

D.传递公司未来经营效益的信号

36.下列关于股票股利对股东意义的叙述中，不正确的是（　　）。

A.如果发放股票股利后股价不立即发生变化，会使股东得到股票价值相对上升的好处

B.发放股票股利会使投资者认为公司将会有较大发展，有利于稳定股价甚至略有上升

C.股东可因此享受税收上的好处

D.降低每股价值，吸引更多的投资者

37.某公司现有发行在外的普通股100万股，每股面额1元，资本公积100万元，未分配利润为800万元，股票市价20元；若按10%的比例发放股票股利并按市价折算，公司资本公积的报表列示数将为（　　）万元。

A.100　　B.190　　C.290　　D.300

38.对于股份制企业来讲，实行股票分割的主要目的在于通过（　　），从而吸引更多投资者。

A.增加股票股数降低每股市价　　　　B.减少股票股数降低每股市价

C.增加股票股数提高每股市价　　　　D.减少股票股数提高每股市价

39.某股份公司宣布发放10%的股票股利，同时按发放股票股利后的股数所确定的每股现金股利为2元，则某原来拥有100股股票的股东可得到的现金股利为（　　）元。

A.220　　B.200　　C.180　　D.160

40.某股份公司目前的每股收益和每股市价分别为2元和20元，现拟实施10送1的送股方案，若股价随股数呈比例变动，则送股后的每股收益和每股市价分别为（　　）。

A.1.82和18.18　　B.2和18.18　　C.2和20　　D.1.82和22

41.下列各项中，不属于股票回购方式的是（　　）。
A.用本公司普通股股票换回优先股
B.与少数大股东协商购买本公司普通股股票
C.在市场上直接购买本公司普通股股票
D.向股东标购本公司普通股股票
42.下列关于股票回购的说法中，不正确的是（　　）。
A.股票回购是向股东分配股利的一种替代方式
B.公司进行股票回购的最终目的是增加企业的价值
C.我国《公司法》规定，在企业将股份用于奖励本公司员工时，可以回购本公司股票
D.荷兰式回购的优点是赋予所有股东出售股票的机会均等
二、多项选择题
1.企业收益分配应遵循的原则包括（　　）。
A.依法分配原则　　B.兼顾各方面利益原则
C.分配与积累并重原则　　D.投资与收益对等原则
2.下列做法中遵循了利润分配基本原则的有（　　）。
A.缴纳所得税后的净利润，企业对此有权自主分配
B.企业在分配过程中不能侵蚀资本
C.企业必须在利润分配之前偿清所有债权人的到期债务
D.企业分配利润的时候必须兼顾投资者、经营者、职工等多方面的利益
3.公司提取的公积金可以用于（　　）。
A.弥补亏损　　B.扩大生产经营
C.转增公司股本　　D.分配股利
4.有关现金股利的叙述中正确的有（　　）。
A.是公司股利最常见的支付形式
B.取决于公司现金是否充裕
C.发放现金股利企业要有足够的利润
D.企业未来投资机会影响现金股利
5.下列各项中，会采取低股利政策的有（　　）。
A.正处于通货膨胀时期　　B.公司偿债能力较差
C.公司的举债能力较弱　　D.公司处于经营收缩阶段
6.影响企业收益分配政策的因素包括（　　）。
A.法律因素　　B.股东因素　　C.公司因素　　D.通货膨胀因素
7.影响股利分配政策的公司因素包括（　　）。
A.公司资产的流动性　　B.公司利润的稳定性
C.筹资能力及偿债的需要　　D.未来投资机会
8.从股东的角度考虑，股东限制股利的支付，可达到的目的是（　　）。

A.稳定收入　　B.逃避风险　　C.避税　　D.防止控制权分散

9.股份公司向股东分配股利时涉及的重大日期是（　　）。

A.股利宣告日　　B.股权登记日　　C.除息日　　D.股利支付日

10.某公司于2016年4月16日发布公告："本公司董事会在2016年4月15日的会议上决定，2015年发放每股现金股利3元；本公司将于2016年5月8日将上述股利支付给已在2016年4月26日（周二）登记为本公司股东的人士。"以下说法中不正确的有（　　）。

A.2016年4月15日为公司的股利宣告日

B.2016年4月29日为公司的除息日

C.2016年4月25日为公司的除息日

D.2016年4月27日为公司的除权日

11.下列属于股利无关论观点的有（　　）。

A.投资者不关心公司股利的分配

B.投资者对股利和资本利得并无偏好

C.股利支付率越低，公司价值越大

D.股利的支付比率不影响公司的价值

12."股利无关论"成立的假设条件包括（　　）。

A.资本市场完整

B.无个人所得税和企业所得税

C.公司的投资政策和股利政策独立

D.投资者对未来的投资机会和公司利润均能准确预测

13.关于股利相关论，下列说法正确的有（　　）。

A.税差理论认为，如果不考虑股票交易成本，企业应采取低现金股利比率的分配政策

B.客户效应理论认为，对于高收入阶层和风险偏好投资者，公司应实施低现金分红比例，甚至不分红的股利政策

C."在手之鸟"理论认为，公司股利支付率越高，股权价值越大

D.代理理论认为，对股利分配政策选择的分析是多种因素权衡的复杂过程

14.下列股利理论中，属于股利相关理论的有（　　）。

A.MM股利理论　　B."在手之鸟"理论

C.税收差别理论　　D.代理理论

15.在股份有限公司中，与股利政策有关的代理问题主要包括（　　）。

A.股东与经理之间的代理问题

B.经理与职工之间的代理问题

C.股东与债权人之间的代理问题

D.控股股东与中小股东之间的代理问题

16.股利支付和公司盈余相脱节的股利分配政策是（　　）。

A.剩余股利政策　　B.固定股利支付率政策
C.固定或持续增长的股利政策　　D.低正常股利加额外股利政策
17.上市公司采取偏紧的股利政策往往是由于（　　）。
A.资产的流动性较差　　B.具有较强的举债能力
C.希望强化股东控制权　　D.处在通货膨胀时期
18.下列表述正确的是（　　）。
A.固定股利政策有利于稳定股价
B.剩余股利政策不利于投资者安排收入和支出
C.固定股利比率政策适用于正处于成长期、信誉一般的公司
D.低正常股利加额外股利政策具有较大的灵活性
19.企业发放股票股利（　　）。
A.实际上是企业盈利的资本化　　B.能达到节约企业现金的目的
C.可使股票价格不至于过高　　D.防止被他人收购
20.发放股票股利的意义包括（　　）。
A.使股票的交易价格保持在合理的范围之内
B.以较低的成本向市场传达利好信号
C.有利于保持公司的流动性
D.改变公司股东权益总额
21.上市公司发放股票股利会产生的财务影响包括（　　）。
A.引起公司资产的流出和负债的增加
B.引起公司股东权益总额的变化
C.引起公司股东权益内部各项目的比例发生变化
D.引起公司每股利润下降
22.下列关于股票股利的说法中，正确的有（　　）。
A.发放股票股利可以增加股东财富
B.发放股票股利不会改变公司的股东权益总额
C.发放股票股利会增加公司的股本总额
D.发放股票股利不会增加公司的现金流量
23.公司进行股票分割的主要动机有（　　）。
A.通过股票分割降低股票价格
B.向投资者传递未来业绩增长的信号
C.为以后发行新股筹资做准备
D.增加股本总额
24.公司进行股票分割后产生的影响有（　　）。
A.每股市价上升　　B.每股市价下降
C.发行在外的股数增加　　D.每股利润增加
25.股票回购的动机有（　　）。

A.为股东避税　　B.改善企业资本结构
C.满足认股权的行使　　D.预防或抵制敌意并购
26.股票回购的方式有（　　）。
A.要约回购　　B.公开市场回购　　C.协议回购　　D.股本分拆
三、判断题
1.利润分配有广义和狭义之分，广义的利润分配是指对企业净利润的分配。（　　）
2.只要本年净利润大于0，就应该进行利润分配。（　　）
3.处理好投资者利益关系的关键是在收益分配上坚持投资与收益对等原则。（　　）
4.只要企业有足够的未指明用途的留存收益就可以发放现金股利。（　　）
5.股份公司的利润总额在缴纳所得税后，分配的程序是：弥补以前年度亏损、计提法定公积金、计提法定公益金、计提任意公积金、向投资者分配利润。（　　）
6.计提法定公积金的基数是企业当年实现的净利润。（　　）
7.在除息日之前，股利权从属于股票；从除息日开始，新购入股票的人不能分享本次已宣告发放的股利。（　　）
8.投资者在宣告日以后购买股票就不会得到最近一次的股利。（　　）
9.从除息日开始，新购入股票的投资者不能分享最近一期的股利。（　　）
10.投资者只有在除息日之前购买股票，才能领取最近一次股利。（　　）
11.在连续通货膨胀的条件下，公司应采取偏紧的股利分配政策。（　　）
12.较多的支付现金股利，会提高企业资产的流动性，增加现金流出量。（　　）
13.股利无关论的基本结论与现实基本不符。（　　）
14.“在手之鸟”理论认为公司分配的股利越多，公司的市场价值也就越大。（　　）
15.代理理论主张低股利支付率政策，认为提高现金股利不利于降低代理成本。（　　）
16.信号传递理论认为，股利政策有助于减缓管理者与股东之间，以及股东与债权人之间的代理冲突。（　　）
17.根据信号传递理论，公司回购股票主要是传递股价被低估的信号。（　　）
18.股东出于控制权的考虑往往会限制股利支付，防止控制权旁落他人。（　　）
19.采取剩余股利政策，首先要确定企业的最佳资本结构。（　　）
20.剩余股利政策是指企业可供分配的利润必须以留存收益的形式优先、无条件地满足企业未来的资金需求，然后才将剩余的利润用于向投资者分配。（　　）
21.剩余股利政策的优点是能使企业保持理想的资本结构，使综合资本成本最低。（　　）

22. 采取剩余股利政策可以保证公司各年的股利水平比较均衡。（　）

23. 采用剩余股利分配政策的优点是有利于保持理想的资本结构，降低企业的综合资金成本。（　）

24. 固定股利政策可以向投资者传递公司经营状况稳定的信息。（　）

25. 固定股利支付率政策使得公司股利的支付具有较大的灵活性。（　）

26. 稳定增长股利政策适合于处于成长阶段或成熟阶段的公司。（　）

27. 固定股利支付率政策可能会使各年股利波动较大。（　）

28. 处于成长期的公司多采取低股利政策，处于经营收缩的公司多采取高股利政策。（　）

29. 公司最具灵活性的股利分配政策是低正常股利加额外股利的股利分配政策。（　）

30. 对于盈余不稳定的企业采用低股利政策可减少公司的财务风险。（　）

31. 一般而言，处于成长中的公司有良好的投资机会，多采取低股利政策。（　）

32. 采用固定股利政策要求公司每年按固定比例从净利润中支付股利。（　）

33. 发放股票股利不会引起资产、负债的变化，但会引起股东权益总额的变动。（　）

34. 发放股票股利并不引起股东权益内部结构总额的变化，发放现金股利会减少股东权益总额。（　）

35. 如果发放股票股利的比例大于股价下降的比例，股东可得到利益。（　）

36. 公司发放股票股利后会使资产负债率下降。（　）

37. 上市公司发放股票股利，会引起每股利润的下降，每股市价也有可能下跌，因而每位股东所持有的股票市场总价值也将会下降。（　）

38. 一般而言，只有在公司股价大涨，预期难以下降时，才采用支付股票股利的办法降低股价，而在公司股价上涨幅度不大时，往往采用股票分割的方式将股价维持在理想的范围之内。（　）

39. 股票分割可降低股价，从而吸引更多的投资者，因此股票分割的主要目的是降低股价。（　）

40. 发放股票股利可传递公司未来经营绩效的信号，增强投资者对公司未来的信心。（　）

41. 股票分割可能增加股东的现金股利，使股东感到满意。（　）

42. 企业发放股票股利会引起每股利润的下降，从而导致每股市价有可能下跌，因而每位股东所持股票的市场价值总额也将随之下降。（　）

43. 公司用股票回购的方式来代替发放现金股利，可以为股东带来税收利益。（　）

44. 公司进行股票回购可以预防或抵制敌意并购。（　）

四、名词解释

1.股权登记日
2.除息日
3.现金股利
4.股票股利
5.股利理论
6.股利无关论
7.股利相关论
8.“在手之鸟”理论
9.税差理论
10.信号传递理论
11.代理理论
12.股利政策
13.剩余股利政策
14.固定或持续增长股利政策
15.固定股利支付率政策
16.低正常股利加额外股利政策
17.股票分割
18.股票回购

五、简答题

1.简述公司收益分配的原则。

2.简述公司收益分配的程序。

3.简述股利支付的主要方式。

4.简述股利无关论与股利相关论的观点。

5.简述影响企业制定股利政策的因素，这些因素如何影响。

6.简述股利政策的类型及特点。

7.简述股利政策的评价和适用。

8.简述股票分割和股票股利的异同。

9.简述发放股票股利的动机及其财务影响。

10.简述股票回购的动机及方式。

六、计算分析题

1.A上市公司2016年实现利润总额为1 000万元，所得税税率为25%，需用税后利润弥补的以前年度亏损为70万元，公司按规定提取法定公积金后，再提取3%的任意公积金。该公司年末流通在外的普通股为1 660万股，无优先股。该公司的目标资本结构是债务与权益之比为3∶2，2017年公司计划为新项目融资400万元，并希望维持其目标资本结构。

要求：

（1）计算该公司2016年度可发放的股利额度；

（2）计算在剩余股利政策下，该公司2016年度应发放的现金股利额和每股股利。

2.B公司本年税后净利为300万元，下一年度公司拟上一个新项目，需投资400万元，公司目标资本结构为产权比率0.667，公司流通在外的普通股为1 000万股。假设公司采用剩余股利政策。

要求：试计算该公司本年度可发放的股利额是多少。

3.C公司2016年税后净利为2 000万元，2017年的投资计划需要资金900万元，公司的目标资本结构为自有资金占80%，借入资金占20%。该公司采用剩余股利政策。

要求：

（1）计算该公司投资所需自有资金的数额；

（2）计算该公司投资需从外部筹集的资金数额；

（3）计算该公司2016年度可供向投资者分配的利润是多少。

4.D公司本年度可供分配的利润为200万元，年末普通股500万股，其目标资本结构为负债与权益资金各占50%。

要求：

（1）试计算若采用固定股利政策（每股0.25元），则D公司本年度应分配的现金股利是多少；

（2）试计算若采用固定股利支付率（60%）政策，则D公司本年度应分配的现金股利是多少；

（3）试计算若D公司明年需为新投资项目筹资300万元，则在剩余股利政策下，该公司本年度应分配的现金股利是多少。

5.E公司2016年度实现的税后净利润为850万元，假设2017年度投资计划需要800万元，公司目标资本结构为自有资金占60%。

要求：

（1）若该公司采用剩余股利政策，则2016年年末可发放多少股利？

（2）若该公司发行在外的股票股数为1 000万股，则2016年每股净利及每股股利各为多少？

（3）若2017年该公司决定将公司股利政策改为逐年稳定增长的股利政策，设股利逐年增长率为2%，投资者要求的必要报酬率为12%，试计算该股票的价值。

6.E公司2016年全年实现净利润1 000万元，年末在分配股利前股东权益账户余额见表8-1

表8-1 **股东权益账户余额表**

股本（面值1元）	1 000万元
盈余公积	500万元
资本公积	4 000万元
未分配利润	1 500万元
合　　计	7 000万元

若该公司决定发放10%的股票股利，并按发放股票股利后的股数支付现金股利，每股0.1元，公司股票目前的市价为10元/股。

要求：测算发放股利后该公司权益结构的变化。

7.F公司进行年终利润分配之前股东权益项目资料见表8-2。

表8-2　**F公司年终利润分配表**

股本：普通股（每股面值2元，200万股）	400万元
资本公积	160万元
未分配利润	840万元
所有者权益合计	1 400万元

该公司股票的每股现行市价为35元。

要求：若按1股换为2股的比例进行股票分割，计算股东权益各项目数额。

8.G公司2013年盈余为110万元，某股东持有10 000股普通股（占总股数的1%），目前每股价格为22元。股票股利发放率为10%，假设市盈率不变。

要求：

（1）计算该公司的市盈率；

（2）计算发放股票股利之后的每股收益和每股价格；

（3）计算发放股票股利之后该股东的持股总价值。

第九章　财务预算

第一节　学习准备

学习目标

通过对本章内容的学习，要求学生了解财务预算及其在企业管理中的作用，掌握财务预算的编制方法，熟练掌握财务预算的编制。

内容导航

第一节　财务预算概述
第二节　财务预算的方法
第三节　财务预算的编制

内容框架

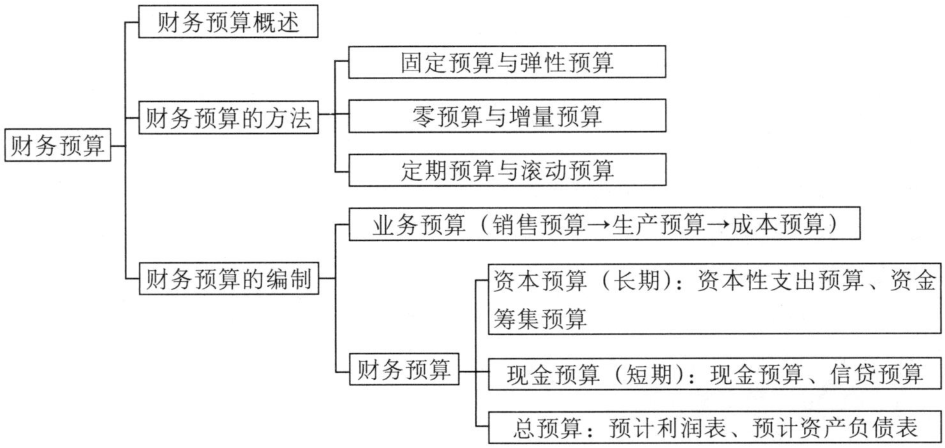

图 9-1　内容框架图

重点与难点

1.重点：财务预算在企业管理中的作用；财务预算的编制方法；财务预算的编制。

2.难点：财务预算的编制。

知识点

一、财务预算概述

（一）财务预算的内涵

（二）财务预算的作用

二、财务预算的方法

（一）固定预算方法

（二）弹性预算方法

（三）增量预算方法

（四）零基预算方法

（五）定期预算方法

（六）滚动预算方法

三、财务预算的编制

（一）企业年度预算目标与目标利润预算

（二）主要预算的编制

1.销售预算

2.生产预算

3.材料采购预算

4.直接人工预算

5.制造费用预算

6.产品成本预算

7.销售及管理费用预算

8.专门决策预算

9.现金预算

10.预计利润表

11.预计资产负债表

例题选解

一、单项选择题

1.以预算期内正常的、可实现的某一业务量水平为基础来编制预算的方法称为（　　）。

A.零基预算法　　B.定期预算法　　C.静态预算法　　D.滚动预算法

〖正确答案〗C

〖答案解析〗固定预算法又称静态预算法，是根据预算期内正常的、可实现的某一固定的业务量水平作为唯一基础来编制的预算方法。

〖该题针对“预算的编制方法”知识点进行考核〗

2.下列各项中，可能会使预算期间与会计期间相分离的预算方法是（　　）。

A.增量预算法　　B.弹性预算法　　C.滚动预算法　　D.零基预算法

〖正确答案〗C

〖答案解析〗滚动预算又称连续预算，是指在编制预算时，将预算期与会计期间脱离开，随着预算的执行不断地补充预算，逐期向后滚动，使预算期始终保持为一个固定长度（一般为12个月）的一种预算方法。所以选项C正确。

〖该题针对“预算的编制方法”知识点进行考核〗

3.A公司预计2016年各季度的销售量分别为100件、120件、180件、200件，预计每季度末产成品存货为下一季度销售量的20%，则：A公司第二季度预计生产量为（　　）件。

A.120　　B.132　　C.136　　D.156

〖正确答案〗B

〖答案解析〗生产量=本期销售量+期末存货量-期初存货量=120+180×20%-120×20%=132（件）。

〖该题针对“财务预算的编制”知识点进行考核〗

4.下列关于生产预算的表述中，错误的是（　　）。

A.生产预算是一种业务预算

B.生产预算不涉及实物量指标

C.生产预算以销售预算为基础编制

D.生产预算是直接材料预算的编制依据

〖正确答案〗B

〖答案解析〗在生产预算中，只涉及实物量指标，不涉及价值量指标，所以选项B的说法不正确。

〖该题针对“财务预算的编制”知识点进行考核〗

5.下列预算中，不直接涉及现金收支的是（　　）。

A.销售预算　　B.产品成本预算

C.直接材料预算　　D.销售与管理费用预算

〖正确答案〗B

〖答案解析〗产品成本预算主要内容是产品的单位成本和总成本，不直接涉及现金收支。

〖该题针对“财务预算的编制”知识点进行考核〗

二、多项选择题

1.下列关于财务预算的表述中，正确的有（　　）。

A.财务预算多为长期预算

B.财务预算又被称作总预算

C.财务预算是全面预算体系的最后环节

D.财务预算主要包括现金预算和预计财务报表

〖正确答案〗BCD

〖答案解析〗一般情况下，企业的业务预算和财务预算多为1年期的短期预算，选项A不正确。

〖该题针对“财务预算概念”知识点进行考核〗

2.在编制生产预算时，计算某种产品预计生产量应考虑的因素包括（　　）。

A.预计材料采购量　　B.预计产品销售量

C.预计期初产品结存量　　D.预计期末产品结存量

〖正确答案〗BCD

〖答案解析〗某种产品的预计生产量=预计销售量+预计期末结存量-预计期初结存量，可见预计生产量不需考虑预计材料采购量。

〖该题针对“财务预算的编制”知识点进行考核〗

三、判断题

1.企业财务管理部门负责企业预算的编制、执行、分析和考核工作，并对预算执行结果承担直接责任。（　　）

〖正确答案〗×

〖答案解析〗企业财务管理部门具体负责企业预算的跟踪管理，监督预算的执行情况，分析预算与实际执行的差异及原因，提出改进管理的意见和建议。

〖该题针对“预算工作的组织”知识点进行考核〗

2.预算是一种可据以执行和控制经济活动的、最为具体的计划，是对目标的具体化，是将企业活动导向预定目标的有力工具。（　　）

〖正确答案〗√

〖该题针对“预算的特征与作用”知识点进行考核〗

3.总预算一般由业务预算、专门决策预算和财务预算组成。（　　）

〖正确答案〗×

〖答案解析〗财务预算又称总预算，而全面预算体系一般由业务预算、专门决策预算和财务预算组成。

〖该题针对“预算的分类”知识点进行考核〗

4.专门决策预算主要反映项目投资与筹资计划，是编制现金预算和预计资产负债表的依据之一。（　　）

〖正确答案〗√

〖答案解析〗专门决策预算的要点是准确反映项目资金投资支出与筹资计划，

它同时也是编制现金预算和预计资产负债表的依据。

〖该题针对“财务预算的编制”知识点进行考核〗

四、计算分析题

假设期末现金最低余额为5 000元，银行借款起点为1 000元，贷款利息为每年10%，还本时付息（注：借款在期初，还款在期末）。

要求：计算并填列现金预算表（见表9-1）中的空缺数据。

表9-1　**现金预算表**　金额单位：元

摘　要	第1季度	第2季度	第3季度	第4季度	全　年
期初现金余额	8 000	（6）	（10）	（16）	（26）
加：现金收入	（1）	70 000	96 000	（17）	321 000
可动用现金合计	68 000	（7）	（11）	（18）	（27）
减：现金支出					
采购材料	35 000	45 000	（12）	35 000	（28）
销售费用	（2）	30 000	30 000	（19）	113 000
购置设备	8 000	8 000	10 000	（20）	36 000
支付股利	2 000	2 000	2 000	2 000	（29）
现金支出合计	（3）	85 000	（13）	（21）	（30）
现金余缺	-2 000	（8）	11 000	（22）	（31）
融通资金：					
银行借款	（4）	15 000			（32）
归还本金			5 000	（23）	（33）
归还利息			（14）	（24）	（34）
期末现金	（5）	（9）	（15）	（25）	（35）

〖答案要点〗

表9-1中：

（1）=68 000-8 000=60 000

（2）=70 000-35 000-8 000-2 000=25 000

（3）=68 000+2 000=70 000

（4）=5 000+2 000=7 000

（5）=5 000

（6）=（5）=5 000

（7）=5 000+70 000=75 000

（8）=（7）−85 000=−10 000

（9）=15 000+（−10 000）=5 000

（10）=（9）=5 000

（11）=（10）+96 000=101 000

（12）=（13）−（30 000+10 000+2 000）=48 000

（13）=101 000−11 000=90 000

（14）=5 000×10%×3÷4=375

（15）=11 000−5 000−375=5 625

（16）=（15）=5 625

（17）=321 000−（1）−70 000−96 000=95 000

（18）=（16）+（17）=95 000+5 625=100 625

（19）=113 000−（2）−30 000−30 000=28 000

（20）=36 000−8 000−8 000−10 000=10 000

（21）=35 000+（19）+（20）+2 000=75 000

（22）=（18）−（21）=25 625

（23）=（4）−5 000+15 000=17 000

（24）=［（4）−5 000］×10%×4÷4+15 000×10%×3÷4=1 325

（25）=（22）−（23）−（24）=7 300

（26）=期初现金余额=8 000

（27）=（26）+321 000=329 000

（28）=35 000+45 000+（12）+35 000=163 000

（29）=2 000+2 000 +2 000 +2 000=8 000

（30）=（28）+113 000+36 000+（29）=320 000

（31）=（27）−（30）=9 000

（32）=（4）+15 000=22 000

（33）=5 000+（23）=22 000

（34）=（14）+（24）=1 700

（35）=（31）+（32）−（33）−（34）=7 300

第二节　本章练习题

一、单项选择题

1.下列预算编制方法中，不受现行预算的束缚，有助于保证各项预算开支合理性的是（　　）。

A.零基预算法　　B.滚动预算法　　C.弹性预算法　　D.增量预算法

2.特别适用于产出较难辨认的服务性部门费用预算的是（　　）。

A.固定预算　B.弹性预算　C.增量预算　D.零基预算

3.以业务量、成本和利润之间的依存关系为依据，以预算期可预见的各种业务量水平为基础，编制能够适应多种情况预算的一种方法是（　　）。

A.弹性预算　B.增量预算　C.零基预算　D.滚动预算

4.被西方国家广泛采用，作为管理间接费用的一种有效方法是（　　）。

A.弹性预算　B.零基预算　C.定期预算　D.滚动预算

5.所有日常业务预算中唯一只使用实物量计量单位的预算是（　　）。

A.销售预算　B.生产预算　C.产品成本预算　D.直接人工预算

6.编制生产预算时，关键是正确地估算（　　）。

A.销售量　B.生产量　C.期末存货量　D.期初存货量

7.通常不单独编制与其相关的现金支出预算，而直接参加现金预算汇总的预算是（　　）。

A.销售预算　B.产品成本预算　C.直接人工预算　D.直接材料预算

8.构成全面预算体系最后环节的是（　　）。

A.特种决策预算　B.日常业务预算　C.财务预算　D.现金预算

9.下列各种预算的说法中，正确的是（　　）。

A.投资决策预算一般不纳入日常业务预算和现金预算

B.财务费用预算就本质而言属于特种决策预算

C.在编制管理费用总额预算的同时，还需要分季度编制管理费用现金支出预算

D.销售费用预算不需要编制相应的现金支出预算

10.某公司在编制“生产预算”时，预计公司第一季度期初存货为100件，预计第1季度销售量为1 200件，第2季度的预计销售量为2 000件，预计期末存货为200件，该公司存货数量通常按下期销售量的12%的比例安排期末存货，则“生产预算”中第1季度的预计生产量为（　　）件。

A.1 240　B.1 340　C.2 040　D.1 440

11.某企业预计下一年的销售收入为500万元，适用的消费税税率为5%，应交增值税税额为34万元，城市维护建设税税率为7%，教育费附加的征收率为3%，则该企业下年预计的销售税金及附加为（　　）万元。

A.25　B.30.9　C.4.13　D.1.77

二、多项选择题

1.下列预算方法中，只能编制费用预算的预算方法有（　　）。

A.固定预算　B.弹性预算　C.增量预算　D.零基预算

2.下列各项中，能揭示弹性预算优点的是（　　）。

A.可比性强

B.预算范围广

C.不受现有费用项目的限制

D.能够调动企业各部门降低费用的积极性

3.下列属于现金预算中的现金支出的是（　　）。

A.购买材料支出　B.缴纳税金支出　C.股利分配支出　D.购买设备支出

4.在应交税金及附加预算中包括（　　）。

A.增值税　B.所得税

C.计入管理费用的印花税　D.资源税

5.某公司2018年1—4月份预计的销售收入分别为100万元、200万元、300万元和400万元，每月材料按照下月销售收入的80%采购，采购当月付现60%，下月付现40%。假设没有其他购买业务，则2018年3月31日资产负债表“应付账款”项目金额和2018年3月的采购现金流出分别为（　　）万元。

A.148　B.218　C.128　D.288

三、判断题

1.财务预算是指反映企业预算期现金支出的预算。（　　）

2.弹性预算只适用于编制利润预算 。（　　）

3.在实务中，企业并不需要每年都按零基预算方法来编制预算，而是每隔几年才按此方法编制一次预算。（　　）

4.一般来说，固定预算方法只适用于业务量水平较为稳定的企业或非营利组织编制预算时采用。（　　）

5.生产预算是编制全面预算的关键和起点。（　　）

6.应交税金及附加预算是指为规划一定预算期内预计发生的应交增值税、消费税、资源税、城市维护建设税、教育费附加、印花税和所得税而编制的一种经营预算。（　　）

7.产品成本预算需要在生产预算、直接材料预算、直接人工预算和制造费用预算的基础上编制。（　　）

8.在编制生产预算时，应考虑预计期初存货和预计期末存货。（　　）

9.投资决策预算除个别项目外一般不纳入日常业务预算，但应计入与此有关的现金预算与预计资产负债表 。（　　）

10.在所有的日常业务预算中，都包括实物量指标和价值量指标。（　　）

四、名词解释

1.财务预算　2.固定预算

3.弹性预算　4.增量预算

5.零基预算　6.定期预算

7.滚动预算　8.目标利润预算

9.业务预算　10.专门决策预算

11.现金预算　12.全面预算管理

五、简答题

1.简述财务预算的内涵和意义。

2.财务预算的编制方法有哪些？它们的特点分别是什么？

3.简述固定预算与弹性预算的区别。

4.简述增量预算与零基预算的区别。

5.简述定期预算与滚动预算的区别。

6.销售预算、生产预算、采购预算、产品成本预算如何编制？

7.现金预算、预计损益表及预计资产负债表包括的内容有哪些？它们之间的内在联系是什么？

8.简述财务预算与全面预算管理的关系。

六、计算分析题

1.A公司只生产一种产品。相关预算资料如下：

资料一：预计每个季度实现的销售收入（含增值税）均以赊销的方式售出，其中60%在本季度内收到现金，其余40%要到下一季度收讫，假定不考虑坏账因素。部分与销售预算有关的数据见表9-2。

表9-2　**销售预算数据表**　金额单位：万元

项　目	第1季度	第2季度	第3季度	第4季度
预计销售收入	117 000	117 000	128 700	128 700
期初应收账款	20 800			
第1季度收现	（A）			
第2季度收现		（B）		
第3季度收现				
第4季度收现				（C）
经营现金收入合计		117 000	124 020	128 700

资料二：预计每个季度所需要的直接材料均以赊购方式采购，其中50%于本季度内支付现金，其余50%需要到下个季度付讫，假定不存在应付账款到期现金支付能力不足的问题。部分与直接材料采购预算有关的数据见表9-3。

表9-3　**采购预算数据表**　金额单位：万元

项　目	第1季度	第2季度	第3季度	第4季度
预计材料采购成本	70 200	70 200	76 050	77 220
期初应付账款	10 000	35 100	（E）	（F）
第1季度采购付现				
第2季度采购付现				
第3季度采购付现			38 025	
第4季度采购付现				（G）
采购支出合计	（D）			（H）

要求：

（1）根据资料一确定表9–2中用字母表示的数值。

（2）根据资料二确定表9–3中用字母表示的数值。

（3）根据资料一和资料二，计算该公司预算年度应收账款和应付账款的年末余额。

2.B公司2017年的现金预算简表见表9–4。假定该公司没有其他现金收支业务，也没有其他负债。预计2017年年末的现金余额为7 000万元。

要求：根据表9–4中资料填写表中用字母表示的数值。

表9–4　**现金预算简表**　金额单位：万元

项　目	第1季度	第2季度	第3季度	第4季度
期初现金余额	6 000			
本期现金流入	45 000	48 000	E	50 000
本期现金支出	A	50 400	40 000	41 000
现金余缺	9 000	C	（1 800）	G
资金筹措与运用：	（2 000）	1 800	6 000	H
取得借款		6 000	6 000	
归还借款	（2 000）			
期末现金余额	B	D	F	I

3.C公司2017年第1—3月实际销售额分别为38 000万元、36 000万元和41 000万元，预计4月份销售额为40 000万元。每月销售收入中有70%能于当月收现，20%于次月收现，10%于第3个月收现，不存在坏账。假定该公司销售的产品在流通环节只需缴纳消费税，税率为10%，并于当月以现金的形式缴纳。该公司3月末现金余额为80万元，应付账款余额为5 000万元（需要在4月份付清），不存在其他应收、应付款项。4月份有关项目预计资料如下：采购材料8 000万元（当月付款70%）；工资及其他支出8 400万元（用现金支付）；制造费用8 000万元（其中折旧费等非付现费用为4 000万元）；销售费用和管理费用1 000万元（用现金支付）；预交所得税1 000万元，购买设备12 000万元（用现金支付）。现金不足时，通过向银行借款解决。4月末现金余额要求不低于100万元。

要求：根据上述资料，计算该公司4月份的下列预算指标：

（1）经营性现金流入；

（2）经营性现金流出；

（3）现金余缺；

（4）应向银行借款的最低余额；

（5）4月末应收账款余额。

4.D企业2017年1月31日的资产负债表反映的部分数据见表9-5。

表9-5　**资产负债表（部分数据）**　单位：元

项　目	金　额
库存现金	35 000
应收账款	71 370
存货	160 000
固定资产	250 000
资产总计	516 370

其他补充资料如下：

（1）销售收入：2016年12月收入80 000元，2017年1月收入90 000元，2017年2月收入100 000元，2017年3月收入120 000元。

（2）预计销售当月可收回货款50%，次月收回30%，再次月收回20%。

（3）毛利率为40%，当月购货成本为下月计划销售额的70%，采购货款60%当期付现，40%下期付现。

（4）每月用现金支付的其他费用为25 000元，每月发生的各种非付现费用为5 000元。

（5）预交所得税为3 000元。

（6）增值税税率为17%，城市维护建设税税率为7%，教育费附加税率为3%，假定各月应交税金及附加均在当月以现金的形式支付。

（7）所得税税率为33%。

（8）该企业月末现金余额为10 000元（30 000-40 000），现金不足时向银行借款，借款的金额是10 000元的倍数，每季度末支付利息。

要求：

（1）计算2017年2月预计的现金期末余额；

（2）计算2017年2月预计净利润；

（3）计算2017年2月末应收账款和应付账款余额；

（4）计算2017年2月末未交所得税。

第十章　财务分析

第一节　学习准备

学习目标

通过对本章内容的学习，要求学生了解并领会财务分析的意义、目的、局限性等基本知识，以及财务报表分析与评价的依据、步骤及方法；理解各种财务指标的经济意义，熟练掌握各种财务指标的计算过程，并能够正确运用财务指标评价企业各方面的财务能力；掌握杜邦财务分析体系和财务比率综合评分法的基本原理和分析方法。

内容导航

第一节　财务分析概述
第二节　财务能力分析指标
第三节　财务状况综合分析

内容框架

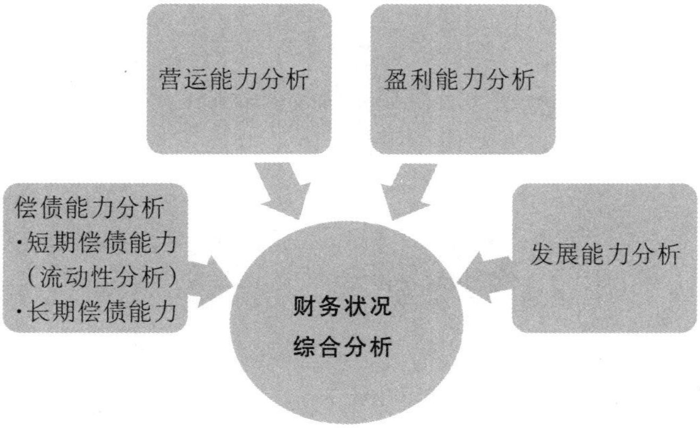

图10-1　内容框架图

重点与难点

1.重点：财务分析的意义和目的、依据及方法，各种财务指标的计算和经济意义，杜邦财务分析体系和财务比率综合评分法的基本原理和分析方法。

2.难点：运用财务指标评价企业各方面的财务能力；杜邦财务分析体系。

知识点

一、财务分析概述

（一）财务分析的意义

（二）财务分析的目的

财务分析的主要目的是通过评价企业过去的经营业绩，衡量企业现在的财务状况，预测企业未来的发展趋势，为相关利益者提供决策的依据。

（三）财务分析的依据

财务分析使用的数据大部分来自于公开发布的财务报表，财务报表是财务分析最直接、最主要的依据。常用的财务报表主要有资产负债表、利润表和现金流量表。

（四）财务分析的步骤

（五）财务分析的方法

1.比较分析法

2.比率分析法

3.因素分析法

（六）财务分析的局限性

1.分析依据本身的局限性

2.财务分析方法的局限性

3.财务分析指标的局限性

二、财务能力分析指标

（一）偿债能力分析指标

1.短期偿债能力分析指标

2.长期偿债能力分析指标

3.影响偿债能力的其他因素

（二）营运能力分析指标

（三）盈利能力分析指标

1.日常经营盈利能力分析指标

2.资产经营盈利能力分析指标

3.资本经营盈利能力分析指标

（四）发展能力分析指标

1.收入增长能力分析指标

2.利润增长能力分析指标

3.资产增长能力分析指标

4.资本增长能力分析指标

（五）上市公司股票投资价值分析指标

三、财务状况综合分析

（一）杜邦财务分析体系

（二）财务比率综合评分法

例题选解

一、单项选择题

1.某企业采用“销售收入”计算出来的存货周转次数为5次，采用“销售成本”计算出来的存货周转次数为4次，如果已知该企业的销售毛利为2 000万元，净利润为1 000万元，则该企业的销售净利率为（　　）。

A.20%　　B.10%　　C.5%　　D.8%

〖正确答案〗B

〖答案解析〗（1）设企业销售收入为x，则按照销售收入计算的存货周转次数有x/存货=5，存货=x/5；（2）根据按照销售成本计算的存货周转次数有4=（x−2 000）÷存货，存货=（x−2 000）÷4；（3）解方程“x/5=（x−2 000）÷4”可以得出，x=10 000（万元）；（4）销售净利率=1 000÷10 000×100%=10%。

〖该题针对“财务分析指标”知识点进行考核〗

2.企业所有者作为投资人，关心其资本的保值和增值状况，因此较为重视企业的（　　）。

A.偿债能力　　B.营运能力　　C.盈利能力　　D.发展能力

〖正确答案〗C

〖答案解析〗企业所有者作为投资人，关心其资本的保值和增值状况，因此较为重视企业获利能力指标，主要进行企业盈利能力分析。

〖该题针对“财务分析目的”知识点进行考核〗

3.某企业2016年1月1日经营活动现金流量净额为260万元，流动负债为220万元。12月31日，经营活动现金流量净额为323万元，流动负债为300万元，则该企业的现金流量比率为（　　）。

A.1.08　　B.1.12　　C.1.18　　D.1.24

〖正确答案〗A

〖答案解析〗现金流量比率=经营活动现金流量净额÷流动负债=323÷300=1.08。该比率中的流动负债采用期末数而非平均数，因为实际需要偿还的是期末金额，而非平均金额。

〖该题针对“短期偿债能力指标”知识点进行考核〗

4.某公司2017年销售成本为3 000万元，销售毛利率为20%，2017年应收账款平均金额为600万元，应收票据平均金额为400万元，一年按360天计算。则2017年的应收账款平均周转天数为（ ）天。

A.66 B.75 C.90 D.96

〖正确答案〗A

〖答案解析〗

销售收入=销售成本÷（1−销售毛利率）=3 000÷（1−20%）=3 750（万元）

应收账款周转次数=销售收入÷（应收账款平均金额+应收票据平均金额）

=3 750÷（600+400）

=3.75（次）

应收账款平均周转天数=360÷应收账款周转次数=360÷3.75=96（天）

〖该题针对“营运能力分析指标”知识点进行考核〗

5.在杜邦财务分析体系中，综合性最强的财务指标是（ ）。

A.销售净利率 B.净资产收益率 C.总资产净利率 D.总资产周转率

〖正确答案〗B

〖答案解析〗净资产收益率是一个综合性最强的财务分析指标，是杜邦分析体系的起点。

〖该题针对“杜邦财务分析体系”知识点进行考核〗

6.某上市公司2012年度归属于普通股股东的净利润为3 950万元。2011年年末的股本为10 000万股，2012年3月5日，经公司2011年股东大会决议，以截至2011年年末公司总股本为基础，向全体股东每10股送1股，工商注册登记变更完成后公司总股本变为11 000万股，2012年5月1日新发行6 000万股，11月1日回购2 000万股，以备将来奖励职工之用。则该上市公司基本每股收益为（ ）元。

A.0.15 B.0.27 C.0.32 D.0.41

〖正确答案〗B

〖答案解析〗发行在外的普通股加权平均数=11 000+6 000×8÷12−2 000×2÷12=14 666.67（万股），基本每股收益=3 950÷14 666.67=0.27（元）。由于送股是将公司以前年度的未分配利润转为普通股，转化与否都一直作为资本使用，因此，新增的1 000万股不需要按照实际增加的月份加权计算，可以直接计入分母。

〖该题针对“上市公司分析指标”知识点进行考核〗

二、多项选择题

1.下列关于财务分析内容的相关表述中，正确的有（ ）。

A.企业所有者主要关心投资的安全性

B.企业债权人比较重视企业偿债能力指标

C.企业经营者只需要关注企业的经营风险

D.政府是企业财务分析信息的需要者之一

〖正确答案〗BD

〖答案解析〗财务分析信息的需求者主要包括企业所有者、企业债权人、企业经营决策者和政府等。企业所有者作为投资人，关心其资本的保值和增值状况，因此较为重视企业获利能力指标，主要进行企业盈利能力分析；企业债权人因不能参与企业剩余收益分配，首先关注的是其投资的安全性，因此更重视企业偿债能力指标，主要进行企业偿债能力分析，同时也关注企业盈利能力分析；企业经营决策者必须对企业经营理财的各个方面，包括运营能力、偿债能力、获利能力及发展能力的全部信息予以详尽了解和掌握，主要进行各方面综合分析，并关注企业财务风险和经营风险；政府兼具多重身份，既是宏观经济管理者，又是国有企业的所有者和重要的市场参与者，因此政府对企业财务分析的关注点因身份不同而异。

〖该题针对“财务分析的意义与内容”知识点进行考核〗

2.假设其他条件不变，下列计算方法的改变会导致应收账款周转天数减少的有（　　）。

A.从使用赊销额改为使用销售收入进行计算

B.从使用应收账款平均余额改为使用应收账款平均净额进行计算

C.从使用应收账款全年日平均余额改为使用应收账款旺季的日平均余额进行计算

D.从使用已核销应收账款坏账损失后的平均余额改为核销应收账款坏账损失前的平均余额进行计算

〖正确答案〗AB

〖答案解析〗应收账款周转天数=365×应收账款÷周转额，根据公式可以看出，周转额按销售收入算要比按赊销额算大，同时应收账款平均净额小于应收账款平均余额，因此均会使周转天数减少，A、B正确；应收账款旺季的日平均余额通常高于应收账款全年日平均余额，所以选项C会使周转天数增加；核销应收账款坏账损失前的平均余额高于已核销应收账款坏账损失后的平均余额，所以选项D会使周转天数增加。

〖该题针对“营运能力分析”知识点进行考核〗

3.某企业营运资本为正数，说明（　　）。

A.流动资产有一部分资金来自长期资本

B.长期资本高于长期资产

C.营运资本配置率大于1

D.财务状况较稳定

〖正确答案〗ABD

〖答案解析〗营运资本=长期资本-长期资产，营运资本为正数，表明长期资本大于长期资产，一部分流动资产的资金来源于长期资本，企业的财务状况比较稳定，所以选项A、B、D是正确的。

〖该题针对“营运能力分析”知识点进行考核〗

三、判断题

1.净营运资本的合理性主要通过短期债务的存量比率来评价。（ ）

〖正确答案〗√

〖答案解析〗净营运资本是绝对数，不便于不同企业之间比较。因此，在实务中很少直接使用净营运资本作为偿债能力指标，净营运资本的合理性主要通过短期债务的存量比率评价。

〖该题针对“短期偿债能力指标”知识点进行考核〗

2.采用大量现金销售的商店，速动比率大大低于1是正常的。（ ）

〖正确答案〗√

〖答案解析〗不同行业的速动比率有很大差别，采用大量现金销售的商店，应收账款很少，所以，速动比率大大低于1很正常。

〖该题针对“短期偿债能力指标”知识点进行考核〗

3.股票的市盈率越高，说明投资者对公司的发展前景越看好，投资者越愿意以较高的价格购买公司股票，因此，该股票的投资风险越小。（ ）

〖正确答案〗×

〖答案解析〗一般来说市盈率越高，说明投资者对企业的发展前景越看好，越愿意以较高的价格购买公司股票。但是如果市盈率过高，也意味着这种股票具有较高的投资风险。

〖该题针对“上市公司财务分析指标”知识点进行考核〗

4.权益乘数的高低取决于企业的资本结构，负债比率越低，权益乘数越大，财务风险越小。（ ）

〖正确答案〗×

〖答案解析〗权益乘数和负债比率是同方向变动的，负债比率越高，权益乘数越大。

〖该题针对“长期偿债能力分析”知识点进行考核〗

5.财务分析中的效率指标，是某项财务活动中所费与所得之间的比率，反映投入与产出的关系。（ ）

〖正确答案〗√

〖答案解析〗效率比率，是某项财务活动中所费与所得的比率，反映投入与产出的关系。

〖该题针对“比率分析法”知识点进行考核〗

四、计算分析题

ABC公司是一家上市公司，2016年度的资产负债表（简表）和利润表（简表）分别见表10-1和表10-2。

表10-1 **资产负债表（简表）**

编制单位：ABC公司 2016年12月31日 单位：万元

资　产	年末金额	负债和股东权益	年末金额
货币资金	95	短期借款	300
交易性金融资产	5	应付账款	535
应收账款	400	应付职工薪酬	25
存货	450	应付利息	15
其他流动资产	50	流动负债合计	875
流动资产合计	1 000	长期借款	600
可供出售金融资产	10	长期应付款	425
固定资产	1 900	非流动负债合计	1 025
其他非流动资产	90	负债合计	1 900
非流动资产合计	2 000	股本	500
		未分配利润	600
		股东权益合计	1 100
资产总计	3 000	负债和股东权益总计	3 000

表10-2 **利润表（简表）**

编制单位：ABC公司 2016年度 单位：万元

项　目	本年金额
一、营业收入	4 500
减：营业成本	2 250
销售及管理费用	1 800
财务费用	72
资产减值损失	12
加：公允价值变动收益	-5
二、营业利润	361
加：营业外收入	8
减：营业外支出	6
三、利润总额	363
减：所得税费用（税率25%）	90.75
四、净利润	272.25

ABC公司2016年现金流量表中经营活动现金流量净额为175万元。

要求：

（1）假设ABC公司上述资产负债表的年末金额可以代表全年平均水平，计算ABC公司2016年的下列指标（计算结果保留两位小数）：

①营运资本、流动比率、速动比率、现金比率和现金流量比率；

②资产负债率、产权比率、权益乘数、长期资本负债率、利息保障倍数、现金流量利息保障倍数和现金流量债务比；

③应收账款周转次数、存货周转天数、流动资产周转次数、营运资本周转次数、非流动资产周转次数和总资产周转次数（存货周转天数根据营业成本计算，天数计算结果取整，一年按照365天计算）；

④营业净利率、总资产净利率和权益净利率。

（2）ABC公司2015年营业净利率为8%，总资产周转次数为1.6次，权益乘数为2，利用因素分析法，按照营业净利率、总资产周转次数和权益乘数的顺序，定量分析2015年权益净利率各驱动因素相比上年的变动对权益净利率相比上年的变动的影响程度（以百分数表示，计算结果保留两位小数）。

（3）2016年年初该公司发行在外普通股股数为800万股，4月1日增发100万股，8月1日回购120万股，2013年年末普通股每股市价为33元，计算该公司2016年的市盈率、市净率和市销率指标（计算结果保留两位小数）。

〖答案要点〗

（1）答案要点：

①营运资本=流动资产−流动负债=1 000−875=125

流动比率=流动资产÷流动负债=1 000÷875=1.14

速动比率=速动资产÷流动负债=（95+5+400）÷875=0.57

现金比率=（货币资金+交易性金融资产）÷流动负债=（95+5）÷875=0.11

现金流量比率=经营活动现金流量净额÷流动负债=175÷875=0.2

②资产负债率=负债÷总资产×100%=1 900÷3 000×100%=63.33%

产权比率=负债÷股东权益=1 900÷1 100=1.73

权益乘数=总资产÷股东权益=3 000÷1 100=2.73

长期资本负债率=非流动负债÷（非流动负债+股东权益）=1 025÷（1 025+1 100）=0.48

利息保障倍数=息税前利润÷利息费用=（363+72）÷72=6.04

现金流量利息保障倍数=经营活动现金流量净额÷利息费用=175÷72=2.43

现金流量债务比=经营活动现金流量净额÷债务总额×100%=175÷1 900×100%=9.21%

③应收账款周转次数=营业收入÷应收账款=4 500÷400=11.25（次/年）

存货周转天数=365×存货÷营业成本=365×450÷2 250=73（天）

流动资产周转次数=营业收入÷流动资产=4 500÷1 000=4.5（次/年）

营运资本周转次数=营业收入÷（流动资产−流动负债）

=4 500÷（1 000−875）=36（次/年）

非流动资产周转次数=营业收入÷非流动资产=4 500÷2 000=2.25（次/年）

总资产周转次数=营业收入÷总资产=4 500÷3 000=1.5（次/年）

④营业净利率=净利润÷营业收入×100%=272.25÷4 500×100%=6.05%

总资产净利率=净利润÷总资产×100%=272.25÷3 000×100%=9.08%

权益净利率=净利润÷股东权益×100%=272.25÷1 100×100%=24.75%

（2）答案要点：

权益净利率=营业净利率×总资产周转次数×权益乘数

2015年权益净利率=8%×1.6×2=25.6% （1）

替换营业净利率=6.05%×1.6×2=19.36% （2）

替换总资产周转率=6.05%×1.5×2=18.15% （3）

替换权益乘数=6.05%×1.5×2.73=24.77% （4）

说明：由于权益乘数是近似值，计算结果有微小误差。

营业净利率降低对于权益净利率变动影响=（2）-（1）=19.36%-25.6%=-6.24%

总资产周转率降低对于权益净利率变动影响=（3）-（2）=18.15%-19.36%=-1.21%

权益乘数提高对于权益净利率影响=（4）-（3）=24.77%-18.15%=6.62%

2016年权益净利率-2012年权益净利率=24.77%-25.6%=-0.83%

综上可知：

最重要的不利因素是营业净利率降低，使权益净利率减少6.24%；其次是总资产周转率降低，使权益净利率减少1.21%。

有利的因素是权益乘数提高，使权益净利率增加6.62%。

不利因素超过有利因素，所以权益净利率减少0.83%。

（3）答案要点：

2016年流通在外普通股加权平均股数=800+100×9÷12-120×5÷12=825（万股）

2016年每股收益=272.25÷825=0.33（元/股）

市盈率=33÷0.33=100

2016年年末流通在外普通股股数=800+100-120=780（万股）

每股净资产=1 100÷780=1.41（元/股）

市净率=33÷1.41=23.40

第二节 本章练习题

一、单项选择题

1.作为企业债权人，进行财务分析时最关心的是（　　）。

A.企业的获利能力　　B.投资的经济效益和社会效益

C.企业的偿债能力　　D.所有者财富的最大化影响

2.在财务分析中，最关心企业资本保值增值状况和盈利能力的利益主体是（　　）。

A.企业所有者　　B.企业债权人

C.企业经营管理者　　D.政府经济管理机构

3.短期债权人在进行企业财务分析时，最为关心的是（　　）。

A.企业获利能力　　B.企业偿债能力

C.企业社会贡献能力　　D.企业资产营运能力

4.下列财务指标中，不属于效率比率的是（　　）。

A.销售利润率　　B.资产周转率

C.资本利润率　　D.流动比率

5.用以计算某项经济活动中所费与所得的比例，反映投入与产出关系的比率是（　　）。

A.绝对数比较分析　　B.构成比率

C.相关比率　　D.效率比率

6.下列属于比较分析按照比较内容分类的是（　　）。

A.与本公司的历史比　　B.同类公司比

C.比较结构百分比　　D.与计划预算比

7.因素分析法的简化形式是（　　）。

A.比率分析法　　B.杜邦分析法

C.连环替代法　　D.差额分析法

8.资产负债表质量分析是对（　　）。

A.财务状况质量分析　　B.财务成果质量分析

C.现金流量运转质量分析　　D.产品质量分析

9.根据资产负债表可进行（　　）。

A.资金来源和资产结构分析　　B.现金流分析

C.经营成本结构分析　　D.经营成果变动趋势分析

10.下列各项指标中，可以反映企业短期偿债能力的是（　　）。

A.现金流量比率　　B.总资产净利率

C.资产负债率　　D.利息保障倍数

11.反映企业短期内可变现资产偿还短期内到期债务能力的指标是（　　）。

A.速动比率　　B.产权比率

C.现金比率　　D.资产负债率

12.如果企业速动比率很小，下列结论成立的是（　　）。

A.企业流动资产占用过多　　B.企业短期偿债能力很强

C.企业短期偿债风险很大　　D.企业资产流动性很强

13.一般认为流动比率不宜过高也不宜过低，应维持在（　　）左右。

A.1：1　　B.2：1　　C.1：2　　D.2：3

14.流动比率反映的是（　　）。

A.短期偿债能力　　B.长期偿债能力

C.流动资产周转状况　　D.流动资金利用情况

15.对流动比率的表述正确的是（　　）。

A.流动比率越高越好。

B.流动比率高，并不意味着企业短期偿债能力一定强。

C.不同企业的流动比率有统一的衡量标准。

D.流动比率比速动比率更加准确地反映了企业的短期偿债能力

16.如果流动比率大于1，则下列结论成立的是（　　）。

A.速动比率大于1　　B.现金比率大于1

C.营运资金大于零　　D.短期偿债能力有保障

17.在计算速动比率时，要从流动资产中扣除存货部分，再除以流动负债。这是因为（　　）。

A.存货的价值较大　　B.存货的质量不稳定

C.存货的变现能力较差　　D.存货的未来销路不定

18.速动资产是企业在短期内可变现的资产，其金额是用流动资产减去（　　）。

A.存货　　B.交易性金融资产　　C.应收账款　　D.货币资金

19.影响速动比率可信性的重要因素是（　　）。

A.存货的变现能力　　B.应收账款的变现能力

C.企业的偿债声誉　　D.流动负债的性质

20.企业增加速动资产，一般会（　　）。

A.增加企业的财务风险　　B.提高企业流动资产的收益率

C.降低资产的机会成本　　D.提高资产的机会成本

21.某企业年末流动资产总额为8 000万元，其中存货5 000万元、应收账款2 000万元，流动负债6 000万元，则该企业的速动比率为（　　）。

A.0.15　　B.0.5　　C.1　　D.2

22.在计算速动资产时，需要从流动资产中扣除存货等项目，其理由主要是（　　）。

A.这些项目价值变动较大　　B.这些项目数量不易确定

C.这些项目质量难以保证　　D.这些项目变现能力较差

23.在其他条件不变的情况下，如果企业过度提高现金比率，可能导致的结果是（　　）。

A.财务风险加大　　B.获利能力提高

C.营运效率提高　　D.机会成本增加

24.现金流动负债比率的正确计算公式是（　　）。

A.年末现金余额÷年末流动负债

B.年末现金余额÷本年流动负债

C.本年现金流入量÷本年流动负债

D.本年经营现金净流量÷年末流动负债

25.下列业务中，能够降低企业短期偿债能力的是（　　）。

A.企业采用分期付款的方式购置一台大型机械设备
B.企业从某国有银行取得3年期500万元的贷款
C.企业向战略投资者进行定向增发
D.企业向股东发放股票股利
26.衡量企业偿还到期债务能力的直接标志是（　　）。
A.有足够的资产　　B.有足够的流动资产
C.有足够的存货　　D.有足够的现金
27.下列关于长期偿债能力指标的说法中，正确的是（　　）。
A.权益乘数表明1元的股东权益借入的债务数额
B.资产负债率、权益乘数之间是反方向变化的
C.资产负债率与产权比率是同方向变化的
D.长期资本负债率是指负债占长期资本的百分比
28.某企业年初资产总额为30 000万元，负债总额为6 000万元，所有者权益总额为24 000万元，则该企业年初的产权比率为（　　）。
A.0.5　　B.0.25　　C.1.5　　D.2.5
29.企业的产权比率越低表明（　　）。
A.权益乘数越大　　B.负债在资产总额中所占的比重越大
C.债权人的风险越小　　D.资产负债率越高
30.与产权比率相比较，资产负债率评价企业偿债能力的侧重点是（　　）。
A.揭示财务结构的稳健程度
B.揭示债务偿付安全性的物质保障程度
C.揭示主权资本对偿债风险的承受能力
D.揭示负债与资本的对应关系
31.当资产收益率低于债务成本率时（　　）。
A.资产负债率越高对企业越有利
B.资产负债率越低对企业越有利
C.增加负债可提高资产收益率
D.增加负债可提高所有者权益报酬率
32.某企业净利润为75万元，所得税税率25%，利息费用50万元，则该企业的利息保障倍数为（　　）。
A.2.78　　B.2　　C.3　　D.0.9
33.在计算应收账款周转天数时，应收账款平均余额（　　）。
A.应当扣除坏账准备
B.按期初应收账款金额计算
C.不应当扣除坏账准备
D.按期末应收账款金额计算
34.下列有关营运能力比率分析指标的说法正确的是（　　）。

A.应收账款周转天数以及存货周转天数越少越好

B.非流动资产周转次数=销售成本÷非流动资产

C.总资产周转率=流动资产周转率+非流动资产周转率

D.在应收账款周转率用于业绩评价时，最好使用多个时点的平均数，以减少季节性、偶然性和人为因素的影响

35.某企业本年年初存货余额为185万元，年末存货余额为215万元，本年主营业务收入700万元，主营业务成本500万元。则该企业本年存货周转次数是（　　）。

A.2.5　　B.3.5　　C.2.3　　D.3.3

36.A公司的销售净收入为306 000元，应收账款年末数为18 000元，年初数为16 000元，其应收账款周转次数为（　　）。

A.10　　B.18　　C.15　　D.20

37.某企业本年销售收入为20 000元，应收账款周转率为4，期初应收账款余额为3 500元，则期末应收账款余额为（　　）元。

A.5 000　　B.6 000　　C.6 500　　D.4 000

38.A公司年末流动负债100万元，流动比率3，速动比率2.5，本年主营业务成本550万元，年初存货60万元，那么A公司本年存货周转次数为（　　）。

A.11次　　B.10次　　C.9.17次　　D.以上都不对

39.当其他因素不变时，会引起企业总资产周转率下降的经济业务是（　　）。

A.企业销售商品取得销售收入

B.企业借入一笔短期借款

C.企业用银行存款购入一台设备

D.企业用银行存款支付一年的电话费

40.某公司2016年营业收入为36 000万元，流动资产周转天数为20天，固定资产周转天数为100天。假定没有其他资产，则该公司2015年的总资产周转率为（　　）。

A.2.9次　　B.3次　　C.3.2次　　D.3.4次

41.下列财务指标中，表述错误的是（　　）。

A.流动比率反映企业的短期偿债能力

B.资本保值增值率是根据“资本保全”原则设计的指标

C.存货周转率可以反映企业的营运能力

D.权益乘数是负债与所有者权益之比

42.某企业采用“销售收入”计算出来的存货周转次数为5次，采用“销售成本”计算出来的存货周转次数为4次，如果已知该企业的销售毛利为2 000万元，净利润为1 000万元，则该企业的销售净利率为（　　）。

A.20%　　B.10%　　C.5%　　D.8%

43.下列各项中，引起企业销售利润率下降的是（　　）。

A.降低单位产品成本　　B.加速折旧

C.提高售价　　D.增加销售数量

44.某企业的资产净利率为30%，若资产负债率为40%，则权益净利率为（　　）。

A.18%　　B.28%　　C.40%　　D.50%

45.在其他条件不变的情况下，下列经济业务可能导致总资产报酬率下降的是（　　）。

A.用银行存款支付一笔销售费用　　B.用银行存款购入一台设备

C.将可转换债券转换为优先股　　D.用银行存款归还银行借款

46.既是企业盈利能力指标的核心，又是整个财务指标体系核心的指标是（　　）。

A.资本保值增值率　　B.总资产报酬率

C.销售利润率　　D.净资产收益率

47.已知某企业本年年初与本年年末所有者权益分别为250万元和300万元，则该企业本年资本保值增值率为（　　）。

A.20%　　B.83%　　C.120%　　D.167%

48.与市盈率指标计算无关的参数是（　　）。

A.每股市价　　B.发行在外普通股股数

C.净利润　　D.普通股股本

49.股利支付率的公式为（　　）。

A.每股股利与每股收益的比率　　B.每股股利与每股市价的比率

C.市净率与股利收益率的乘积　　D.市盈率与股利收益率之比

50.净资产收益率在杜邦分析体系中是个综合性最强、最具有代表性的指标。通过对系统的分析可知，提高净资产收益率的途径不包括（　　）。

A.加强销售管理，提高销售净利率

B.加强资产管理，提高其利用率和周转率

C.加强负债管理，提高其利用率和周转率

D.加强负债管理，提高产权比率

51.杜邦分析主要用于（　　）。

A.企业偿债能力分析　　B.企业营运能力分析

C.企业发展能力分析　　D.企业财务状况综合分析

52.下列财务比率中综合性最强、最具代表性的指标是（　　）。

A.权益乘数　　B.总资产净利率　　C.资产周转率　　D.净资产收益率

53.杜邦分析体系的源头和核心指标是（　　）。

A.权益净利率　　B.资产净利率　　C.权益乘数　　D.总资产收益率

54.杜邦分析体系中不涉及（　　）。

A.偿债能力分析　　B.资产管理能力分析

C.盈利能力分析　　D.发展能力分析

55.某公司资产净利率为10%，若产权比率为1.5，则权益净利率为（　　）。

A.6.67%　　B.10%　　C.15%　　D.25%

56.在杜邦分析体系中，假设其他情况相同，下列说法中错误的是（　　）。

A.权益乘数大则财务风险大

B.权益乘数大则股东权益报酬率大

C.权益乘数=1÷（1-资产负债率）

D.权益乘数大则资产净利率大

57.当企业的流动比率小于1时，赊购原材料将会（　　）。

A.增大流动比率　　B.降低流动比率

C.降低营运资金　　D.增大营运资金

二、多项选择题

1.财务分析既是对已完成的财务活动的总结，又是财务预测的前提，在财务管理的循环中起着承上启下的作用。下列属于财务分析目的的是（　　）。

A.对企业当前财务运作进行调整和控制

B.可以提供成熟的解决问题的方法

C.对企业过去的财务状况和经营成果进行总结性分析和评价

D.预测未来企业财务运作的方向及其影响

2.企业经营决策者在进行财务分析时，需要了解和掌握企业的（　　）。

A.营运能力　　B.盈利能力　　C.偿债能力　　D.发展能力

3.财务报表分析的评价标准主要有（　　）。

A.历史标准　　B.预算标准　　C.行业标准　　D.经验标准

4.下列各项中，属于企业财务分析基本内容的有（　　）。

A.偿债能力分析　　B.营运能力分析

C.发展能力分析　　D.盈利能力分析

5.下列关于财务分析方法的说法正确的有（　　）。

A.包括比较分析法和因素分析法两种

B.财务分析的比较分析法按对象分析可分为与本公司历史、同类公司和计划预算的比较

C.财务分析的比较分析法按内容可分为会计要素总量、结构百分比和计划预算的比较

D.因素分析法的步骤包括确定分析对象、确定驱动因素、确定替代顺序和按顺序计算差异影响

6.使用比率分析法应注意的问题包括（　　）。

A.对比项目的相关性　　B.对比口径的一致性

C.衡量标准的科学性　　D.计算结果的假定性

7.通过资产负债表分析可以达到的目的有（　　）。

A.评价企业利润的质量
B.分析债务的结构和数量
C.判断所有者的资本保值增值情况
D.分析资产的结构
8.下列关于现金流量表中的相关说法正确的有（　　）。
A.实体现金流量是指经营现金流量
B.营业现金流量=税后经营净利润+折旧与摊销
C.实体现金流量=营业现金毛流量-资本支出
D.营业现金净流量=债务现金流量+股权现金流量
9.财务报表分析的局限性表现在（　　）。
A.财务报表本身的局限性　　B.财务报表的可靠性问题
C.财务报表指标的局限性　　D.比较基础问题
10.分析企业短期偿债能力时，用到的财务指标有（　　）。
A.产权比率　　B.流动比率　　C.速动比率　　D.现金比率
11.下列关于流动比率指标的说法中正确的是（　　）。
A.是衡量企业偿付短期债务能力的唯一标准
B.是评价企业用流动资产偿付流动负债能力的指标
C.一般说来，2：1的流动比率被认为是满意的
D.流动比率过低，表明企业持有不能盈利的闲置的流动资产
12.流动比率过高，意味着企业存在以下几种可能（　　）。
A.存在闲置现金　　B.存在存货积压
C.应收账款周转缓慢　　D.偿债能力很差
13.下列各项中，可能会影响流动比率的业务是（　　）。
A.用现金购买短期债券　　B.用现金购买固定资产
C.用存货进行对外长期投资　　D.从银行取得长期借款
14.流动比率指标存在的主要缺陷包括（　　）。
A.该指标是一个静态指标　　B.未考虑流动资产的结构
C.未考虑流动负债的结构　　D.不易量化
15.在企业短期偿债能力分析中，可能增加变现能力的因素有（　　）。
A.可动用的银行贷款指标　　B.担保责任引起的负债
C.准备很快变现的长期资产　　D.未作记录的或有负债
16.严格来说，在计算速动比率时，需从流动资产中扣除的非速动项目包括（　　）。
A.应收账款　　B.存货　　C.预收账款　　D.应收票据
17.在计算速动资产时需要在流动资产中减掉（　　）。
A.存货　　B.应付账款
C.待摊费用　　D.待处理流动资产损失

18.下列关于短期偿债能力的说法中，正确的有（　　）。
A.净营运资本的合理性主要通过短期债务的存量比率来评价
B.流动比率是对短期偿债能力的粗略估计
C.采用大量现金销售的商店，速动比率大大低于1很正常
D.准备很快变现的非流动资产属于影响短期偿债能力的表内因素
19.已知甲公司2013年现金流量净额为150万元，其中，筹资活动现金流量净额为-20万元，投资活动现金流量净额为60万元，经营活动现金流量净额为110万元；2013年年末负债总额为150万元，资产总额为320万元，营运资本为25万元，流动资产为120万元，2013年税后利息费用为5万元，所得税税率为25%。则（　　）。
A.现金流量利息保障倍数为8
B.2013年年末流动负债为95万元
C.现金流量债务比为73.33%
D.长期资本负债率为24.44%
20.下列关于营运能力的说法中，正确的有（　　）。
A.营运能力与偿债能力、盈利能力的关系密切
B.周转速度的快慢影响企业资产的流动性进而影响偿债能力
C.资产只有在周转使用中才能带来收益
D.提高资产的营运能力就能以尽可能少的投入带来更多的收益
21.反映企业营运能力的指标包括（　　）。
A.平均收账期
B.存货周转率
C.应收账款周转率
D.资产负债率
22.下列说法正确的有（　　）。
A.在销售收入既定的条件下，总资产周转率的驱动因素是流动资产
B.营运资本周转率是一个综合性的比率
C.应收账款周转率=营业收入÷平均应收账款余额
D.存货周转天数不是越低越好
23.企业应收账款周转率提高意味着（　　）。
A.短期偿债能力增强
B.盈利能力增强
C.收账迅速，账龄较短
D.销售成本降低
24.提高主营业务净利率的途径主要包括（　　）。
A.扩大主营业务收入
B.减少主营业务收入
C.降低成本费用
D.提高成本费用
25.在分析企业盈利能力时，应排除（　　）的影响。
A.证券买卖等非正常项目
B.已经或将要停止的营业项目
C.重大事故或法律变更等特别项目
D.财务法规变更的累计
26.反映企业发展能力的财务比率有（　　）。

A.销售增长率　　B.总资产增长率　　C.资本积累率　　D.权益乘数

27.每股收益的计算公式中正确的是（　　）。

A.每股收益=净资产收益率×权益乘数×平均每股净资产

B.每股收益=总资产净利率×权益乘数×平均每股净资产

C.每股收益=主营业务净利率×总资产周转率×权益乘数×平均每股净资产

D.每股收益=总资产净利率×平均每股净资产

28.下列（　　）的计算需要同时运用资产负债表和利润表中的数字。

A.速动比率　　B.资产负债率

C.应收账款周转率　　D.流动资产周转率

29.下列表达式正确的有（　　）。

A.速动比率=速动资产÷流动负债

B.总资产净利率=销售净利率×资产周转率

C.权益乘数=权益净利率÷资产净利率

D.每股收益=（净利润−优先股股利）÷流通在外普通股股数

30.下列公式不正确的是（　　）。

A.速动资产=流动资产−流动负债

B.产权比率=总资产÷所有者权益

C.总资产净利率=总资产周转率×营业净利率

D.现金流量比率=现金÷流动负债

31.下列表述正确的有（　　）。

A.资产负债率又称负债比率

B.产权比率是指负债总额与所有者权益的比率

C.负债比率与产权比率互为倒数

D.权益乘数反映企业短期偿债能力

32.下列表述错误的有（　　）。

A.净资产收益率=营业净利率×权益乘数

B.净资产收益率=营业净利率×总资产周转率×资产负债率

C.总资产净利率=净资产收益率×总资产周转率

D.总资产净利率=总资产周转率×营业净利率

33.下列表述正确的是（　　）。

A.流动比率过高会影响企业资金的使用效率

B.一般认为，速动比率为1时较好

C.三年平均利润增长率可表明企业利润连续三年的增长情况

D.社会积累率可以反映企业的社会贡献能力

34.下列说法正确的是（　　）。

A.产权比率也称资本负债率

B.产权比率侧重于揭示自有资金对偿债风险的承受能力

C.资产负债率侧重于揭示财务结构的稳健程度

D.资产负债率侧重于分析债务偿付安全性的物质保障程度

35.传统杜邦财务分析体系的局限性包括（　　）。

A.计算总资产净利率的“总资产”与“净利润”不匹配

B.没有区分经营活动损益和金融活动损益

C.没有区分有息负债与无息负债

D.没有区分资产与资本

36.下列关于杜邦体系的说法，正确的有（　　）。

A.杜邦分析体系是通过建立新指标进行全面分析

B.杜邦分析体系是通过相关财务比率的内在联系构建的综合分析体系

C.杜邦分析体系的核心指标是权益收益率

D.通过杜邦分析不仅可以发现差异，分析差异的原因，还能消除差异

三、判断题

1.财务分析的不同主体由于利益倾向的差异，决定了在对企业进行财务分析时，会提出不同的要求。（　　）

2.企业经营者必然高度关心其资本的保值和增值状况。（　　）

3.一般而言，财务比率分析中的构成比率反映投入与产出之间的因果关系。（　　）

4.采用因素分析法时，既可以按各因素的依存关系排列成一定的顺序依次替代进行分析，也可以任意颠倒替代顺序进行分析，其分析结果相同。（　　）

5.因素分析法既可以全面分析各因素对某一经济指标的影响，又可以单独分析某个因素对某一经济指标的影响。（　　）

6.在企业财务分析中采用连环替代法的出发点在于，当有若干因素对分析对象发生影响时，假定其他各个因素都无变化，按顺序确定每一个因素单独变化对分析对象所产生的影响。（　　）

7.对于一个健康的、正在成长的企业来说，投资活动产生的现金流量应为正数。（　　）

8.流动比率反映企业用可在短期内转变为现金的流动资产偿还短期负债的能力，因此，流动比率越高越好。（　　）

9.流动比率较高时说明企业有足够的现金或存款用来偿债。（　　）

10.企业流动比率越高，表明企业必然有足够的现金或银行存款用来偿还短期债务。（　　）

11.如果企业速动比率较低，则意味着不能偿还到期流动负债。（　　）

12.速动比率较流动比率更能反映流动负债偿还的安全性，如果速动比率较低，则到期企业绝对无法偿还自身的流动负债。（　　）

13.现金流动负债比率=现金÷流动负债。（　　）

14.资产负债率是负债总额除以资产总额的百分比，反映企业的长期偿债能力，

该指标值越低越好。（　）

15. 产权比率反映企业所有者权益对债权人权益的保障程度，该比率越高，表明企业的长期偿债能力越强。（　）

16. 权益乘数越高，则财务杠杆程度越高，偿债能力相对越强。（　）

17. 资产负债率与产权比率指标的基本作用相同。资产负债率侧重于反映债务偿付的安全程度，产权比率侧重于反映财务结构的稳健程度。这两个指标值越大，表明企业的长期偿债能力越强。（　）

18. 权益乘数的高低取决于企业的资本结构，负债比率越高，权益乘数越大，财务风险越大。（　）

19. 利息保障倍数仅能反映企业对偿还到期债务的保障程度。（　）

20. 一般而言，利息保障倍数越大，表明企业可以偿还债务的可能性也越大。（　）

21. 企业资产的周转率越高，周转期越长，表明企业资产的周转速度越快，营运能力越强。（　）

22. 计算应收账款周转率时，公式中的应收账款包括"应收账款"和"应收票据"等全部赊销款，是未扣除坏账准备的总额。（　）

23. 通过缩短存货周转天数和应收账款周转天数，可加速营运资金的周转，提高资金的利用效率。（　）

24. 固定资产周转率=主营业务收入净额÷平均固定资产总值。（　）

25. 在其他条件不变的情况下，权益乘数越大，企业的负债程度越高，能给企业带来更多财务杠杆利益，同时也增加了企业的财务风险。（　）

26. 企业的盈利能力是企业偿债能力和营运能力两者共同作用的结果。（　）

27. 总资产净利率=销售净利率×总资产周转率。（　）

28. 在总资产净利率不变的情况下，资产负债率越低，企业的净资产收益率会越高。（　）

29. 总资产增长率指标值越高，表明企业一个经营周期内资产经营规模扩张的速度越快，企业发展的后劲也就越足。（　）

30. 资本积累率是指企业本年所有者权益增长额与年初所有者权益额的比率，它反映企业当年资本的积累能力。（　）

31. 每股收益越高，意味着股东从公司分得的股利越高。（　）

32. 影响每股股利多少的因素，除了获利大小外，还取决于企业的股利政策。（　）

33. 市盈率越高说明投资者对企业的发展前景越看好，投资者更愿意以较高的价格购买公司股票。（　）

34. 杜邦分析法与综合评分法都可用于企业综合财务分析。（　）

35. 某公司今年与去年相比，主营业务收入净额增长10%，净利润增长8%，资产总额增加12%，负债总额增加9%。可以判断，该公司净资产收益率比去年

下降了。 ( )

四、名词解释

1.财务分析
2.比较分析法
3.比率分析法
4.趋势分析法
5.因素分析法
6.资产质量
7.利润质量
8.流动性分析
9.偿债能力
10.营运能力
11.盈利能力
12.发展能力
13.沃尔评分法
14.杜邦财务分析体系

五、简答题

1.简述财务分析的意义。
2.简述财务分析的目的。不同相关利益人之间有何差异?
3.简述企业财务分析的内容。
4.试述财务分析的基本方法。
5.在比较分析中选择不同的比较标准分别揭示了怎样的财务信息?
6.简述财务报表分析的局限性。
7.常用的偿债能力分析指标有哪些?影响偿债能力的因素有哪些?
8.在财务分析的过程中,应从哪些方面进行营运能力的分析?
9.简述沃尔评分法的分析原理。
10.简述杜邦分析法的原理。

六、计算分析题

1.A公司2016年资产负债表有关资料见表10-3。

表10-3 **资产负债表(简表)** 单位:万元

资　产	金　额	负债及所有者权益	金　额
货币资金	5 000	应付账款	
应收账款		应交税费	5 000
存货		非流动负债	
固定资产	58 800	实收资本	60 000
—	—	未分配利润	
总　计	86 400	总　计	

补充资料:

(1)年末流动比率1.5;
(2)年末产权比率0.8;
(3)以销售收入和年末存货计算的年存货周转率为15次;
(4)以销售成本和年末存货计算的年存货周转率为10.5次;
(5)本年毛利(销售收入-销售成本)为63 000万元。

要求：根据以上资料完成上述报表空缺数据的填列。

2.B公司2016年资产负债表有关资料见表10-4。

表10-4 **资产负债表（简表）** 单位：万元

资　产	年初数	年末数	负债及所有者权益	年初数	年末数
货币资金	50	45	流动负债合计	105	150
应收账款净额	60	90	非流动负债合计	245	200
存货	115	180	负债合计	350	350
流动资产合计	225	315	所有者权益合计	350	350
固定资产净值	475	385	—	—	—
总　计	700	700	总　计	700	700

该公司2015年度销售净利率为16%，总资产周转率为0.5次，权益乘数为2.5，权益净利率为20%，2016年度销售收入为350万元，净利润为63万元。

要求：

（1）计算2016年年末的流动比率、速动比率、资产负债率和权益乘数；

（2）计算2016年总资产周转率、销售净利率和权益净利率；

（3）分析销售净利率、总资产周转率和权益乘数变动对权益净利率的影响。

3.C公司2016年度资产负债表和利润表资料分别见表10-5和表10-6。

表10-5 **资产负债表（简表）** 单位：万元

资　产	年初数	年末数	负债及股东权益	年初数	年末数
流动资产：			流动负债：		
货币资金	40	45	短期借款	100	115
交易性金融资产	50	25	应付账款	50	70
应收账款	62	66	其他应付款	20	20
存货	203	264	流动负债合计	170	205
流动资产合计	355	400	非流动负债	100	125
非流动资产：			股东权益：		
长期股权投资	20	20	股本	600	600
固定资产	600	700	留存收益	130	220
无形资产	25	30	股东权益合计	730	820
资产总计	1 000	1 150	负债与权益总计	1 000	1 150

表10-6 **利润表（简表）** 单位：万元

项　目	本年数
一、营业收入	960
减：营业成本	520
税金及附加	80
销售费用	80
管理费用	40
财务费用（利息费用）	10
加：投资收益	15
二、营业利润	245
加：营业外收入	5
减：营业外支出	30
三、利润总额	220
减：所得税（税率25%）	55
四、净利润	165

注：该公司2016年资本化利息为8万元。

要求：

（1）计算该公司2016年年末的流动比率、速动比率；

（2）计算该公司2016年年末的资产负债率、产权比率和利息保障倍数；

（3）计算该公司2016年的应收账款周转率、存货周转率、流动资产周转期、总资产周转率；

（4）计算该公司2016年的营业毛利率、营业净利率、总资产息税前利润率、净资产收益率。

4.资料一：D公司2016年有关财务报表数据见表10-7。

表10-7 **D公司2016年财务报表数据** 单位：万元

资产负债表数据	年末数
货币资金	300
交易性金融资产	200
应收账款（年初数为160）	200
存货（年初数为450）	500
固定资产	1 286
无形资产	14
短期借款	300
应付账款	200
非流动负债	975
股东权益（年初数为775）	1 025
损益表数据	**本年数**
营业收入	3 000
营业成本	2 400
财务费用	100
其中：利息支出	50
利润总额	150
税后净利	115
现金流量表数据	**本年数**
经营现金净流量	300

D公司2016年年初资产总额为1 500万元；该公司2016年年初增加了150万元长期负债，年利率为10%，全部用于正在建设中的厂房。

资料二：相关财务指标的行业平均水平如下（见表10-8）：

表10-8　**财务指标行业平均水平表**

财务指标	行业平均水平
流动比率（年末）	2.00
速动比率（年末）	1.12
现金流动负债比率	0.48
负债比率（年末）	0.42
产权比率（年末）	0.88
利息保障倍数	4.25
存货周转率	5.50次
应收账款周转天数	20天
固定资产周转率（年末）	2.6次
营业净利率	5.12%
总资产息税前利润率	15.65%
净资产收益率	15%

要求：计算D公司2016年上述各财务指标，并与各指标的行业平均水平相比较，对D公司的财务状况作出简要评价。

5.E公司有关资料如下：

（1）该公司2015年年末的总资产为1 500万元，资产负债率为40%；

（2）该公司2015年的销售收入为2 000万元，净利润为117万元；

（3）该公司2016年年末的总资产为2 000万元，资产负债率为50%；

（4）该公司2016年的销售收入为2 500万元，净利润为150万元。

要求：

（1）计算该公司2015年的销售净利率、总资产周转率（总资产按年末数）和权益乘数（按年末数）；

（2）计算该公司2016年的销售净利率、总资产周转率（总资产按年末数）和权益乘数（按年末数）；

（3）计算该公司2016年与2015年净资产收益率的变动差异。

（4）利用差额分析法按顺序分析销售净利率、总资产周转率和权益乘数变动对净资产收益率变动的影响。

6.F公司2016年主营业务收入净额为77万元，主营业务净利率为10%，按照主营业务收入计算的存货周转率为7次，期初存货余额为8万元；期初应收账款余额为12万元，期末应收账款余额为10万元，速动比率为150%，流动比率为200%，固定资产总额是50万元，该公司期初资产总额为80万元。该公司的流动资产由速动资产和存货组成，资产总额由固定资产和流动资产组成。（计算结果保留两位小数）

要求：

（1）计算应收账款周转率；

（2）计算总资产周转率；

（3）计算总资产净利率。

第十一章　企业财务预警、重整、和解与清算

第一节　学习准备

学习目标

通过对本章内容的学习，要求学生了解财务失败的内涵及原因，财务危机的预警方法；以及企业在非持续经营状态下，企业的重整、和解、清算的内涵和程序。

内容导航

第一节　企业财务预警
第二节　企业重整与和解
第三节　企业破产清算

重点与难点

1.重点：财务失败的内涵及原因，财务危机的预警方法。
2.难点：财务危机的预警方法。

知识点

一、企业财务预警
（一）财务失败
（二）财务预警
1.财务预警的功能
2.财务预警的方法
二、企业重整与和解
（一）重整的内涵
（二）重整计划的执行
（三）和解

三、企业破产清算

（一）清算的分类

（二）破产清算的程序

第二节 本章练习题

简答题

1. 简述财务失败的含义及种类。
2. 简述财务预警的含义及功能。
3. 财务预警的原理是什么？其方法有哪些？
4. 财务安全的含义是什么？用什么指标衡量财务安全？
5. 简述财务重整与和解的异同。
6. 简述清算的含义及分类。